V&R unipress

The Early Modern World
Texts and Studies

Band 3

Herausgegeben von
Markus Friedrich, Jürgen Sarnowsky
und Johann Anselm Steiger

Daniel Fliege / Janne Lenhart (Hg.)

Gender interkonfessionell gedacht

Konzeptionen von Geschlechtlichkeit in der Frühen Neuzeit

Mit 73 Abbildungen

V&R unipress

MIX
Papier aus verantwortungsvollen Quellen
FSC
www.fsc.org
FSC® C083411

Bibliografische Information der Deutschen Nationalbibliothek
Die Deutsche Nationalbibliothek verzeichnet diese Publikation in der Deutschen Nationalbibliografie; detaillierte bibliografische Daten sind im Internet über https://dnb.de abrufbar.

Gefördert von der Deutschen Forschungsgemeinschaft (DFG) – 242138915.

Umschlagabbildung: Lucas de Heere (zugeschrieben), Triple Profile Portrait, Öl auf Schieferplatte, 57,15 x 57,15 cm, Milwaukee Art Museum, um 1570. Bildrechte: Francesco Bini (alias: Sailko), Wikimedia Commons (Creative Commons Attribution 3.0), https://commons.wikimedia.org/wiki/File:Lucas_de_heere_(attr.),_triplo_ritratto_femminile_di_profilo,_paesi_bassi_meridionali_1570_ca.jpg (05.03.2020).
Druck und Bindung: CPI books GmbH, Birkstraße 10, D-25917 Leck
Printed in the EU.

Vandenhoeck & Ruprecht Verlage | www.vandenhoeck-ruprecht-verlage.com

ISSN 2626-3718
ISBN 978-3-8471-1178-8

Inhalt

Janne Lenhart / Daniel Fliege

Gender interkonfessionell gedacht: Einleitung*

1 Hingabe als Handeln. Theodoor van Loons Altarbilder für die Beginenkirche in Brüssel.

Um 1623 vollendete der flämische Maler Theodoor van Loon (1581/82–1649) eine *Himmelfahrt Mariens* (Abb. 1) für den Großen Beginenhof in Brüssel.[1] Das Bild war für den Hauptaltar im Neubau der Kirche *Sint-Jan-Baptist* bestimmt, die bei den Brüsseler Bilderstürmen 1581 zerstört wurde.[2] Da das Gemälde deutlich auf Maria ausgerichtet und zur Zeit des konfessionellen Krieges in den Niederlanden entstanden ist, hob Eelco Nagelsmit hervor, dass es als ›typisch gegenreformatorisches‹ Programm zu verstehen sei.[3] Dies ginge nicht zuletzt aus der besonderen durch das Bild hervorgerufenen Marienverehrung hervor.[4]

* Der vorliegende Band versammelt die Erträge des vom DFG-Graduiertenkolleg 2008 *Interkonfessionalität in der Frühen Neuzeit* organisierten Symposions *Gender interkonfessionell gedacht. Konzeptionen von Geschlechtlichkeit in der Frühen Neuzeit*, das vom 01. bis zum 02. Juni 2018 an der Universität Hamburg stattfand. Für die Unterstützung der Drucklegung dieses Bandes danken wir der Universität Hamburg und insbesondere Prof. Dr. Johann Anselm Steiger. Außerdem bedanken wir uns bei Stefan von der Lieth für den professionellen Satz.

1 Öl/Leinwand, 356 × 237 cm, Brüssel, Musée Royaux des Beaux-Arts. Richtigerweise müsste es *Aufnahme Mariens in den Himmel* heißen, in der Kunstgeschichte hat sich der Terminus der *Himmelfahrt* jedoch durchgesetzt. Zu dem Bild vgl. Ausst. Kat. Theodoor van Loon. Een Caravaggist tussen Rome en Brussel. Hg. von Sabine van Sprang. Brüssel 2018, Kat.-Nr. 34, S. 180f. Der vorliegende Band versammelt die Beiträge einer Tagung, die unter dem Titel »Gender interkonfessionell gedacht – Konzeptionen von Geschlechtlichkeit in der Frühen Neuzeit« von 1. bis zum 2. Juni 2018 an der Universität Hamburg stattfand. Die Entscheidung, wie die Beiträge jeweils gegendert wurden, oblag den AutorInnen.

2 Denis Coeckelberghs, Pierre Loze: L'église St.-Jean-Baptiste au Béguinage à Bruxelles et son mobilier. Brüssel 1981 (Monographies du patrimoine artistique de la Belgique 1), S. 15–33.

3 Eelco Nagelsmit: Miracles made to measure. Theodoor van Loon's altarpiece for the Brussels Grand Beguinage. In: Embracing Brussels. Art and culture in the court city 1600–1800. Hg. von Katlijke van der Stighelen u. a. Turnhout 2013 (Museums at the Crossroads 24), S. 169–180 sowie ders.: De begijnen als opdrachtgevers. Theodoor van Loons altarstukken in de Brusselse Begijnhofkerk In: Theodoor van Loon. Pictor ingenius'en tijdgenoot van Rubens. Hg. von Michel Draguet u. a. Gent 2011 (Cahiers van de Koninklijke Musea voor Schone Kunsten van België 10), S. 63–77. Vgl. auch Coeckelberghs, Loze (Anm. 2), S. 188–200.

4 Nagelsmit 2011 (Anm. 3), S. 64.

Die Deutung als gegenreformatorisches Bild greift jedoch zu kurz, da sie die in ihm aufscheinende geschlechterspezifische Frömmigkeit vernachlässigt.[5] Aus dieser Perspektive wirft das Gemälde nämlich Fragen nach der Art und Weise auf, wie es die Betrachterinnen attrahiert hat und wie diese Wirkung bereits durch den Künstler in der Anlage des Werkes vorgenommen wurde. Gerade die Beginen haben van Loons Gemälde besonders geschätzt, was sich nicht nur an der großzügigen Zahlung für die Himmelfahrt zeigt, sondern auch an einem erneuten Auftrag an denselben Künstler für ein zweites Altarbild (Abb. 2)[6] sowie zahlreichen weiteren Gemälden in den darauffolgenden Jahren.[7] Wie verhalten sich nun Geschlecht und Konfession in dem Gemälde van Loons zueinander? Dazu einige einleitende Bestimmungen der für den vorliegenden Band zentralen Begriffe »Konfession« und »Geschlecht«.

2 Allgemeines zur Einführung: Konfession und Geschlecht in der Frühen Neuzeit

Nicht allein die Niederlande waren in der Frühen Neuzeit durch konfessionelle Aushandlungsprozesse geprägt, die mitunter gewaltsam ausgetragen wurden. Mit Thomas Kaufmann kann die Konfessionalisierung gar als »Kardinalvorgang« der frühneuzeitlichen Gesellschaft verstanden werden.[8] Der Kirchenhistoriker knüpft an das sogenannte Konfessionalisierungsparadigma an, das in den 1970er und -80er Jahren von Wolfgang Reinhard und Heinz Schilling entwickelt wurde.[9] Die beiden Forscher stellten die These auf, dass sich die christli-

5 Nagelsmit bemerkt zwar den geschlechterspezifischen Entstehungskontext; die Konsequenzen, die sich hieraus für die Bildanalyse ergeben, werden jedoch marginalisiert.

6 Im Jahre 1626 beauftragten die Beginen Theodoor van Loon eine Darstellung der *Krönung der Heiligen Ursula* für einen Seitenaltar der Kirche anzufertigen. Öl/Leinwand, 350 × 220 cm, Brüssel, Sint-Jan-Baptist ten Begijnhofkerk.

7 In der Beginenkirche in Brüssel finden sich fünf weitere Gemälde von Theodoor van Loon (ein sechstes gilt als gestohlen), deren Provenienz jedoch nicht gesichert ist. Vermutlich wurden die Gemälde erst im Laufe des 18. Jahrhunderts in die Kirche überführt; vgl. Ausst. Kat. 2018 (Anm. 1), Kat.-Nr. 2; 19; 31; 40; 42 sowie S. 123. Darüberhinaus finden sich im Stadsmuseum De Hofstad in Diest eine *Anbetung der Könige* sowie eine *Darbringung im Tempel*, die aus der Beginenhofkirche in Diest stammen. In der Beginenkirche Sint Alexis en Catharina in Mechelen befinden sich ebenfalls eine *Anbetung der Könige* sowie eine *Heimsuchung*. Da für van Loon nach wie vor kein Werkverzeichnis vorliegt, ist momentan nicht gesichert, wie umfangreich er für die Beginen tätig war.

8 Thomas Kaufmann: Die Konfessionalisierung von Kirche und Gesellschaft. Sammelbericht über eine Forschungsdebatte. In: Theologische Literaturzeitung 121 (1996), Sp. 1008–1025 und 1112–1121, hier Sp. 1010.

9 Unter den zahlreichen Arbeiten von Reinhard und Schilling seien hier zitiert: Wolfgang Reinhard: Konfession und Konfessionalisierung in Europa, in: Bekenntnis und Geschichte. Die Confessio Augustana im historischen Zusammenhang. Hg. von dems. München 1981, S. 165–189;

chen Konfessionen – die lutherische, reformierte und katholische – zeitlich und funktional parallel gebildet und unterschiedliche soziale Gruppen geschaffen haben. Damit lösten Reinhard und Schilling die bis dahin geltende Auffassung einer »progressiven Reformation und reaktionären Gegenreformation« ab.[10] Der Konfessionalisierungsthese nach wird Konfessionalisierung, so fasst Kaufmann zusammen, als »ein umfassender, alle Kultur- und Lebensbereiche der frühneuzeitlichen Gesellschaft integrierender gesellschaftsgeschichtlicher Kardinalvorgang begriffen.«[11] Auch Forschungsansätze, die sich mit konfessioneller Ambiguität, Nikodemismus oder Heterodoxien beschäftigen, gehen *nolens volens* von deutlich umrissenen Konfessionsidentitäten aus, denen die in den Blick genommenen Phänomene zuwiderlaufen.

Jedoch bringt Kaufmann selbst Einwände gegen dieses »Leitparadigma der Frühneuzeitforschung«[12] vor: Die makrohistorische und verallgemeinernde Perspektive verschließt nämlich den Blick für die »Konfessionsdynamik«[13] und »die

---

ders.: Zwang zur Konfessionalisierung? Prolegomena zu einer Theorie des konfessionellen Zeitalters. In: Zeitschrift für historische Forschung 10 (1983), S. 257–277; Heinz Schilling: Die Konfessionalisierung im Reich. Religiöser und gesellschaftlicher Wandel in Deutschland zwischen 1555 und 1620. In: Historische Zeitschrift 246 (1988), S. 1–45. Für einen Überblick zur Konfessionalisierungsforschung siehe u. a. Kaufmann (Anm. 8); Ute Lotz-Heumann: The Concept of »Confessionalization«: a Historiographical Paradigm in Dispute. In: Memoria y Civilización 4 (2001), S. 93–114; Andreas Holzem: Christentum in Deutschland 1550–1850. Konfessionalisierung – Aufklärung – Pluralisierung. 2 Bde. Paderborn 2015, Bd. 1, S. 3–32. Vom Interesse und der Aktualität dieser Debatten zeugen zahlreiche Sammelbände: Kaspar von Greyerz u. a. (Hg.): Interkonfessionalität – Transkonfessionalität – binnenkonfessionelle Pluralität. Neue Forschungen zur Konfessionalisierungsthese. Heidelberg 2003 (Schriften des Vereins für Reformationsgeschichte 201); Joachim Bahlcke u. a. (Hg.): Konfessionelle Pluralität als Herausforderung. Koexistenz und Konflikt in Spätmittelalter und Früher Neuzeit. Leipzig 2006; Ute Lotz-Heumann u. a. (Hg.): Konversion und Konfession in der Frühen Neuzeit. Heidelberg 2007 (Schriften des Vereins für Reformationsgeschichte 205); Scott Dixon u. a. (Hg.): Living with Religious Diversity in Early Modern Europe. Farnham 2009; Thomas Max Safley (Hg.): A Companion to Multiconfessionalism in the Early Modern World. Leiden 2011; Andreas Pietsch, Barbara Stollberg-Rilinger (Hg.): Konfessionelle Ambiguität. Uneindeutigkeit und Verstellung als religiöse Praxis in der Frühen Neuzeit. Heidelberg 2013 (Schriften des Vereins für Reformationsgeschichte 214); Sarah Lehmann, Sarah Stützinger, Christoph Ketterer (Hg.): Begegnungsräume der Konfessionen. Glaubensvielfalt in Medien der Frühen Neuzeit. Leiden 2017 (Daphnis 45).

10 Sarah Lehmann, Sarah Stützinger, Christoph Ketterer: Einleitung. Die Medien der Frühen Neuzeit als Begegnungsräume der Konfessionen. In: Begegnungsräume der Konfessionen. Glaubensvielfalt in Medien der Frühen Neuzeit. Hg. von dens. Leiden 2017 (Daphnis 45). S. 3–17, hier S. 3.

11 Kaufmann (Anm. 8). Sp. 1010.

12 Thomas Kaufmann: Einleitung: Transkonfessionalität, Interkonfessionalität, binnenkonfessionelle Pluralität – Neue Forschung zur Konfessionalisierungsthese. In: von Greyerz u. a. (Anm. 9), S. 9–15, hier S. 10.

13 Ebd.

Vielschichtigkeit frühneuzeitlicher Religionskultur«.[14] Unterschiedliche Grade der Konfessionalisierung und ihre Kontextualität werden so vernachlässigt.[15] Auch Austauschprozesse zwischen den Konfessionen sowie binnenkonfessionelle Differenzen werden nicht genügend beachtet.[16] Zudem hat die Konfessionalisierungsthese »eine teleologische Vorstellung europäischer Geschichte [etabliert], welche auf eine erfolgsorientierte Durchsetzung von Modernisierung und Säkularisierung beschränkt sei«.[17]

Die Interkonfessionalitätsforschung, wie sie am DFG-Graduiertenkolleg 2008 Interkonfessionalität in der Frühen Neuzeit an der Universität Hamburg entwickelt wurde, überwindet die Konfessionalisierungsthese, indem sie sich mit Phänomenen beschäftigt, die sich nicht in dichotome und antagonistische Schemata einordnen lassen, sondern einer allumfassenden Konfessionalisierung widerstreben oder diese relativieren.[18] Dazu wurde am Graduiertenkolleg maßgeblich durch die Arbeiten der beteiligten Kollegiat*innen und Wissenschaftler*innen eine präzise Terminologie zur Beschreibung frühneuzeitlicher Konfessionen entwickelt, die insbesondere auf der Mikro-Ebene zur Untersuchung von Frömmigkeitspraxis, sakraler Bildlichkeit und Transformationen von Text- und Musikgattungen in der Frühen Neuzeit erfolgreich angewandt wurde. Die Ergebnisse dieser Arbeiten konnten damit den Blick für die Vielschichtigkeit konfessioneller Phänomene und für die Austauschprozesse zwischen einzelnen Akteuren oder Gruppen unterschiedlicher konfessioneller Zugehörigkeit schärfen.[19]

---

14 Ebd., S. 13.

15 Ebd., S. 14.

16 Ebd.

17 Lehmann, Stützinger, Ketterer (Anm. 10), S. 6–7.

18 Siehe dazu insbesondere den Sammelband Luisa Coscarelli, Rogier Gerrits, Thomas Throckmorton (Hg.): Interkonfessionalität in der Frühen Neuzeit. Kontexte und Konkretionen. Berlin 2018 (Hamburger Beiträge zur Germanistik 59), sowie Daniel Fliege, Rogier Gerrits (Hg.): Reformation(en) in der Romania. Zur Frage der Interkonfessionalität in den romanischen Literaturen der Frühen Neuzeit. Heidelberg 2020 (Studia Romanica 221).

19 Verwiesen sei dazu auf die umfangreiche Publikationsliste des Graduiertenkollegs, die beständig aktualisiert wird: https://www.gwiss.uni-hamburg.de/einrichtungen/graduiertenschule/interkonfessionalitaet/publikationen.html (aufgerufen am 30. Juli 2020). Als Einführung in die Thematik seien die Sammelbände empfohlen Coscarelli, Gerrits, Throckmorton (Anm. 17); Fliege, Gerrits (Anm. 17); zudem die Artikel (in chronologischer Reihenfolge): Marc Föcking: Meditation, Interkonfessionalität und geistliche Lyrik im Barock (Angelo Grillo und Johann Rist). In: Paragrana 22 (2013), S. 143–158; Aleksandra Adamczyk: Das Bildnis des Geistlichen. Interkonfessionelle Bezugnahmen in der schlesischen Kunst des 16. und 17. Jahrhunderts. In: Archiv für Schlesische Kirchengeschichte 75 (2017), S. 217–235; Elena Nendza: »Zerhaut, zerreißt, zerschmettert!« Der Bethlehemitische Kindermord – ein interkonfessionelles Bindeglied in den europäischen Künsten. In: Sarah Lehmann, Sarah Stützinger, Christoph Ketterer (Hg.): Begegnungsräume der Konfessionen. Glaubensvielfalt in Medien der Frühen Neuzeit. Leiden 2017 (Daphnis 45), S. 250–273; Thomas Throckmorton: Wie man einen interkonfessionellen Konflikt auf die Politica richtet. Die Absetzung des Konsistorialpräsidenten Joachim Kemnitz am Hof des

Zur Untersuchung solcher Phänomene wird begrifflich zwischen drei Formen konfessioneller Beziehung unterschieden: Transkonfessionalität dient zur Hervorhebung des über die Grenzen der Konfessionen hinausgehenden ›allgemein christlich‹ Gültigen, die sowohl implizit vollzogen werden kann (zum Beispiel durch Bezug auf zwischen den Konfessionen unstrittige Fragen) als auch explizit (zum Beispiel durch die Betonung gemeinsamer religiöser Überzeugungen oder Praktiken durch Anhänger unterschiedlicher Konfessionen).[20] Interkonfessionalität bezeichnet die Austauschprozesse zwischen den Konfessionen und ihre gegenseitige Bezugnahmen: Diese können negativ ausfallen, wenn es um Prozesse der Abgrenzung geht, aber auch positiv, wenn fremdkonfessionelle Positionen übernommen werden oder ihre Differenz verschwiegen wird. Binnenkonfessionelle Pluralität soll zudem den Blick für Differenzierungen innerhalb einzelner Konfessionen schärfen. Dieses begriffliche Repertoire lässt sich zudem durch den Begriff der konfessionellen Aushandlungsprozesse ergänzen, den Margit Kern eingebracht hat und der jüngere Forschungsergebnisse der Kulturwissenschaften miteinzuholen vermag.[21]

Leicht ersichtlich ist, dass die neuen christlichen Konfessionen die Entwicklung von Bekenntnissen, Andachtsformen und Organisationsstrukturen erforderlich machten und dass sie sich in diesem Bemühen gegenseitig argwöhnisch beobachtet, rezipiert und beeinflusst haben. Weniger ersichtlich ist, wie sich Reformation und Konfessionalisierung auf Geschlechterkonzepte ausgewirkt haben.

Die Geschlechterforschung beschäftigt sich mit der Bedeutung des Geschlechtes in Kultur, Gesellschaft und deren Artefakten in einem bestimmten historischen Kontext, hier also mit der Epoche der Konfessionalisierung zwischen dem 16. und 18. Jahrhundert.[22] Dabei untersucht sie, welche Begriffe von

---

Großen Kurfürsten. In: Forschungen zur Brandenburgischen und Preußischen Geschichte NF 27 (2017), S. 163–193; Markus Friedrich: Jesuiten und Lutheraner im frühneuzeitlichen Hamburg. Katholische Seelsorge im Norden des Alten Reichs zwischen Konversionen, Konfessionskonflikten und interkonfessionellen Kontakten. In: Zeitschrift des Vereins für Hamburgische Geschichte 104 (2018), S. 1–77; Jonathan Rehr: Der Gnadenstuhl als Abbild und Vorbild Christi. Die Bildtheologie des Johannes Brenz unter Berücksichtigung interkonfessioneller Rezeptionsvorgänge. In: Lutherische Theologie und Kirche 43 (2019), S. 212–225.

20 Vgl. hierzu insbesondere die Beiträge im Sammelband Coscarelli, Gerrits, Throckmorton (Anm. 18).

21 Margit Kern: Was ist lutherisch? Konfessionelle Aushandlungsprozesse im religiösen Bildprogrammen der Frühen Neuzeit. In: Ausst. Kat, Luther und die Deutschen. Begleitband zur Nationalen Sonderausstellung. Hg. von der Wartburg-Stiftung Eisenach. Petersberg 2017, S. 339–344 sowie dies.: Lutherisch? Wie Bilder sich bekennen. In: Ausst. Kat. Der Luthereffekt. 500 Jahre Protestantismus in der Welt. Hg. vom Deutschen Historischen Museum. München 2017, S. 30–38.

22 Mittlerweile gibt es eine unübersichtliche Anzahl an Überblicksstudien und Einführungen in die Gender-Studien/Geschlechterforschung. Genannt seien hier unter vielen anderen: Christina von Braun, Inge Stephan (Hg.): Gender-Studien. Eine Einführung. Stuttgart, Weimar [¹2000]

Geschlecht(ern) in einem historischen Zusammenhang produziert und verwendet wurden und wie sich diese auf die Teilhabe an oder Ausschluss von politischer Macht, Wissens- und Kulturproduktion oder gesellschaftlichen Strukturen ausgewirkt hat. In der Forschung etabliert hat sich die – wenn auch nicht unwidersprochene – Differenzierung zwischen einem soziokulturell geschaffenen Geschlecht (*gender*) und einem biologischen Geschlecht (*sex*).[23] Diese

---

2006. Dieser Band bietet eine theoretische Einleitung in die Gender-Studien (S. 3–112) sowie Überblickskapitel zur Relevanz dieser Forschungsrichtung in verschiedenen Teildisziplinen (für den vorliegenden Band interessant sind Christl Maier: Theologie, S. 241–255; Hildegard Frübis: Kunstgeschichte, S. 256–269; Inge Stephan: Literaturwissenschaft, S. 284–293; Monika Bloß: Musikwissenschaft, S. 307–321). Zum Themenkomplex Gender in der Frühen Neuzeit bietet sich ebenfalls eine unübersichtliche Forschungslage. Genannt seien die wichtigsten Arbeiten: Jean R. Brink, Allison P. Coudert, Maryanne C. Horowitz: The Politics of Gender in Early Modern Europe. Kirksville 1989 (Sixteenth century essays & studies 12); Heide Wunder, Christine Vanja (Hg.): Wandel der Geschlechterbeziehungen zu Beginn der Neuzeit. Frankfurt a. M. 1991; Merry E. Wiesner: Women and Gender in Early Modern Europe. Cambridge 1993 (New Approaches to European History 1); James Turner (Hg.): Sexuality and Gender in Early Modern Europe: Institutions, Texts, Images. Cambridge 1993; Margaret R. Sommerville: Sex and Subjection. Attitudes to Women in Early-Modern Society. London 1995; Heide Wunder, Gisela Engel (Hg.): Geschlechterperspektiven: Forschungen zur Frühen Neuzeit. Königstein (Taunus) 1998; Jessica Munns, Penny Richards (Hg.): Gender, Power and Privilege in Early Modern Europe. Harlow 2003; Teresa A. Meade, Merry E. Wiesner-Hanks (Hg.): A Companion to Gender History. Oxford 2004; Julie Campbell: Literary Circles and Gender in Early Modern Europe. A Cross-Cultural Approach. Aldershot 2006; Megan Cassidy-Welch (Hg.): Practices of Gender in Late Medieval and Early Modern Europe. Turnhout 2008; Kathleen P. Long (Hg.): Gender and Scientific Discourse in Early Modern Culture. Farnham 2010; Patricia Simons: The Sex of Men in Premodern Europe. A Cultural History. Cambridge 2011; Sabine Koloch: Kommunikation, Macht, Bildung. Frauen im Kulturprozess der Frühen Neuzeit. Berlin 2011; Allyon Poska u. a. (Hg.): The Ashgate Research Companion to Women and Gender in Early Modern Europe. Farnham 2013. Sarah Joan Moran, Amanda Cathryn Pipkin (Hg.): Women and gender in the early modern Low Countries, 1500–1750. Leiden, Boston 2019 (Studies in medieval and reformation traditions 217).

23 Judith Butler kritisiert, dass sich die feministische Debatte historisch selbst innerhalb eines patriarchalen Diskurses bewege und insgesamt diesen Diskurs mittrage, den zu überwinden sie vorgibt. So wolle der historische Feminismus zwar die konstitutiven Elemente der weiblichen Geschlechtsidentität ändern und somit zu einer Stärkung eines weiblichen Subjekts beitragen, aber die Voraussetzung für diese Stärkung sei die Annahme der binären Unterscheidung, an welcher nach Butler aber die eigentliche Kritik zu Gunsten von polyvalenten Geschlechteridentitäten angesetzt werden müsse. So lehnt sie auch die Unterscheidung zwischen *gender*, einem kulturell und diskursiv geformten sozialen Geschlecht, und *sex*, einem vermeintlich biologischen Geschlecht, ab. Butler zufolge werde eine biologische Unterscheidung als unumstößliche Tatsache nur als Vorwand genutzt, um den binären Code aufrecht zu erhalten. Nicht das biologische Geschlecht sei Ursprung der binären Geschlechterunterscheidung, sondern gerade umgekehrt würden anatomische Unterschiede genutzt, um die heteronormative Ordnung aufrecht zu erhalten. Durch Perpetuierung werde der Geschlechtercode erst performativ konstruiert, sodass *sex* prädiskursiv erscheint. Allerdings seien diese Identitäten nicht unumstößlich, sondern könnten durch subversive Praxen sichtbar gemacht und umgedeutet werden, wenn die dafür notwendige Definitionsmacht vorhanden ist. Butler verortet sich selbst explizit innerhalb des Feminismus. Siehe Judith Butler: Das Unbehagen der Geschlechter. Frankfurt a. M 2007.

Unterscheidung erlaubt es die Konstruiertheit von Geschlechterkategorien in bestimmten historischen soziokulturellen Kontexten in den Blick zu nehmen.

Das Wissen über Geschlechter wird durch Diskurse – d. h. nach Foucault durch die historisch geformte Menge aller möglichen sinnvollen Aussagen – vermittelt und geschaffen;[24] der Diskurs wiederum wird durch Institutionen und Artefakte gestaltet und übermittelt: Zu diesen Artefakten gehören literarische Texte, Bilder und Musik. Was zu einer bestimmten Zeit von wem und wie als gültig und wahr behauptet werden kann, wird durch den Diskurs und die ihn formenden Machtstrukturen eingegrenzt. Durch Ausschließungsmechanismen wird das im Diskurs Sagbare und die Menge derer, die sprechen dürfen, verknappt und bestimmte Personen(gruppen) werden ganz vom Diskurs ausgeschlossen oder marginalisiert. Ein solches Ausschlusskriterium – zumal in religiösen und kirchlichen Kontexten der Frühen Neuzeit – ist das Geschlecht.

Wenn sich die Forschung mit dem Christentum und Geschlechtern beschäftigt, so ist insbesondere die Frage nach der Teilhabe oder dem Ausschluss von Frauen in der Institution Kirche oder nach unterschiedlichen Formen geschlechterspezifischer Frömmigkeitspraxen zweifelsohne eine drängende, auch in historischen Kontexten. Nicht minder relevant ist aber die Frage nach der Konstruiertheit von Männlichkeit oder von Phänomenen, die sich einer klar umrissenen binären Geschlechterunterscheidung entziehenden, wie Eunuchen und Androgynität, die ja gerade auch in kirchlichen Kontexten von großer Bedeutung sind. Der vorliegende Band nimmt sich vor, bildende, literarische und musikalische geistliche Artefakte aus der Frühen Neuzeit auf das Wissen über Geschlechter hin zu befragen und die Bedeutung der Konfessionen für die dabei zutage tretenden Geschlechterkonzeptionen sichtbar zu machen. Kehren wir vor diesem Hintergrund zurück zu van Loons Gemälde.

3 Himmelfahrt Mariens

Das hochformatige Bild zeigt die Aufnahme Mariens in den Himmel, ein außerbiblisches und durch nichtkanonische Texte überliefertes Ereignis.[25] In einem kaum näher definierten Außenraum befindet sich eine Gruppe dicht gedrängter Menschen, die dem Ereignis der Himmelfahrt beiwohnen und verschiedene Re-

24 Michel Foucault: L'Ordre du discours. Paris 1971.

25 Die Vorstellung der Aufnahme Mariens in den Himmel wurde wesentlich von sog. *Transitus Mariae* geprägt, vgl. Klaus Schreiner: Rituale, Zeichen, Bilder. Formen und Funktionen symbolischer Kommunikation im Mittelalter. Köln u. a. 2011 (Norm und Struktur. Studien zum sozialen Wandel in Mittelalter und früher Neuzeit 40), S. 244–261 sowie Hans Förster: Transitus Mariae. Beiträge zur koptischen Überlieferung. Berlin 2006 (Die griechischen christlichen Schriftsteller der ersten Jahrhunderte 14), S. 67–81.

aktionen zeigen. Die Personengruppe ist um einen im rechten Bildvordergrund lokalisierten geöffneten Sarkophag herum gruppiert (Abb. 1). Hierauf zu lesen ist, dass es sich um das Grab der Jungfrau Maria handle, die im Alter von 63 Jahren gestorben sei.[26] Nach oben hin ist der Himmel aufgebrochen und Maria ist mit einem Humilitas-Gestus, nach oben gerichtetem Blick und einem Leuchten, das ihren Kopf hinterfängt, gezeigt. Auf einer Wolke sitzend, wird sie von mehreren Putti flankiert. Im unteren Bereich des Bildes ist eine Gruppe von Männern und Frauen etwa lebensgroß ins Bild gesetzt. Die Gruppe der Apostel ist hinter und auf der linken Seite des Grabes positioniert und einzelne Figuren sind durch bestimmbare Attribute eindeutig zu identifizieren: So ist die Figur ganz links im Bild mit einem umgegürteten Trinkgefäß als Jakobus d. Ä. auszumachen; der sich über den geöffneten Sarkophag beugende, das Totentuch begutachtende Apostel ist als ungläubiger Thomas zu erkennen; links der Bildmitte streckt sich die Figur des Lieblingsjüngers Johannes bittend zu Maria empor.[27] Wie er sind auch die übrigen Apostel in einer antik anmutenden Bekleidung gezeigt, wodurch das Dargestellte bildlich eine historische Verortung erfährt. Mimik und Gestik der Männer drücken ihre Verblüffung ob des wundersamen Ereignisses aus (Abb. 1). Die Drehung ihrer Körper und Vehemenz ihrer somatischen Reaktionen verdeutlichen, wie sie physisch von dem wundersamen Ereignis der Himmelfahrt ergriffen werden. Ganz im Sinne des italienischen Ideals der *varietà* ist dabei jeder Apostel in einem anderen Gestus zu sehen, gemein ist ihnen aber die körperlich unmittelbare Affektion des Geschehens, der sie sich nicht entziehen können.

Ergänzt wird die Gruppe der Männer durch drei dem Geschehen beiwohnende Frauen (Abb. 1). Sie werden durch kompositorische Verschränkungen als Gruppe zusammengefasst und sind mittig vor der Runde der Männer positioniert. Auffällig ist ihre Bekleidung, die in ihrer Art nicht derjenigen der Männer entspricht, sondern dem Entstehungskontext des Bildes zeitgenössisch erscheint. Der Maler scheidet also beide Geschlechter in zwei kompositorisch voneinander getrennte Gruppen. Eindeutig zu identifizieren sind die Frauen nicht, jedoch gibt es einige Anhaltspunkte: Die linke der drei streckt ihren linken Arm mit dem Zeigefinger in einem verweisenden Gestus aus und könnte mit ihren offen über die Schulter fallenden Haaren Maria Magdalena sein. Sie hat ihren rechten Arm um den Rücken einer weiteren weiblichen Figur gelegt.

26 Die Inschrift lautet: »D.O.M.S. SACR.mae DEIPARAE VIRGINI MARIAE APOSTOLI CHRISTI IESV MONVMENTVM HOC. P VIXIT ANNIS LXIII OBIIT Ano XLVII«.

27 Obwohl die Brüsseler Beginenkirche Johannes dem Täufer geweiht war, wurde hier sein Namensvetter Johannes (der Lieblingsjünger) wesentlich prominenter herausgearbeitet. In einem Gemälde, in dem beide zu sehen sind, werden verschiedene Inszenierungen von Männlichkeit diskutiert; siehe das Gemälde *Maria mit Kind, Johannes d. Täufer und Johannes Evangelist* in den Brüsseler Musées Royaux des Beaux-Arts (vgl. hierzu Ausst. Kat. 2018, Kat.-Nr. 25, S. 158).

Der Ikonografie nach könnte es sich bei dieser um die Hl. Dorothea handeln, deren Attribut ein mit Blumen gefüllter Korb ist.[28] In der *Himmelfahrt* kann van Loon diese Ikonografie nutzen, um den Rosenduft zu versinnbildlichen, der aus Marias Grab aufgestiegen sein soll. Ihr Blick ist andächtig nach oben auf die Figur Mariens gerichtet, ebenso wie der Blick der dritten sich dicht rechts neben ihr befindenden Frau. Diese sitzt auf einer Stufe vor dem offenen Grab und ist auf die Betrachterin des Bildes ausgerichtet. Auf ihrem Schoß liegt ein geöffnetes Buch und ihre rechte Hand ruht darauf, als habe sie gerade darin gelesen. Über einer weißen, gerafften Bluse und einem grünen schimmernden Kleid trägt sie kostbare bestickte Tücher, durch die sie besonders nobilitiert wird. Die Art, wie ihre Haare auf ihrem Kopf zusammengebunden sind, erinnert an einen Turban, sodass die von Thérèse Cornil vorgeschlagene Assoziation mit einer *Sibilla Cumana* plausibel erscheint.[29] Cornil verweist auf eine Sibylle Domenichinos (Abb. 3), die dieser ca. 1616 malte und die sich seit 1617 im Besitz des Kardinals Scipione Borghese befand, sodass van Loon sie bei einer Romreise im Jahr 1617 gesehen haben konnte. Auch wenn davon auszugehen ist, dass das Zielpublikum die Sibylle Domenichinos nicht kannte, dürfte die Assoziation mit einer *Sibilla Cumana* dennoch gesichert gewesen sein, da sie auch im flämischen Raum ein gängiges Motiv war.[30]

Die Assoziation einer Sibylle, also einer (pseudo-)antiken Seherin der Heilsgeschichte, demonstriert den Handlungsspielraum, der den Frauen eingeräumt wird: Während die männlichen Figuren in ausladenden affizierten Gesten agieren und hierdurch auf ihr aktives Handeln als Apostel verwiesen ist, ist der ›Aktionsraum‹ der Frauen deutlich begrenzt. Sie sind in einer kontemplativen und andächtig sitzenden Haltung dargestellt. Ihre Bewegtheit ist eine innere, die nicht veräußerlicht wird. Lediglich der ausgestreckte Arm der linken Figur fällt aus diesem Schema. Doch er entspricht dem gerne als zügellos dargestellten Wesen Magdalenas und markiert so die Grenze der Möglichkeit weiblichen Handelns.[31] In ihrer sitzenden Haltung, den weiten, über ihren Schoß gelegten Tüchern und dem nach oben gerichteten Blick korrespondiert die Figur der Sibylle deutlich mit der Mariens. Durch diese kompositorische Spiegelung wird eine visuelle Koppelung der beiden Bildbereiche evoziert. Die in den Himmel

28 Nagelsmit 2013 (Anm. 3), S. 171, Anm. 12.

29 Thérèse Cornil: Théodore van Loon et la peinture italienne. In: Bulletin de L'Institut Historique Belge de Rome 17 (1936), S. 187–211, hier S. 207.

30 Wie beispielsweise im Genter Altar Jan van Eycks (ca. 1432) sichtbar wird. In der mittleren Lünette der oberen Zone der Alltagsseite sind eine Erythräische und eine Cumänische Sybille abgebildet.

31 Zu zügellosen Magdalenen um 1600 vgl. Valeska von Rosen: Caravaggio und die Grenzen des Darstellbaren. Ambiguität, Ironie und Performativität in der Malerei um 1600. Berlin ^{2}2011, S. 148–159.

auffahrende Maria findet eine Entsprechung in der am Grab sitzenden Frau. Das visuelle Argument lautet: Diese beiden Frauen sind einander ähnlich.[32] Diese Entsprechung wiederum korrespondiert mit den Beginen *vor* dem Bild. So wie die Frauen im Bild an einem Grab sitzen und die Himmelfahrt betrachten, so saßen die Beginen vor dem Bild gewissermaßen auch vor einem Grab, nämlich dem Altar, und betrachteten das gleiche Ereignis. Hierdurch erfolgt eine Koppelung der innerbildlichen Wirklichkeit mit der Rezeptionssituation. Die weiblichen Figuren geben dabei die Rezeptionshaltung für die Beginen vor: Das Gemälde für den Altar der Beginenkirche zeigt offenbar eine *Himmelfahrt Mariens*, in der nicht die Heiligkeit der Gottesmutter im Fokus der Rezeption steht, sondern die Reaktionen des irdischen bezeugenden Personals.

4 Entwicklung der Komposition

Anhand eines erhaltenen *Bozzetto* lässt sich der Bildfindungsprozess des Gemäldes nachvollziehen (Abb. 4).[33] Der Vergleich mit dem tatsächlich ausgeführten Gemälde und hierin vorgenommenen Änderungen gegenüber der Vorstudie weist entscheidende Akzentverschiebungen auf. Da ein Kaufvertrag für das Gemälde nicht erhalten ist, ermöglicht einzig die Analyse der Veränderungen vom *Bozzetto* zum fertigen Gemälde, die Wünsche der Auftraggeberinnen für das Werk zu rekonstruieren. Entgegen einer Skizze oder einem *Modello*, die häufig kleinformatig in Grisaille ausgeführt wurden und als Entwurf und Orientierung allein der Arbeit des Künstlers und gegebenenfalls seiner Werkstatt dienten, ist diese Studie nicht nur ungewöhnlich groß (103x74 cm), sondern auch äußerst detailliert ausgestaltet. Sowohl die Komposition und die Anlage der Figuren als auch ihre farbige Ausgestaltung, ihre Mimik und der Faltenwurf der Bekleidung sind in dem *Bozzetto* bereits angelegt. Diese minuziös ausgeführte Arbeit wurde wohl kaum ›Werkstatt-intern‹ genutzt.[34] Sie ist derart repräsentativ gestaltet, dass vermutet werden muss, dass sie als Entwurf zur Vorlage bei den Auftraggeberinnen entwickelt wurde, die daraufhin noch Korrekturen vornehmen konnten. Ein solches Vorgehen war durchaus üblich. Im Fall der Brüsseler Beginen erfolgte

32 Zum Verständnis von Ähnlichkeit als Episteme der Frühen Neuzeit vgl. Michel Foucault: Die Ordnung der Dinge. Eine Archäologie der Humanwissenschaften. Frankfurt a. M. 1971 (franz.: Les mots et les choses. Paris 1966), bes. S. 46–77.

33 Öl/Leinwand, 103 × 74 cm, Brüssel, Museum Momuse Molenbeek. Mit herzlichem Dank an Sven Steffens, Konservator des Museums, für weitere Hinweise sowie den Restaurator in Brüssel, der es ermöglichte, das Bild im Detail zu studieren.

34 Wie es etwa bei dem berühmten Zeitgenossen Peter Paul Rubens der Fall war, vgl. Nils Büttner: Pietro Pauolo Rubens. Eine Biographie. Regensburg 2015 (Regensburger Studien zur Kunstgeschichte 25), S. 105–122.

zudem die Bezahlung für den Maler in zwei Etappen.[35] Die erste vermutlich bei Vorlage des *Bozzetto* für das zu verwendende Material im Jahr 1617, die zweite bei Übergabe nach der Fertigstellung des Gemäldes 1623. Der Abgleich von *Bozzetto* und ausgeführten Gemälde macht Bedeutungsverschiebungen in der Genese sichtbar. Welche Änderungswünsche hatten also die Beginen?

Während die Gesamtanlage und die Ausgestaltung der Figuren sowie deren Interaktionen von *Bozzetto* zu Gemälde nahezu unverändert übernommen blieben, wurde eine entscheidende Änderung hinsichtlich der Ausleuchtung der Szenerie und der Licht- und Schattenführung vorgenommen. Die Bildwirkung des Altargemäldes wird von einem starken *chiaroscuro* dominiert. Waren zuvor die verschiedenen Bildbereiche gleichwertig illuminiert, ist nun der hintere Bildbereich mit der Gruppe der Apostel von deutlichen Schattierungen markiert. Dadurch wird eine im *Bozzetto* bestehende Homogenität der Zeugen aufgehoben. Die Gruppe der Männer tritt nun deutlich hinter der der Frauen zurück. Einzig die in Rot gekleidete Figur des Johannes sticht hervor, der kompositorisch zwischen den drei Bildbereichen vermittelt: Räumlich ist er der Gruppe der Männer zugeordnet, seine nach oben gereckten fürbittenden Hände erreichen fast die Figur der Maria, in seiner leuchtenden Farbigkeit schließt er an die Frauen an. Die in der Darstellungstradition angelegte Androgynität des Johannes nutzt van Loon hier, um den Eindruck weiblicher Präsenz im Bild zu steigern.[36] Dies wird auch unterstützt durch eine stärkere Weichzeichnung der Gesichtszüge des Johannes im Gemälde. Durch die gegenüber dem *Bozzetto* geänderte Lichtregie verschiebt sich nun die Bedeutung, die die Betrachtenden den einzelnen Bildbereichen beimessen. So führt die helle Ausleuchtung dazu, dass die Frauen als Hauptfiguren empfunden werden. Auf ihnen liegt nicht nur der größte Helligkeitswert, auch die feinmalerische Umsetzung macht in der Rezeption deutlich, dass der Künstler der Ausgestaltung jeder der drei Frauen mehr Zeit und Präzision gewidmet hat als der Figur Mariens.

5 Bildvergleich Scherpenheuvel

Deutlich wird die Zuspitzung des Brüsseler Bildes hinsichtlich der Andacht weiblicher Figuren im Vergleich mit einem weiteren, etwa zeitgleich entstandenen Altargemälde gleichen Sujets von van Loons Hand (Abb. 5): Dieses schmückt den Hauptaltar in der Wallfahrtskirche *Onze-Lieve-Vrouw* in Scher-

35 Vgl. Nagelsmit 2011 (Anm. 3), S. 64, Anm. 9&10.

36 Zur Androgynität des Lieblingsjüngers vgl. Andreas Kraß: Der Lieblingsjünger und die Folgen. In: Unbeschreiblich männlich. Heteronormativitätskiritische Perspektiven. Hg. von Robin Bauer, Josch Hoenes, Volker Woltersdorff. Hamburg 2007, S. 43–62.

penheuvel[37] und fungiert als abschließende Bekrönung eines Marienzyklus, der mit sieben ebenfalls von van Loon gestalteten Altarbildern Szenen aus dem Leben Mariens zeigt.[38] Das sich noch *in situ* befindliche Gemälde zeigt ebenfalls eine hochformatige *Himmelfahrt Mariens*. Abermals ist um den geöffneten Sarg im linken Bildvordergrund eine Gruppe von Figuren versammelt, welche die Aufnahme in den Himmel bezeugen und bestaunen. Auch hier sind zwei Frauen in die Gruppe der Apostel integriert. Ihre Mimik gibt die Blickrichtung der Betrachtenden vor: Die linke schaut nach unten, in den leeren geöffneten Sarg, und die rechte richtet ihr Haupt und ihren Blick nach oben zur Figur Mariens. Insgesamt stellt van Loon die Frauen und Männer hier jedoch als einheitliche Gruppe dar. Der auch hier bestehende Gegensatz der antikisierenden Bekleidung der Männer und der zeitgenössischen der Frauen ist nun weniger plakativ, da auch Petrus durch ein wertvolles Gewand nobilitiert und vor allem Maria mit kostbar glänzendem Taft bekleidet ist. Sie dominiert auch in diesem Gemälde die obere Bildhälfte. Auf einer Wolke kniend und eher an den Typus der *Assunta* anschließend hält sie empfangend ihre Arme auseinander. Mit ihrem rot leuchtenden Tuch ist sie hier klar als Hauptfigur des Bildes inszeniert. Begleitet wird Maria von zahlreichen Putti und Engelchen, die, mit Instrumenten ausgestattet, himmlische Klänge verkünden, sie mit einem Kranz bekrönen und dadurch als Himmelskönigin auszeichnen.

Anders erfolgt die Darstellung des Figurenpersonals in der Beginenkirche: Durch die sitzende Haltung wirkt Maria hier kleiner als die drei Frauen; durch

37 Öl/Leinwand, ca. 1622, 400 × 220 cm, in situ.

38 Eine systematische Untersuchung dieses Zyklus' steht noch aus. Annäherungen bieten: Victor Brughmans: Les peintures de Theodore van Loon a Montaigu. Löwen 1936; Antonio Boschetto: Di Theodoor van Loon e dei suoi dipinti a Montaigu. Cronaca di un incontro. In: Paragone. Arte 21 (1970), S. 42–59; Sandra Janssens: Theodoor van Loon en de Mariacyclus voor Scherpenheuvel. In: Openbaar Kunstbezit in Vlaanderen 1 (2005), S. 29–35. Für den Wallfahrtsort und die Kirche vgl. außerdem: Armand Boni: Scherpenheuvel. Basiliek en gemente in het kader van de vaderlandse geschiedenis. Antwerpen u. a. 1953; A. Lantin: Scherpenheuvel. Oord van vrede. Ontstaan van de bedevaartplaats, beschrijving van koepelkerk en kunstschatten. Retie 1971; Claudia Banz: Pax – Libertas – Pietas. Anmerkungen zum Ausstattungsprogramm der Marienwallfahrtskirche in Scherpenheuvel. In: Albert & Isabella. 1598–1621. Hg. von Werner Thomas, Luc Duerloo. Turnhout 1998, S. 161–171; Pieter Martens, Joris Snaet: De Mariale bedevaartskerk van Scherpenheuvel. Een onderzoek naar dynastieke relaties en de verspreiding van ontwerpen en denkbeelden over architectuur. In: Bulletin Koninklijke Nederlandse Oudheidkundige Bond Utrecht 98 (1999), S. 214–225; Luc Duerloo, Marc Wingens: Scherpenheuvel. Het Jeruzalem van de Lage Landen. Löwen 2002; Piet Lombaerde: Utopie in der verlassenen Landschaft. Die neue Stadt Scherpenheuvel als ›neues Jerusalem‹ in den spanisch-habsburgischen Niederlanden. In: Heilige Landschaft – Heilige Berge. Achter internationaler Barocksommerkurs. Hg. von der Stiftung Werner Oechslin. Zürich 2014, S. 190–201; Anke Naujokat: Ein sternförmiger hortus conclusus. Überlegungen zu Gestalt und Programmatik des erzherzoglichen Initialprojektes für den Marienwallfahrtsort Scherpenheuvel. In: INSITU. Zeitschrift für Architekturgeschichte 2 (2017), S. 229–246.

ihr Ruhen auf der Wolke erscheint sie als bereits getrennt von der irdischen Sphäre. Auch die Beleuchtung der Figuren lässt die drei Frauen im Vordergrund präsenter im Bild erscheinen. Dies fällt umso stärker ins Auge, da es sich in diesem Bildbereich um ein künstliches, unplausibles Licht handelt. Zudem ziehen die außerordentlich prachtvollen und kostbaren Textilien der Frauen Aufmerksamkeit auf sich. Taft und bunt bestickte und mehrfarbig gewebte Seiden können als Verweis auf das Textilhandwerk verstanden werden, in dem die Beginen sich betätigten.[39] Die drei prominent positionierten weiblichen Figuren dürften daher das stärkere Rezeptionsmoment gebildet haben, befanden *sie* sich doch unmittelbar über der Augenhöhe der Betrachtenden. Sie dürften es den Beginen leichtgemacht haben, sich mit ihnen zu identifizieren und im Bild einzufinden.

Der Vergleich der beiden Bildlösungen durch van Loon für ein Altargemälde mit einer Himmelfahrt Mariens zeigt an, wie der Künstler das Sujet für die unterschiedlichen Auftraggeber und Rezipienten verschieden akzentuierte. Die *Himmelfahrt* in Scherpenheuvel ist klar auf das Staunen und Bewundern des Mirakulösen ausgerichtet.[40] Die Bildkonzeption ist daher orientiert an dem verbreiteten frühneuzeitlichen Topos von *miraculum*, *stupor* und *admiratio*.[41] Maria wird in der Form ihrer Darstellung klar als nobilitiert und anbetungswürdig apostrophiert. Die *Himmelfahrt* in der Beginenkirche hingegen vermittelt in erster Linie weibliche Kontemplation. Maria tritt hier hinter ihrer Funktion als Mutter zurück, ihre schlichtere Kleidung betont ihre bäuerliche Herkunft.

39 Suzanne van Aerschot, Michiel Heirman: Vlaamse Begijnhoven. Werelderfgoed. Löwen 2001, S. 80.

40 Der Affekt des Staunens (grie. θαυμάζειν thaumázein, lat. stupor), der durch die Anschauung von wundersamen Ereignissen ausgelöst wird, ist ein seit der Antike tradierter und bis in die Frühe Neuzeit immer wieder neu ausgelegter sowohl rhetorischer als auch visueller Topos der Kunstliteratur, Rhetorik, Theologie und Philosophie, vgl. Cornelia Logemann: Neugierde und Staunen. In: Metzler Lexikon der Kunstwissenschaft. Ideen-Methoden-Begriffe. Hg. von Ulrich Pfisterer. Stuttgart 2003, S. 305–309; vgl. außerdem Ulrich Rehm: Stumme Sprache der Bilder. Gestik als Mittel neuzeitlicher Bilderzählung. München, Berlin 2002 (Kunstwissenschaftliche Studien 106), S. 114–122. Es ist zwischen zwei Qualitäten zu unterscheiden: Während die platonische Vorstellung des Staunens an die Erhabenheit des Objektes gebunden ist, richtet die aristotelische Vorstellung den Fokus auf den Kenntnisstand der Rezipierenden und stellt somit die subjektive Erfahrung in den Mittelpunkt des Begriffsverständnisses, siehe Logemann (Anm. 40), S. 305. Die frühneuzeitliche niederländische Sprache fasst den Affekt des Staunens mit dem Begriff *verwondering*. Dabei umfasst auch die *verwondering* mehrere Bedeutungen: So kann sie im Sinne eines Bewunderns und Entzückens, aber auch als Verwundern und Erstaunen verwendet werden. Die *verwondering* kann also sowohl Objekt-bezogen sein, indem etwas bewundert wird, aber auch reflexiv, auf das affizierte Subjekt bezogen sein, indem dieses ›sich‹ verwundert. Insofern sind die unterschiedlichen Bedeutungsebenen des Staunens auch im niederländischen Sprachgebrauch feststellbar; vgl. Gregor J. M. Weber: Verwondering. Anmerkungen zu einem Affekt der Kunstbetrachtung. In: Ad fontes! Niederländische Kunst des 17. Jahrhunderts in Quellen. Hg. von Claudia Fritzsche u. a. Petersberg 2013, S. 331–347.

41 Siehe Anm. 23.

6 Hingabe als Möglichkeit weiblichen Handelns

Bei den Beginen handelte es sich um eine spezifische Gruppe von Auftraggeberinnen, denen aufgrund der lokalen Besonderheiten im Flandern des 17. Jahrhunderts gegenüber anderen Patronen eine singuläre Stellung zukam.[42] Nirgendwo waren diese Frauengemeinschaften so langanhaltend etabliert wie in den südlichen Niederlanden, bildeten eine solch große Gruppe der Bevölkerung und verfügten über eigene Kirchen. Der Wohlstand der Frauen ließ eine entsprechende dekorative Ausstattung dieser Bauten zu. Die in Höfen zusammenlebenden Beginen waren finanziell unabhängig und arbeiteten oftmals selbst für ihren Lebensunterhalt.[43] Dies war ihnen möglich, da sie meist einer höheren gesellschaftlichen Schicht entstammten und eine gute Ausbildung genossen hatten.[44] Der Eintritt in einen Beginenhof ist als freiwillige Entscheidung zu verstehen, die in erster Linie religiös motiviert gewesen sein dürfte.[45] Hinsichtlich der gesellschaftlichen Schicht, der die Frauen im Beginenhof entstammten und den weiblichen Figuren im Bild herrscht eine Kongruenz, die insbesondere in der quasi-aristokratischen Markierung der Frauen sichtbar wird.

Die Bedeutung weiblicher Frömmigkeit wird durch van Loon aber nicht nur durch eine hervorgehobene Präsenz weiblichen Personals im Bild ersichtlich gemacht. Gerade die Art und Weise, in der die Frauen gezeigt sind, vor allem in der Gegenüberstellung zu den im Bild positionierten Männern, ist zentral. Wird die Gruppe der Männer als agierend, als aktiv vorgestellt, ist die Gruppe der Frauen als kontemplativ-passiv, sich hingebend gezeigt. Sie regen die Frauen vor dem Bild an, es ihnen gleich zu tun. Diese Wahrnehmung oppositioneller Handlungsstrategien bezüglich der Männer und Frauen im Bild wird von van Loon zusätzlich durch einen piktoralen Rekurs auf einen bestehenden Bildtypus aufgerufen. Denn van Loon erschafft, so die hier vorgestellte These, ein ›hybrides Bild‹. Das Sujet der Darstellung ist die Himmelfahrt Mariens. Doch diese ist nicht das einzige Thema des Bildes. Durch die Art der Gegenüberstellung zweier Parteien im Bild, von denen eine als aktiv handelnde, die andere als kontemplativ versunkene vorgestellt werden, wird ein anderes klassisches Motiv der frühneuzeitlichen Kunst implizit mit aufgerufen: das der Konfrontation von *vita activa* und *vita contemplativa*. Die Gegenüberstellung dieser beiden Lebens- und Handlungskonzepte findet in der Kunst seit dem Mittelalter eine bildliche Entsprechung in der Darstellung der Erzählung von *Christus bei Maria und Martha*

42 Vgl. Sarah Joan Moran: Unconventual Women. Religion, Politics, and Image in the Court Beguinages, 1585–1713. Unv. Diss. Providence 2010.

43 Ebd., S. 68–92.

44 Ebd., S. 59.

45 Ebd.

(Lk 10,38–42). Tauchte es zunächst im Mittelalter bereits als Motiv innerhalb zyklischer Bildserien auf, fand sich dann um 1515 bei Cornelis Engelbrechtsz (ca. 1462–1527) eine erste nordalpine Darstellung als Einzelbild (Abb. 6).[46] Zwischen 1550 und 1650 florierte das Sujet und wurde in zahlreichen Variationen nord- und südalpin rezipiert. Hierbei fungierte es von Beginn an auch als sublimes oder unterschwelliges Sujet, indem es insbesondere in sogenannten Komposit-Bildern bzw. invertierten Stillleben benutzt wurde, um eine scheinbar profane Darstellung mittels der biblischen Szene in ihrer Bedeutungsdimension zu erweitern. Die bekanntesten Beispiele dürften Pieter Aertsens *Stillleben mit Christus bei Maria und Martha* und Diego Velázquez' Fassung des Sujets sein (Abb. 7 und Abb. 8).[47] Zentral ist, dass das Thema nie das Hauptmotiv bildete. Alle Bilder haben ein Sujet, das durch die *Christus bei Maria und Martha*-Szene ergänzt wurde. Durch eine Vorder-/Hintergrund Regie oder durch Rahmungen ›drängte‹ sich so die Aushandlung von *vita activa* und *contemplativa* in andere Sujets hinein. Einer ähnlichen Strategie bediente sich van Loon in der Himmelfahrt (Abb. 1). Gleich den Kompositbildern wird das zentrale Sujet des Bildes um diese zusätzliche Bedeutungsebene erweitert. Die um 1620 omnipräsente visuelle Gegenüberstellung von *activa* und *contemplativa* machte van Loon auch in diesem Bild fruchtbar. Hierdurch wird das Gemälde um die zentrale Frage nach der richtigen Lebensführung erweitert und bietet somit in der Rezeption einen besonderen Reiz.

Das verstärkte Aufkommen des *Christus bei Maria und Martha*-Sujets ab Mitte des 16. Jahrhunderts führt Daniela Hammer-Tugendhat auf die Brisanz der Entscheidung zwischen *vita activa* und *vita contemplativa* zurück, die nach der Reformation neu verhandelt wurde.[48] Denn Calvin sprach sich für ein tätiges Leben aus und lehnte die katholische Interpretation ab. Hiermit verband er auch eine Kritik am klösterlichen Leben, das er als die gelebte Form der *vita contemplativa* verstand. So schrieb Calvin:

> Da im übrigen diese Geschichte [Lk 10,38–42] in entstellender Weise zu einem Preis des beschaulichen Lebens, wie sie es nennen, verdreht wird, müssen wir den echten Sinn herausfinden. […] Da aber einige Leute der Ehrgeiz treibt, wenn sie sich von der allgemeinen Tätigkeit des Lebens zurückziehen, oder übergewissenhafte Menschen in die Einsamkeit gehen und dort Müßiggang pflegen, hat sich daraus dieser Hochmut entwickelt, daß sie phantasieren, wer nichts tue, sei den Engeln gleich. […] Doch wir wissen, daß die Men-

46 Öl/Holz, 55 × 44,5 cm, Amsterdam, Rijksmuseum.

47 Pieter Aertsen: *Stillleben mit Christus bei Maria und Martha*, 1552, Öl/Holz, 60 × 101,5 cm, Wien, Kunsthistorisches Museum und Diego Velázquez: *Stillleben mit Christus bei Maria und Martha*, ca. 1618, Öl/Leinwand, 60 × 103,5 cm, London, National Gallery.

48 Daniela Hammer-Tugendhat: Wider die Glättung von Widersprüchen. Zu Pieter Aertsens ›Christus bei Maria und Martha‹. In: Zeitenspiegelung. Zur Bedeutung von Tradition in Kunst und Kunstwissenschaft. Hg. von Peter Klein, Regine Prange. Berlin 1998, S. 95–107.

> schen dazu geschaffen sind, sich mit Arbeit zu betätigen, und daß kein Opfer Gott lieber ist, als wenn sich jeder auf seine Berufung hin ausrichtet und danach trachtet, der Allgemeinheit zu Nutzen zu leben.[49]

Hiermit ergibt sich ein zentraler Zugang zum Verständnis der Gemälde. Essentieller Grundsatz des katholischen Glaubens ist die Überzeugung, durch eigenes Handeln Zugang zur Rechtfertigung durch Gott zu erhalten. Hieraus ergibt sich die Frage danach, welcher Handlungsspielraum Frauen in der Frühen Neuzeit überhaupt zugesprochen wurde. Erycius Puteanus, der berühmte Gelehrte und Nachfolger von Justus Lipsius, formulierte 1640 in einem Brief an seinen Freund Philippe Chifflet, dass es eine offensichtliche Parallele zwischen der Rolle Mariens bei der Geburt Christi und der des Malers Theodoor van Loon gebe: Sie beide machten das Göttliche sichtbar.[50] Hiermit wird eine deutliche Aussage über das zeitgenössische Verständnis von Malerei einerseits als auch über die Rolle der Gottesmutter andererseits gegeben. Maler und Maria werden beide zwar als handelnde, jedoch nur mittelbare Figuren vorgestellt. Sie sind nicht schöpferisch tätig, sondern empfangend und übermittelnd. Zu unterstreichen ist, dass das Empfangen und Übermitteln, die Hingabe der Frauen, hier als tätige Handlung zu verstehen ist.[51] Diese Vorstellung des weiblichen Handlungsspielraums verdeutlicht, dass die im Bild alludierte ›Passivität‹ der Frauen zeitgenössisch nicht als solche verstanden wurde. Der von Calvin unterstelle Müßiggang eines kontemplativen Lebens wurde von katholischer Seite anders gewertet. Das Gemälde stellt die Frauen als kontemplative Frauen vor, deren Hingabe zu Gott und deren demütige Empfängnis von den Beginen unbedingt als aktive heilbringende Handlung empfunden worden sein musste. Liest man im Bild die implizite Verhandlung von *vita activa* und *vita contemplativa* vor dem Hintergrund der konfessionellen Brisanz, zeigt sich eine Bevorzugung der *vita contemplativa* durch die exponierte, hell ausgeleuchtete Stellung der Frauen im Bild, die kontemplativ versunken präsentiert sind. Gleichzeitig ist diese Hingabe als aktive Handlung gemeint. Die kontemplative Hingabe der Frauen ist daher als ein Handeln zu verstehen, mit dem Hoffnung auf Rechtfertigung verbunden war. Darüber hinaus ist die Inszenierung der Frauen als kontemplativ auch im Zusammenhang mit dem Beginenwesen zu verstehen. Der eher als aktiv zu verstehende Orden der Beginen, die ja nicht in völliger Abgeschlossenheit lebten, sahen sich mögli-

---

49 Johannes Calvins Auslegung der Evangelien-Harmonie, 1. Teil. übersetzt von Hiltrud Neumann und Gertrud Vogelbusch. Neukirchen-Vluyn 1966, S. 412.

50 Margit Tøfner: Amico intimo, ingenio et arte pingendi celeberrimo. Erycius Puteanus and Theodoor van Loon. In: Humanistica Lovaniensia 49 (2000), S. 359–376.

51 Zur Thematik des Sich-Hingebens unter spezifisch weiblicher Perspektive vgl. Christine Büchner: Wie kann Gott in der Welt wirken? Überlegungen zu einer theologischen Hermeneutik des Sich-Gebens. Freiburg im Breisgau u. a. 2010, S. 281–292.

cherweise motiviert, in ihrem neuen Altarbild ihre fromme Lebenshaltung zum Ausdruck zu bringen.[52]

Indem über die verschiedenen Lebenskonzepte von *activa* und *contemplativa* in der *Himmelfahrt* verhandelt wird, zeichnet sich das Bild durch konfessionell-relevante Bezugnahmen aus. Auch das Marienbild, das van Loon in seiner Malerei für die Beginen vorschlägt, kann von einer solchen Perspektive profitieren. Maria wird in diesem, wie übrigens auch im zweiten Altarbild (Abb. 2) nicht als Himmelskönigin vorgestellt, sondern viel stärker als Vorbild. Relevant ist hierbei, dass sie als *erreichbares* Vorbild präsentiert wird. In der *Himmelfahrt* sind die anderen weiblichen Figuren im Bild stilistisch als ihr ebenbürtig dargestellt. In der Kontemplation vor den Gemälden dürfte es den Beginen leichtgefallen sein, sich in die Bilder einzufinden und sich Maria nah zu fühlen. Insbesondere im Krönungsbild erscheint Maria als ›mitten unter ihnen‹. Van Loon erreicht in beiden Kompositionen, dass Maria nun als Fürbitterin wahrgenommen wird, wie jeder andere Christ es auch vor Gott sein könnte, und nicht in der altgläubigen Rolle der Interzessorin.[53] Das Gemälde in der Brüsseler Beginenkirche zeichnet sich also gerade nicht durch eine besondere »gegenreformatorische Marienfrömmigkeit« aus. Indem hier die radikale Hingabe der Frauen als spezifisch weiblicher Handlungsspielraum der Gottes-Erfahrung thematisiert ist, veranschaulicht das Bild eine besondere weibliche Autonomie, die den Beginen eigen war.

7 Zu den Beiträgen des Sammelbandes

Wie die hier vorgestellte Deutung der *Himmelfahrt Mariens* von Theodor van Loon deutlich macht, können die Kategorie des Geschlechtes und der Konfession für die Analyse geistlicher Kunst in der Frühen Neuzeit fruchtbar gemacht werden. In diesem Sinne versammelt der vorliegende Band Beiträge aus Kunstgeschichte, Literatur- und Musikwissenschaft, die exemplarisch Rolle und Funktion des Geschlechts in künstlerischen Artefakten der Frühen Neuzeit untersuchen.

52 Vgl. Craig Harline: Actives and Contemplatives. The Female Religious of the Low Countries before and after Trent. In: The Catholic Historical Review 81.4 (1995), S. 541–567.

53 Siehe hierzu ausführlich Johann Anselm Steiger: Fünf Zentralthemen der Theologie Luthers und seiner Erben. Communicatio – Imago – Figura – Maria – Exempla. Leiden u. a. 2002 (Studies in the history of Christian thought 104), S. 219–249. Zum Marienbild Calvins steht eine differenzierte systematische Untersuchung noch aus; vgl. Daniel Migliore: Mary. A Reformed Theological Perspective. In: Theology today 56 (1999), S. 346–358, der beschreibt, dass die heutige Abstinenz Mariens in der reformierten Kirche auf Entwicklngen des 19. und 20. Jahrhunderts zurückzuführen sind, Calvin hingegen Maria nicht derartig ablehnte.

Mit den Niederlanden beschäftigt sich auch Anna Pawlak (Universität Tübingen), die sich der niederländischen ›Volksheldin‹ Kenau Simonsdochter Hasselaer widmet, die aufgrund ihres Kampfes gegen die spanischen Belagerer von Haarlem im Jahre 1573 zu einem Sinnbild für Standhaftigkeit geworden ist. Pawlak zeigt auf, wie Kenau in Bildzeugnissen als Freiheitskämpferin stilisiert und mit als traditionell männlich markierten Attributen charakterisiert wird. Der Aufstand der nördlichen reformierten Niederlande wird dabei oft mit der Heilsgeschichte parallelisiert und dadurch religiös und konfessionell aufgeladen.

Luisa Coscarelli-Larkin (Universität Hamburg) untersucht eine Braunschweiger Kostümbild-Sammlung aus dem 16. Jahrhundert hinsichtlich der Funktion der Darstellung von Alter, Geschlecht und Konfession. Sie stellt die Sammlung in die ikonografische Tradition der *Lebenstreppe* und macht so deutlich, wie konfessionelle Markierungen durch wertende allegorische Attribute in den Darstellungen vorgenommen werden. Während Frauen als negatives Exempel inszeniert würden, dienten Männer als positives. Die Sammlung rufe die Frauen dazu auf, sich am Mann und an Christus zu orientieren.

Maria Schaller (Universität Hamburg) analysiert Herzeinschreibungen in Bildzeugnissen religiöser Frauengemeinschaften. Sie deutet das um 1760 entstandene Portrait der Benediktinerin Suor Maria Sepellita della Concezione des sizilianischen Malers Domenico Provenzani, auf dem die Schwester sich den Namen Mariens in Höhe des Herzen in ihre Brust ritzt, als Überlagerung verschiedener Geschlechterfolien. So könne die Wunde Maria Sepellitas mit der Seitenwunde Christi assoziiert werden, wodurch Maria als Heilsvermittlerin dargestellt werde. Schaller stellt das Portrait in eine Tradition mit Heinrich Seuse und seiner geistlichen Tochter Elsbeth Stagel. Schließlich vergleicht sie das Bild mit Darstellungen von getragenen Marienbildern aus protestantischen Damenstiften, um deutlich zu machen, dass die Einprägung hier lediglich geistlich über das Tragen des Marienbildes am Körper funktioniere.

Silke Segler-Meßner (Universität Hamburg) widmet sich der (Un)möglichkeit weiblicher Selbstbestimmung: Nach einer Skizze des pessimistischen Weltbildes in der zweiten Hälfte des 17. Jahrhunderts analysiert der Beitrag die Handlungsmöglichkeiten des weiblichen Subjekts am Beispiel der beiden Romane *Zayde* und *La Princesse de Clèves* von Madame de Lafayette. Dabei untersucht Segler-Meßner das Spannungsverhältnis zwischen »commerce social« (La Rochefoucauld) und einer tugendhaften christlichen Lebensweise für die weibliche Identität sowie der dabei deutlich werdenden Relevanz der christlichen Nächstenliebe als Grundlage der menschlichen Gemeinschaft, obwohl Gott in den Romanen eine »Leerstelle« bilde. Der Beitrag schließt mit einer Reflexion über die Mehrdeutigkeit des männlichen Blicks.

Daniel Fliege (Humboldt-Universität zu Berlin) untersucht den Begriff *effeminatio* und geschlechterspezifische Aufladung von Rhetorik in Guillaume Du Bartas' *Sepmaine* (1584). Der Beitrag stellt die Verwendung des Begriffs »Verweiblichung« in eine Tradition mit Senecas *Epistolae morales* und Calvins moralischen Abhandlungen. In der *Sepmaine* dient die *effeminatio* zur Kennzeichnung moralisch korrumpierten Verhaltens am katholischen Pariser Hof, aber auch einer durch die Sünde verfallenen Sprache, gar allgemein der durch die Erbsünde gefallenen menschliche Sprache: Erbsünde gerät damit auch zu einem Prozess moralischer und sprachlicher »Verweiblichung«.

Katharina Hottmann (Universität Siegen) fragt nach der Bedeutung des Geschlechts für das geistliche Singen in der privaten Andachtspraxis im 17. und 18. Jahrhundert. Zwar konstatiert sie eine strenge Geschlechtertrennung in der Musikpraxis der Epoche, jedoch gelte diese nicht für das private geistliche Singen. Die musikalische Hausandacht erweise sich nämlich als gesellschaftliche Praxis, die Menschen unterschiedlichen Geschlechts und Alters eher vereint als trennt. Ein besonderes Augenmerk liegt auf Johann Rists *Frommer und Gottseliger Christen Alltägliche Haußmusik*, da diese Sammlung Lieder enthält, die gezielt Männer und Frauen in spezifischen gesellschaftlichen Rollen adressiere.

Maryam Haiawi (Universität Hamburg) untersucht die Frage, wie Oper und Oratorium, die in der Frühen Neuzeit entstanden sind, traditionelle geschlechtsspezifische Praktiken des Singens in katholischen und protestantischen Kontexten verändern. Dazu analysiert sie die Besetzungen von Oper und Oratorium am Wiener Kaiserhof, in Wiener Frauenklöstern, venezianischen Mädchenkonservatorien und in Hamburg. Dabei kann sie deutlich machen, dass Frauen- und Kastratengesang in katholischen Kontexten weiter verbreitet waren als in protestantischen.

Abb. 1: Theodoor van Loon: Aufnahme Mariens in den Himmel, um 1623, Öl/Leinwand, 356 × 237 cm, Brüssel, Musée Royaux des Beaux-Arts.

Abb. 2: Theodoor van Loon: Krönung der Heiligen Ursula, um 1626, Öl/Leinwand, 350 × 220 cm, Brüssel, Sint-Jan-Baptist ten Begijnhofkerk.

Abb. 3: Domenichino: Sibilla Cumana, 1616, Öl/Leinwand, 123 × 89 cm, Rom, Galleria Borghese.

Abb. 4: Theodoor van Loon: Aufnahme Mariens in den Himmel, Öl/Leinwand 103 × 74 cm, Brüssel, Museum Momuse Molenbeek (Vorstudie zum Gemälde Abb. 1).

Abb. 5: Theodoor van Loon: Aufnahme Mariens in den Himmel, ca. 1622, Öl/Leinwand, 400 × 220 cm, Wallfahrtskirche Scherpenheuvel.

Abb. 6: Cornelis Engelbrechtsz: Christus bei Maria und Martha, um 1515, Öl/Holz, 55 × 44,5 cm, Amsterdam, Rijksmuseum.

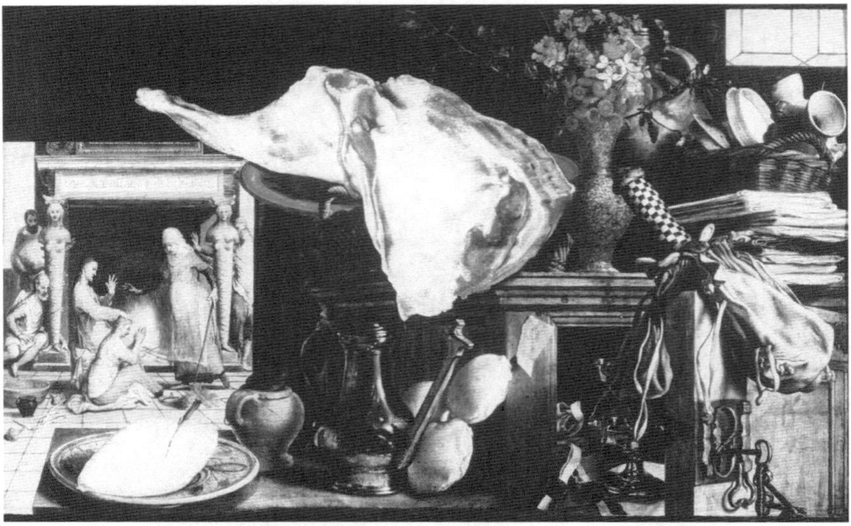

Abb. 7: Pieter Aertsen: Stillleben mit Christus bei Maria und Martha, 1552, Öl/Holz, 60 × 101,5 cm, Wien, Kunsthistorisches Museum.

Abb. 8: Diego Velázquez: Stillleben mit Christus bei Maria und Martha, ca. 1618, Öl/Leinwand, 60 x 103,5 cm, London, National Gallery.

Anna Pawlak

Haec Batava est Kennow quam armat sic mascula virtus. Kenau Simonsdr. Hasselaer in der niederländischen Bildpropaganda des Achtzigjährigen Krieges

Im Jahr 1590 vollendete der niederländische Historienmaler Cornelis Cornelisz. van Haarlem ein konzeptuell ungewöhnliches Gemälde (Abb. 1), dem innerhalb frühneuzeitlicher Kunst der Status eines ästhetischen Präzedenzfalls zukommt.[1] Das höchstwahrscheinlich im Auftrag der Staten van Holland für den Statthalter Maurits von Oranien entstandene Werk kann als eine freie künstlerische Exegese des im Matthäusevangelium (Mt 2,16–18) beschriebenen Kindermordes von Bethlehem bezeichnet werden.[2] Eine komplexe Transformation des biblischen Ereignisses in die Gegenwart des Malers bildet den programmatischen Kern der Darstellung und so verweisen weder die Topografie noch die Architektur oder die etwas spärliche Gewandung der Figuren auf das Heilige Land der römischen Kaiserzeit. Stattdessen belegt ein Vergleich der dargestellten Bauten mit zeitgenössischen Ansichten Haarlems, dass Cornelis den biblischen Kindermord offensichtlich vor den Mauern seiner Heimatstadt geschehen lässt.

Eine solche bildliche Amalgamierung unterschiedlicher räumlicher und zeitlicher Ebenen, wie sie bereits zuvor in der nordalpinen Kunst insbesondere im Œuvre Pieter Bruegels d. Ä. anzutreffen war, diente nicht nur einer bildimpliziten Aktualisierung von Glaubensinhalten.[3] Die semantische Verschiebung intendierte zugleich, im Sinne einer visualisierten Typologie, eine Gleichsetzung

1 Zum Gemälde von Cornelis van Haarlem vgl. u. a. Julie L. McGee: Cornelis Corneliszoon van Haarlem (1562–1638). Patrons, Friends and Dutch Humanists. Nieuwkoop 1991 (Bibliotheca humanistica & reformatorica 48), S. 62, 164, 207; Pieter Jacobus Johannes van Thiel: Cornelis Cornelisz van Haarlem, 1562–1638. A Monograph and Catalogue Raisonné. Doornspijk 1999 (Aetas aurea 13), S. 100f. und 306f., Kat. Nr. 41; Kees Zandvliet (Hg.): Maurits Prins van Oranje. Ausstellungskatalog Amsterdam Rijksmuseum. Zwolle 2000, S. 321f.; Judith Niessen (Hg.): Cornelis van Haarlem 1562–1638. Ausstellungskatalog Haarlem Frans Hals Museum. Haarlem u. a. 2012, S. 47.

2 Zur Auftragsgeschichte vgl. Thiel (Anm. 1), Kat. Nr. 41 und Zandvliet (Anm. 1), Kat. Nr. 166.

3 Zu diesem Phänomen im Werk Bruegels vgl. grundlegend Carl Gustaf Stridbeck: Bruegelstudien. Untersuchungen zu den ikonologischen Problemen bei Pieter Bruegel d. Ä. sowie dessen Bezie-

des bethlehemitischen Massakers mit dem Leiden der Einwohner Haarlems während des seit 1568 geführten Achtzigjährigen Krieges gegen die spanische Krone und entsprach dem Selbstverständnis der vorwiegend calvinistischen Bevölkerung der Niederlande als das von Gott erwählte Volk der neuen Makkabäer.[4] Wie wirkungsmächtig diese spezifische Form der Politisierung theologischer Komplexe für die Zeitgenossen war, verdeutlichen neben zahlreichen Darstellungen auch literarische Werke wie jene des Dramatikers Joost van den Vondel, in denen wiederholt explizite Analogien zwischen der Erlösung der Kinder Israels aus der ägyptischen Gefangenschaft und der Befreiung der Vereinigten Provinzen der Niederlande von der habsburgischen Herrschaft thematisiert werden.[5] Der Gewalttätigkeit des Pharaos entspricht dort paradigmatisch der fanatische Dogmatismus Philipps II. von Spanien, der, von der niederländischen Propaganda zum Despoten und Tyrannen diffamiert, als wahrer Grund des Aufstandes präsentiert wurde.[6]

Angesichts der bis 1609 äußerst fragilen Lage des Landes diente diese gezielte Instrumentalisierung von biblischen Exempla in Text und Bild der Konstruktion sowie Beschwörung einer stabilen Gemeinschaft der souveränen Provinzen, die vor allem von dem geteilten Trauma des Krieges getragen wurde.[7] Durch die medienübergreifende Aufarbeitung der spanischen Unterdrückung in zeitgenössischen Chroniken, Dramen und Bildern sollten Generationen von Niederlände-

---

hungen zum niederländischen Romanismus. Stockholm 1956 (Stockholm studies in history of art 2).

4 Vgl. dazu u. a. Hendrik Smitskamp: Calvinistisch nationaal besef in Nederland vóór het midden der 17de eeuw. Den Haag 1947, S. 13–19; Gerrit Groenhuis: De Predikanten. De sociale positie van de gereformeerde predikanten in de Verenigde Nederlanden voor ± 1700. Groningen 1977, S. 77, 107; Cornelis Huisman: Neerlands Israël. Het natiebesef der traditioneel-gereformeerden in de achttiende eeuw. Dordrecht 1983; Simon Schama: The Embarrassment of Riches. An Interpretation of Dutch Culture in the Golden Age. New York 1987, S. 93–125; Gerrit Jan Schutte: Het Calvinistisch Nederland. Utrecht 1988; Paul Regan: Calvinism and the Dutch Israel Thesis. In: Protestant History and Identity in Sixteenth-Century Europe. Hg. von Bruce Gordon, Bd. 2. Aldershot 1996, S. 91–106.

5 Vgl. Bettina Noak: Politische Auffassungen im niederländischen Drama des 17. Jahrhunderts. Münster u. a. 2002 (Niederlande-Studien 29), S. 31f.; dies.: Tödliche Eide. Machtworte und Verletzlichkeit im dramatischen Werk Joost van den Vondels. In: Blutige Worte. Internationales und interdisziplinäres Kolloquium zum Verhältnis von Sprache und Gewalt in Mittelalter und Früher Neuzeit. Hg. von Jutta Eming, Claudia Jarzebowski. Göttingen 2008 (Berliner Mittelalter- und Frühneuzeitforschung 4), S. 95–111.

6 Hier insbesondere in van den Vondels Drama: Het Pascha ofte de Verlossinge der kind'ren Israels uit Egypten. Amsterdam 1612; vgl. dazu u. a. Jeanne Gaakeer: Law and Literature. Batavische Gebroeders (1663). In: Joost van den Vondel (1587–1679). Dutch Playwright in the Golden Age. Hg. von Jan Bloemendal, Frans-Willem Korsten. Leiden 2012 (Drama and theatre in early modern Europe 1), S. 459–487.

7 Vgl. dazu Dirk Maczkiewitz: Der niederländische Aufstand gegen Spanien (1568–1609). Eine kommunikationswissenschaftliche Analyse. Münster u. a. 2005 (Studien zur Geschichte und Kultur Nordwesteuropas 12).

rInnen daran erinnert werden, dass der historische Akt der Staatsbildung eine überaus blutige Geburt war. Reale wie fiktive Märtyrergeschichten hatten seit Kriegsbeginn Konjunktur und leidvolle Erfahrungen wie die sogenannte *Spaanse furie*, die katastrophale Plünderung und Niederbrennung Antwerpens 1576, wurden vielfach als niederländische Apokalypse beschrieben.[8] Doch bereits wenige Jahre zuvor sollte sich ein historisches Ereignis nachhaltig in das kollektive Gedächtnis der Vereinigten Provinzen einprägen,[9] auf das Cornelis' Gemälde neben der Topografie mit einer bis dahin innerhalb der Darstellungstradition des Kindermordes singulären Szene anspielt (Abb. 2): Inmitten des grausamen Mordens und Wehklagens haben sich einige der Frauen wider Erwarten erfolgreich zur Wehr gesetzt und einen der Schergen des Herodes überwältigt. Während eine der weiblichen Figuren wild mit der Faust auf den zu Fall gebrachten Soldaten einschlägt, kratzt ihm eine andere im wahrsten Sinne des Wortes die Augen aus. Für diesen ungleichen Kampf der Geschlechter gibt es konkret weder eine theologische noch ikonografische Erklärung, gleichwohl aber eine historische: Das singuläre Motiv rekurriert offenkundig auf die vom Dezember 1572 bis Juli 1573 andauernde Belagerung Haarlems durch die spanische Armee, genauer auf die Verteidigung der Stadt durch eine von Kenau Simonsdochter Hasselaer angeführte ›Frauenkompanie‹.[10]

Innerhalb der bildlichen Genealogie des Aufstandes gegen Spanien avancierte Kenau trotz oder gerade aufgrund ihres für die Zeit geschlechtsuntypischen Handelns zur Verkörperung niederländischer Tugend. Dass dieser Prozess der Heroisierung dennoch stets mit einem grundlegenden Genderproblem verbunden war, belegen die Argumentationsstrategien in den gattungsübergreifenden Darstellungen der Niederländerin, denen sich der vorliegende Aufsatz anhand ausgewählter Kunstwerke widmet. Der mit aller Vehemenz ausgetragene Konflikt um die Unabhängigkeit ermöglichte zwar eine temporäre Überschreitung der traditionellen Geschlechtergrenzen, zugleich aber verdeutlichen die unterschiedlichen Formen der symbolischen Aufladung und Typologisierung in den

8 Vgl. Geoffrey Parker: The Dutch Revolt. London 1977, S. 261; Maczkiewitz (Anm. 7), S. 257–264.

9 Vgl. dazu u. a. Miriam Volmert: Grenzzeichen und Erinnerungsräume. Holländische Identität in Landschaftsbildern des 15. bis 17. Jahrhunderts. Berlin 2013 (Ars et scientia. Schriften zur Kunstwissenschaft 4), S. 112f.

10 Zum Achtzigjährigen Krieg vgl. u. a.: Parker (Anm. 8); Peter Limm: The Dutch Revolt 1559–1648. London 1989; Johannes Wierd Koopmans: De Staten van Holland en de Opstand. De ontwikkeling van hun functies en organisiatie in de periode 1544–1588. Den Haag 1990 (Hollandse historische reeks 13); Jonathan Israel: The Dutch Republic. Its Rise, Greatness, and Fall, 1477–1806. Oxford 1995; Hendrik Frans Karel van Nierop: Het verraad van het Noorderkwartier. Oorlog, terreur en recht in de Nederlandse Opstand. Amsterdam 1999; Graham Darby (Hg.): The Origins and Development of the Dutch Revolt. London 2001; Maczkiewitz (Anm. 7); Martin van Gelderen (Hg.): The Dutch Revolt. Cambridge 1993.

Kenau-Bildern das starke Bedürfnis der Zeitgenossen nach visueller Legitimierung eines solchen Agierens jenseits historisch konstruierter Geschlechterrollen.[11] Die Stilisierung einer Haarlemer Geschäftsfrau zum Sinnbild batavischer Standhaftigkeit und zur holländischen Judith kann daher – so die These der folgenden Ausführungen – einerseits als eine den calvinistischen Moralvorstellungen entsprechende ›Disziplinierung‹ der schillernden historischen Persönlichkeit begriffen werden. Andererseits lässt gerade die intensive Arbeit an dem patriotischen Mythos *Kenau* die politisch-konfessionelle Dynamik der Suche einer sich konsolidierenden Republik nach der eigenen kulturellen Identität erkennen.

1 Haarlems *Virtus* und die Ökonomie des Heldentums im Achtzigjährigen Krieg

Auf der Homepage des Zentrums für Niederlande-Studien der Universität Münster findet sich ein in seiner Ausführlichkeit selten anzutreffender biografischer Eintrag zu Kenau, dessen Kopfzeile unter einer gleichermaßen präzisen wie lakonischen Formulierung die Angaben zum Beruf und die historische Bedeutung der Persönlichkeit für die niederländische Geschichte subsumiert:[12] »Schiffsbauerin, Kämpferin, Legende« – treffender kann das abenteuerlich anmutende Leben der 1526 geborenen Tochter von Simon Gerritsz. Brouwer und Guerte Coenendr. Hasselaer wohl kaum beschrieben werden.[13] Mit 18 Jahren heiratete Kenau den aus einer Schiffsbauerfamilie stammenden Nanning Gerbrantsz.

---

11 Zu Geschlechterrollen in den frühneuzeitlichen Niederlanden vgl. grundlegend Sarah Joan Moran, Amanda Cathryn Pipkin (Hg.): Women and Gender in the Early Modern Low Countries, 1500–1750. Leiden, Boston 2019 (Studies in medieval and reformation traditions 217).

12 Angelika Fliegner: Kenau Simonsdochter Hasselaer. In: https://www.uni-muenster.de/NiederlandeNet/nl-wissen/geschichte/personen/kenau.shtml, 2014 (letzter Zugriff 30.07.2019).

13 Zur Biografie von Kenau vgl. u. a. Gerda H. Kurtz: Kenu Symons Dochter van Haerlem. Assen 1956; Kenau, beeld en werkelijkheid. Ausstellungskatalog Frans Hals Museum Haarlem. Haarlem 1973; Michiel Thierry de Bye Dólleman: Kenau Simonsdochter Hasselaer. Haar voorouders en naaste familieleden. Haarlem 1973; Els Kloek: Vrouwen ten tijde van de Nederlandse Opstand, 1555–1588. In: Kleio 35 (1994), S. 4–8; Marijke Meijer Drees: Kenau. De paradox van een strijdbare vrouw. In: Waar de blanke top der duinen en andere vaderlandse herinneringen. Hg. von Nicolaas Cornelis Ferdinand van Sas. Amsterdam, Antwerpen 1995, S. 42–56; Els Kloek: Kenau. De heldhaftige zakenvrouw uit Haarlem (1526–1588). Hilversum 2001 (Verloren verleden. Gedenkwaardige momenten en figuren uit de vaderlandse geschiedenis 15); dies.: De impopulaire heldin Kenau. Een stoere scheepsbouwster uit de 80 jarige oorlog. In: Geschiedenis Magazine 49.2 (2014), S. 42–44; dies.: Kenau & Magdalena. Vrouwen in de Tachtigjarige Oorlog. Nijmegen 2014; Gerard Koot: Women, War, and the Dutch Revolt. The History of Kenau and Magdalena. 2015. In: http://www1.umassd.edu/euro/resources/imagesessays/womenwarandthedutchrevolt.pdf (letzter Zugriff: 31.07.2019).

Borts, der wahrscheinlich im Frühjahr 1562 starb und der 36 Jahre alten Witwe einen eigenen Schiffsbaubetrieb hinterließ. Aus der Zeit zwischen 1562 und 1571 sind ganze 16 Verträge für den Bau von Schiffen überliefert, für die Kenau verantwortlich zeichnete.[14] Dieser erfolgreichen, für die Niederlande nicht ganz ungewöhnlichen Karriere einer Frau als Unternehmerin setzte die Belagerung der Stadt durch die Truppen des spanischen Statthalters der Niederlande Fernando Álvarez de Toledo ein vorläufiges Ende.[15] Am 3. Dezember 1572 wurde die Bevölkerung Haarlems von dem Sohn Albas Don Fadrique aufgefordert sich zu ergeben, verweigerte jedoch aus Angst vor der sicher geglaubten Vergeltung für die Rebellion gegen den katholischen König konsequent die Kapitulation.[16] Die Verteidigung der strategisch wichtigen Stadt wurde von den nördlichen Provinzen zur Priorität erklärt, denn eine schnelle Einnahme Haarlems hätte für den von Wilhelm von Oranien geleiteten Aufstand verheerende Folgen gehabt. Ab diesem Zeitpunkt spielte auch die damals 46jährige Kenau, deren Familie mit den Aufständischen sympathisierte, eine zunehmend bedeutende Rolle für die Geschichte der Stadt. Zunächst beschränkte sich ihre aktive Beteiligung an der Verteidigung auf die Lieferung von Holz für den Bau von vier Galeeren, mit denen die Spanier auf dem Haarlemmermeer bekämpft werden sollten.[17] Doch schon bald tauchten aus der belagerten Stadt die ersten Berichte darüber auf, wie sie zusammen mit 300 von ihr angeführten Frauen mit allen zur Verfügung stehenden Mitteln die Stadt verteidigten. Die ›mannhaften Frauen‹, wie sie noch während der Ereignisse genannt wurden und deren sich rasch verbreitender Ruhm, der auf die von Johannes Arcerius Frisius 1573 in Delft veröffentlichte

14 Vgl. Kloek 2001 (Anm. 13), S. 59.

15 Vgl. Moran, Pipkin (Anm. 11), S. 2 sowie Martha Howell: The Problem of Women's Agency in Late Medieval and Early Modern Europe. In: Women and Gender in the Early Modern Low Countries, 1500–1750. Hg. von Sarah Joan Moran, Amanda Cathryn Pipkin. Leiden, Boston 2019 (Studies in medieval and reformation traditions 217), S. 21–31.

16 Zur Geschichte der Belagerung von Haarlem vgl. grundlegend Gabriel Leonard van Oosten van Staveren: Het Beleg van Haarlem in 1572–1573. Dichterlijke Tafereelen. Utrecht 1834; J. van de Capelle (alias Jacques François Bosdijk): Het beleg en de verdediging van Haarlem in 1572–73. Schoonhoven 1843; ders.: Belangrijke stukken voor geschieden oudheidkunde. Zijnde bijlagen en aanteekeningen betrekkelijk het beleg en de verdediging van Haarlem in 1572–73. Schoonhoven 1844; Cornelis Ekama: Beleg en verdediging van Haarlem in 1572 en 1573. Historisch beschreven. Haarlem 1872; Frederik Willem Johan de Witt Huberts: Haarlem's Heldenstrijd in Beeld en Woord, 1572–1573. Den Haag 1943; Marten Jan Bok: Heldhaftige vrouwen. In: Kunstschrift 2 (1991), S. 7f. und zuletzt Barbara Kooij: Spaanse ooggetuigen over het beleg van Haarlem (1572–1573). Hilversum 2018 (Haarlem reeks 20).

17 Vgl. zum Anteil Kenaus an der Verteidigung Haarlems in den neueren Publikationen: Kloek 2001 (Anm. 13), S. 35–52; Kloek 2014 (Anm. 13), S. 156–179; Koot (Anm. 13), S. 18–21 sowie Martha Moffitt Peacock: The Maid of Holland and Her Heroic Heresses. In: Women and Gender in the Early Modern Low Countries, 1500–1750. Hg. von Sarah Joan Moran, Amanda Cathryn Pipkin. Leiden, Boston 2019 (Studies in medieval and reformation traditions 217), S. 79–93.

Schrift *Historie ende een waerachtich verhael* [...] zurückzuführen ist,[18] halfen nicht nur, die zerstörten Mauerteile nachts zu reparieren, sondern verspotteten tagsüber lauthals die feindlichen Truppen, um sie gezielt zu demoralisieren.[19] Sie übergossen die Spanier mit kochendem Wasser und Pech; warfen brennendes Stroh, Steine sowie Dachziegel auf Albas Soldaten und sollen in letzter Konsequenz die Angreifer mit Schusswaffen, Speeren und Schwertern in genderungleichen Duellen bekämpft haben.

Sieben Monate später, im Juli 1573, sah sich die durch die Belagerung bis zum Äußersten geschwächte Stadt zur Kapitulation gezwungen und fiel an die Spanier. Durch die Aufbringung einer beachtlichen Summe von 240 Tausend Gulden versuchten die Haarlemer, eine Plünderung der Stadt und die Bestrafung der Bürger zu verhindern. Obschon genau dies der Stadtbevölkerung zugesichert wurde, befahl Alba unmittelbar nach der Übernahme Haarlems die Exekution von mindestens 2000 Bewohnern. Etliche Ratsherren und die gesamte städtische Garnison – mit Ausnahme einiger englischer und deutscher Truppenverbände – fielen dem Massenmord an den Verteidigern der Stadt zum Opfer, die laut den Überlieferungen entweder enthauptet, erhängt oder ertränkt wurden.[20] Zeitgenössische Quellen berichten zudem wiederholt von Massenvergewaltigungen an Haarlemer Frauen, die als fester Bestandteil des spanischen Racheaktes u. a. in Flugblättern angeprangert wurden.[21]

---

18 Arcerius schreibt über Kenau: »Bysonder was daer een seer ma[n]lijcke Vrou / die met recht een Manninne ghenoemt mocht worde[n] / met name Kenu / nu al een vrou zijnde op haer daghen / welcke met oncoste[n] (want sy is redelicke wel ghestelt) met arbeyt / wapenen en[de] geweer het ghemeene welvaren voorstonde / en[de] met spijt ende schempe / daer sy die vyanden sonder ophouden mede quelt en[de] tercht / heeft altoos bove[n] alle ander een ma[n]lick hart int lijf ghehadt.« Johannes Arcerius Frisius: Historie ende een waerachtich verhael an al die dinghen die geschiet sijn, van dach tot dach, in die lofweerdichste ende vermaerste stadt van Hollandt, Haerlem ghenoemt, in dien tijt als die vanden hertoge van Alba beleghert was [...]. Delft 1573, o. S.

19 Zur Konsolidierung des Kenau-Mythos haben daneben insbesondere die Schriften Emanuel van Meterens *Belgische ofte Nederlantsche historie van onze tijden* (1599), Famianus Stradas *De bello Belgico* (um 1602, veröffentlicht 1632) und Pieter C. Hoofts *Nederlandsche Historien* (1642) beigetragen.

20 Vgl. Kloek 2001 (Anm. 13), S. 35–52; Kloek 2014 (Anm. 13), S. 156–179; Koot (Anm. 13), S. 18–21 und auch Peacock (Anm. 17), S. 79–93.

21 So heißt es etwa in der Legende zur Frans Hogenbergs berühmten Kupferstich mit der Darstellung des Haarlemer Massakers: »Nachdem sich Harlem ergeben hatt / Ist angericht ein groß bluit batt // Da hangen vnd kopfen nam khein endt / Die weiber auch wurden geschendt // Vom Hispanigschen gesind dermaßen, // Daß seie gar nackend auf den straßen // Gehangen seind mitt großer vnzucht / Wider alle eher, vnd Gottes frucht [sic!]«. Vgl. dazu Ramon Voges: Macht, Massaker und Repräsentationen. Darstellungen asymmetrischer Gewalt in der Bildpublizistik Franz Hogenbergs. In: Gewalträume. Soziale Ordnungen im Ausnahmezustand. Hg. von Jörg Baberowski, Gabriele Metzler. Frankfurt am Main u. a. 2012, S. 29–69, hier insbesondere S. 54f.; ders.: Das Auge der Geschichte. Der Aufstand der Niederlande und die Französischen Religionskriege im Spiegel der Bildberichte Franz Hogenbergs (ca. 1560–1610). Leiden, Boston 2019 (Studies in medieval and Reformation traditions 216).

Die Einnahme von Haarlem und ihre Konsequenzen lösten ein derartiges Entsetzen in den ganzen Niederlanden aus, dass sogar aus dem habsburgischen Lager kritische Stimmen zu vernehmen waren.[22] Aus Bestürzung und Furcht, das gleiche Schicksal zu teilen, leisteten andere niederländische Städte den Spaniern nun umso heftiger Widerstand. Die Niederlage der schwer durch die Belagerung und einen Brand im Jahr 1576 gezeichneten Stadt wurde nicht zuletzt deshalb in Bild und Wort systematisch zum moralischen Sieg verklärt.[23] Der zivile Mut und die vorbildliche Eintracht der Bürger hätten in dem ungleichen Kampf ›David gegen Goliath‹ die unerschütterliche Tugendhaftigkeit der Bataver bewiesen.[24] Haarlems dramatische Geschichte nahm derart sublimiert nicht nur einen zentralen Platz in der sinnstiftenden Folge ruhmreicher Ereignisse des Aufstandes ein, sondern machte die Stadt intermedial zum holländischen *exemplum virtutis* schlechthin, dessen identitätsstiftendes Potenzial von den Anführern des Widerstands sofort erkannt wurde. Dieser neu erlangte Status machte sich bereits kurz nach 1577 bemerkbar: Nach dem Rückzug der spanischen Truppen aus der Stadt konfiszierten die Generalstaaten der Provinzen 1581 alle Güter der katholischen Kirche und entschädigten die Haarlemer Bevölkerung finanziell für ihren heroischen Kampf.

Unmittelbar vor oder kurz nach der Kapitulation der Stadt verließ Kenau offensichtlich Haarlem und kehrte erst 1579 zurück, nachdem sie zwischenzeitlich dank familiärer Beziehungen zu Wilhelm von Oranien – ihr Schwager, der Humanist Hadrianus Junius, war der Leibarzt des Prinzen – u. a. das Amt eines *waagmeester en collecteur van de impost op turf* von Arnemuiden (Provinz Zeeland) innehatte. Die wenigen biografischen Informationen lassen sich fast ausschließlich anhand von Gerichtsakten rekonstruieren, alleine in den knappen sechs Jahren ihrer Abwesenheit prozessierte sie mindestens 16 Mal.[25] Nach ihrer Rückkehr in die Heimatstadt nahm sie sofort den Schiffsbaubetrieb wieder auf und reichte eine Klage gegen die Stadt ein. Darin forderte Kenau, die sich selbst als gute Patriotin bezeichnete, hartnäckig die Begleichung der noch offenen Rechnung für das Holz, das sie zur Verteidigung Haarlems 1573 geliefert hatte; das Geld sollte jedoch erst Jahre später unter Rücksichtnahme auf den ›Heldenstatus‹ und einer persönlichen Intervention Maurits von Oraniens an die Erben ausgezahlt werden.[26] Angesichts dieser ungewöhnlichen Biografie überrascht es nicht, dass auch der Tod Kenaus Züge einer abenteuerlichen Grenzüberschreitung trägt. Von einer Seereise nach Norwegen 1588, auf der sie Holz für die

22 Vgl. Parker (Anm. 8), S. 160.
23 Vgl. Volmert (Anm. 9), S. 113–115.
24 Ebd., S. 113.
25 Vgl. Kloek 2001 (Anm. 13), S. 62–69.
26 Vgl. Koot (Anm. 13), S. 18–20.

Werft einkaufen wollte, kam sie nie zurück und galt seither als verschollen. Den Angaben ihrer Tochter zufolge war sie im hohen Norden von Piraten entführt und anschließend ermordet worden. Dies war Grund genug, um den Besitzer des Schiffes, auf dem Kenau reiste, in bester Familientradition auf Entschädigung zu verklagen.[27]

Die sich hier abzeichnende ambivalente Wahrnehmung Kenaus durch ihre Zeitgenossen, die sich in den Niederlanden noch heute in der Verwendung ihres Namens zur Beschreibung einer männlich agierenden Frau widerspiegelt, brachte die Historikerin Els Kloek 2014 mit der Feststellung auf den Punkt, dass sie 1573 zwar als die mutigste Frau Haarlems gerühmt wurde, doch offensichtlich nicht besonders beliebt war.[28] Doch das alles tat Kenaus zunehmender Bekanntheit nicht nur innerhalb der niederländischen Bevölkerung keinen Abbruch. So wie Haarlem *pars pro toto* durch medienübergreifende Kampagnen für die Vereinigten Provinzen zum Symbol des aufopferungsvollen Unabhängigkeitskampfes avancierte, wurde Kenau noch zu Lebzeiten zur streitbaren Verkörperung seiner Bevölkerung und damit eines calvinistisch geprägten nationalen Ethos erhoben.[29]

Dementsprechend wird sie bereits in ihrer wahrscheinlich ersten bildlichen Wiedergabe, einem 1573 entstandenen Kupferstich Matthias Quad von Kinkelbachs, als Sinnbild der schwerbewaffneten batavischen Standhaftigkeit präsentiert (Abb. 3).[30] Auf einem Hügel stehend, ragt ihre monumental wirkende, mit einem zeitgenössischen Kleid, einer Haube und einer Schürze bekleidete Figur in den Himmel. Das Bildkonzept vermittelt den besonderen Status der Dargestellten durch eine Kombination des explizit weiblichen Kostüms mit einer Ehrenmedaille und den üblicherweise nur von Männern geführten Waffen. Ein Speer in der Hand, eine an die Schürze gebundene Pistole sowie ein Rapier an der linken Hüfte verweisen auf ihre militärischen Fähigkeiten und den wehrhaften Charakter der Figur, die mit »CAPITAIN KE[N]NOV« beschriftet ist. Dass eine solch militante Auffassung einer weiblichen Gestalt nicht selbsterklärend war, verdeutlichen zwei lateinische Inschriften rechts der Dargestellten, eine links angebrachte Inschriftentafel und ein unter dem Bild befindliches Epigramm in Deutsch. Darin wird Kenau als Bürgerin und Geschäftsfrau beschrieben, die sich während der Belagerung durch mutige Taten auszeichnete. Eine davon, die auf Arcerius' Bericht von 1573 rekurriert, wird in der Inschriftentafel ausführlicher beschrieben: Ein Schuss, den Kenau beherzt von der Stadtmauer auf den seine Truppen inspizierenden Herzog von Alba abfeuerte, war zu hoch angesetzt

27 Vgl. Kloek 2001 (Anm. 13), S. 69–72.

28 Kloek 2014 (Anm. 13), S. 157.

29 Vgl. Volmert (Anm. 9), S. 116–118.

30 Zum Kupferstich vgl. Daniel Romein Horst: De Opstand in zwart-wit. Propagandaprenten uit de Nederlandse Opstand (1566–1584). Zutphen 2003, S. 149; Kurtz (Anm. 13), S. 40f.

und fegte dem spanischen Tyrannen – anstatt ihn zu töten – lediglich den Hut vom Kopf. Dieses vermutlich frei imaginierte heroische Missgeschick Kenaus im Umgang mit einer Feuerwaffe ist in Bezug auf die symbolische Aussage der Darstellung programmatisch: Schließlich hätte bei der Belagerung Haarlems, wie die intermediale Argumentation des Kupferstichs in Anlehnung an das Wappen der Stadt verdeutlicht,[31] nichts anderes als die Tugend die Gewalt (Kraft) besiegt, »Vicit vim virtus«, jene Haarlemer Tugend, die selbst den Göttern, wie der Text weiter besagt, als zu mächtig erscheinen würde, wenn sie von Dauer gewesen wäre.[32]

Paradigmatisch in diesem Kontext nennen die Begleittexte an mehreren Stellen den wahren Grund für Kenaus heldenhaftes Handeln: Sie sei bereits vor der spanischen Invasion, wie es links heißt, zu Wasser und zu Lande männlichen Geschäften nachgegangen, und während das Epigramm davon spricht, dass sie mit ihrem männlichen Herz, Sinn und Gemüt den Spaniern großen Schaden zugefügt hat, setzt die rechte Beischrift dieses Motiv fort und nimmt eine Art ontologische Bestimmung vor:

> Haec Batava est Ke[n]now quam armat sic mascula virtus, Haec Mauros hybridas Harlemi exercet et urget. Civis est Harlemia et vidua utcunque an[n]osa triu[m]que heroicae staturae filiaru[m] mater, navium fabrica[m] exerce[n]s, ad navigatio[n]es peregrinatio[n]es, mercatura[m] atque o[mn]ia fere viri officia perseque[n]da satis idonea [33]

Die Formulierung »mascula virtus« im ersten Satz bleibt insofern bemerkenswert, als *virtus* seit der Antike fast durchgehend als Inbegriff der genuin männlichen Tugend im Sinne von Kraft, Mut oder auch Ehre galt und gerade im Krieg den Unterschied zwischen Frau und Mann ausmachen sollte. Die Verwendung des Terminus in dieser konkreten Form auf dem Kupferstich kann daher als werkimplizite Reflexion über die scheinbar unüberbrückbare Differenz zwischen dem Geschlecht und dem Handeln der Figur interpretiert werden.[34]

---

31 Vgl. Volmert (Anm. 9), S. 110–113.

32 »[N]imiu[m] vobis Harlemia virt[us] / Visa pote[n]s superi, propria haec si dona fuissent.« (»Zu mächtig wäre euch, ihr Götter, die haarlemische Tugend erschienen, wenn diese Gaben bleibend gewesen wären.« Für ihre Hilfe bei der Transkription und Übersetzung lateinischer Inschriften danke ich herzlich Katharina Ost vom Philologischen Seminar der Eberhard Karls Universität Tübingen.)

33 »Diese Niederländerin ist die Kennow, von männlicher Stärke/Tugend so bewehrt [wörtl.: welche (Akk.) männliche Stärke/Tugend so bewehrt], Sie plagt und bedrängt die maurischen Bastarde in Haarlem. Sie ist Haarlemer Bürgerin und eine überaus hochbetagte Witwe, Mutter dreier Töchter von heldenhaftem Wuchs, sie übt den Schiffsbau aus und ist zu Schiffsfahrten, Reisen, Handel und der Ausübung fast aller männlichen Pflichten ziemlich gut befähigt.«

34 Im 16. Jahrhunderts wurde die Formulierung »mascula vis« / »mascula virtus« vereinzelt etwa in Bezug auf Elisabeth I. von England oder Mary Stuart verwendet und ist in Anlehnung an antike Schriften, etwa Quintilians *Institutio Oratoria* (V 11.10), als besondere Form des humanistischen Lobes der weiblichen Tugendhaftigkeit zu verstehen.

Etliche schriftliche Quellen der Zeit, u. a. ein bekanntes, wohl nach 1583 entstandenes Stadtlobgedicht auf Haarlem des niederländischen Kunsthistoriografen Karel van Mander, lassen eine entsprechende, zwischen der patriotischen Würdigung und einer genderspezifischen ›Irritation‹ oszillierende Wahrnehmung von Kenaus Taten erkennen. So lobt van Mander in mehreren Versen zwar überschwänglich die Klugheit, Fürsorge und Frömmigkeit der Haarlemer Frauen, jener Frauen, die »bei ihren Männern zu stehen pflegten und kühn zu überlegen / Klug zu fechten, sodass sie Gewinnerinnen werden«, doch seine Lobrede schließt er mit dem denkwürdigen Satz »Es ist ein Wunder, dass Frauen männliche Taten tun.«[35]

Die bildliche Legitimierung dieses vermeintlichen Wunders anhand tradierter ikonografischer Muster der Tugenden entwickelte sich im Laufe des 17. Jahrhunderts zur festen visuellen Konstante: Kenau, als Verkörperung der kriegerischen Batavia auf einem Hügel vor den Stadtmauern Haarlems stehend, trägt dabei programmatisch Züge der Personifikationen *Fortitudo* und *Constantia* (vgl. Abb. 4 und 5).[36] Mag im Hintergrund noch so unerbittlich gekämpft werden, präsentiert sich die bewaffnete Kapitänin mit festem Stand – gelegentlich sogar in Hausschuhen – und vom Schrecken des Krieges völlig unbeeindruckt den BetrachterInnen. Eine ungewöhnliche ästhetische Zuspitzung dieser symbolischen Aufladung findet sich im 18. Jahrhundert im Bereich der angewandten Künste (Abb. 6)[37]: In einer aus Porzellanbüsten der Manufaktur Oud-Loosdrecht bestehenden Reihe der *Uomini illustri* der niederländischen Geschichte, zu denen u. a. der Staatsmann Johan van Oldenbarnevelt und der Admiral Michiel Adriaenszoon de Ruyter zählen, erscheint Kenau auf einem als Säule konzipierten

35 »Maer van haer kloeckheijt haer daden oorconden, / Doen sij oock voorstonden haere stat belegen;/ Die oude vroomicheijt wert bij haer noch gevonden, / Want in voortijden d'Hollantsche vrouwenmonden / Uijtsogen de wonden die haer mannen kregen / In bloedighe strijden; ja, de vrouwen plegen / Bij haer mannen te staen ende te raden koen / Kloecklijck te vechten, dat zij verwinners bedegen. / 't Is wonder als vrouwen mannelijckedaden doen.« Karel van Mander: Het beeld van de stad Haarlem, waarin te lezen is haar ligging, aard, en oud en heerlijk voorkomen, zitiert nach: Volmert (Anm. 9), S. 116.

36 Zu dem anonymen Kupferstich (Abb. 4) vgl. Frederik Muller: De Nederlandsche geschiedenis in platen. Beredeneerde beschrijving van Nederlandsche historieplaten, zinneprenten en historische kaarten, Bd. 1: 100 tot 1702. Amsterdam 1863, Kat. Nr. 620-A; Abraham van Stolk, Gerrit van Rijn (Hg.): Atlas van Stolk. Katalogus der historie-, spot-en zinneprenten betrekkelijk de geschiedenis van Nederland. Amsterdam 1895–1933, Nr. 492.

37 Zu der Porzellanbüste vgl. u. a. Reinier Baarsen u. a. (Hg.): Netherlandish Art in the Rijksmuseum 1700–1800. Zwolle, Amsterdam 2006, S. 200f., Kat. Nr. 92; Wilhelmus M. Zappey u. a. (Hg.): Loosdrechts porselein 1774–1784. Zwolle 1988, S. 291, Kat. Nr. 27; Abraham Lambertus den Blaauwen: Hollands porselein. Collectie B.Houthakker. Amsterdam 1986, Kat. Nr. 27; Derk Hendrik van Wegen: Een Patriotse oproep aan de porseleinfabriek te Loosdrecht. In: Vormen uit vuur 211 (2010), S. 22–28; Keuze uit de aanwinsten. In: Bulletin van het Rijksmuseum 36.1 (1988), S. 55, 61.

bemalten Sockel. Dieses traditionelle Attribut der *Fortitudo* wird gezielt mit dem Griff eines Degens kombiniert, der aus der Säule hinausragt und die Dargestellte sofort zu identifizieren erlaubt: Geradezu paradigmatisch verschmelzen hier Kenaus historische Persönlichkeit und die republikanischen Tugenden materiell und metaphorisch miteinander.

Die ›Bildformulare der Standhaftigkeit‹, welche kurz nach der Belagerung vordergründig die Aspekte der Unerschrockenheit und Wehrhaftigkeit fokussierten, wurden spätestens um die Mitte des 17. Jahrhunderts durch modellhafte topografische Verschiebungen der Figur und ihre zunehmende Dynamisierung modifiziert. In diesem Kontext fand auch eine signifikante bildliche Umdeutung des historischen Geschehens statt: Kenau verteidigt nicht mehr die Stadtmauern von Haarlem, sie und ihre Kompanie von 300 Frauen, deren Anzahl offensichtlich als Anspielung auf die antike Geschichte von Leonidas und seinen 300 Hopliten an den Thermopylen fungiert,[38] eilen von außen zusammen mit den niederländischen Aufständischen der belagerten Stadt zur Hilfe. Eine nach 1655 entstandene Radierung in der Manier Romeyn de Hooghes (Abb. 7)[39] zeigt dementsprechend die vom Trommelwirbel gefeierte Ankunft der Geusen und der Haarlemerin vor den Toren ihrer durch die Spanier bedrohten Heimatstadt. Erneut mit Speer und Degen bewaffnet, wendet sie sich energisch der ihr folgenden, mit Musketen ausgerüsteten Frauenkompanie zu, deren heroische Taten das Motiv des Lorbeerkranzes im rechten Vordergrund versinnbildlicht. Das über Kenau wehende Banner mit dem Wappen Haarlems und dem Wahlspruch »Haec libertatis ergo« verweist darauf, dass sie entsprechend der Inschrift zwar die Schicksal besiegende Beständigkeit verkörpert (»Vicit constantia fatum«), zugleich aber für die niederländische Freiheit *(Libertas)* par excellence steht. In der öffentlichen Selbstdarstellung der jungen Republik spielte der Topos der teuer erkämpften *Aurea libertas*, mit dessen Hilfe die Souveränität wirkungsmächtig inszeniert wurde, insbesondere nach der von Philipp II. verantworteten Ermordung Wilhelms von Oranien 1584, eine zentrale Rolle.[40] Die visuelle Verschränkung der *Libertas* mit der Figur Kenaus macht daher das konstante Bemü-

38 Zur Rezeptionsgeschichte der Schlacht an den Thermopylen vgl. grundlegend: Anuschka Albertz: Exemplarisches Heldentum. Die Rezeptionsgeschichte der Schlacht an den Thermopylen von der Antike bis zur Gegenwart. München 2006 (Ordnungssysteme. Studien zur Ideengeschichte der Neuzeit 17).

39 Zu der Radierung vgl. Muller (Anm. 36), Kat. Nr. 622-b; Martha Moffitt Peacock: Women at the Hunt. Developing a Gendered Logic of Rural Space in the Netherlandish Visual Tradition. In: Rural Space in the Middle Ages and Early Modern Age. The Spatial Turn in Premodern Studies. Hg. von Albrecht Classen. Berlin, Boston 2012 (Fundamentals of medieval and early modern culture 9), S. 819–864, hier S. 832f.

40 Vgl. dazu u. a. Olaf Mörke: Wilhelm von Oranien (1533–1584). Fürst und »Vater« der Republik. Stuttgart 2007; Anna Pawlak: Die zwei Körper des Statthalters und die Sichtbarkeit der Macht. Das Grabmal Wilhelms von Oranien in der Nieuwe Kerk zu Delft. In: Die Macht der Bilder der

hen deutlich, die Verteidigerin von Haarlem weniger als konkretes historisches Individuum dauerhaft in die Erinnerungskultur der Vereinigten Provinzen einzuschreiben, sondern vielmehr ein memoriales Konstrukt zu etablieren, in dem sie einerseits mit der bedrohten *Nederlandse Maagd* (*Maagd van Holland*) und andererseits mit der Personifikation der kämpfenden batavischen Tugend, die das Land von der politischen und konfessionellen Unterdrückung durch Spanien befreite, amalgamiert wurde.[41] Insbesondere im Hinblick auf den letztgenannten Aspekt, der freien Religionsausübung, sind jene Strategien der symbolischen Kodierung der Kenau-Figur relevant, die ihre Funktion als Schnittstelle staatstheoretischer und religiöser Diskurse erkennen lassen.

2 Die holländische Judith – Kenau und das ambivalente Heroentum

Die Konsequenz und Radikalität, mit denen die niederländische Bildpropaganda auf die Belagerung von Haarlem reagierte, vermitteln eindrücklich zwei zeitgleich mit der Radierung Kinkelbachs entstandene Darstellungen Kenaus. Die Komposition und Motivik der beiden Grafiken sind fast identisch (Abb. 8 und 9):[42] Die wiederum schwerbewaffnete Kenau, dieses Mal als Dreiviertelfigur vor neutralem Hintergrund wiedergegeben, ist den BetrachterInnen zugewandt und scheint sie aufmerksam mit ihren Augen zu fixieren. Dass die stolze Zurschaustellung der militärischen Fähigkeiten einer regelrecht ostentativen Gewaltandrohung gleicht, vermittelt ein grausames Motiv neben der Figur. Wie eine Jagdtrophäe präsentiert der anonyme Künstler auf einem Tisch im linken Vordergrund den abgeschlagenen Kopf eines spanischen Soldaten. Die programmatische Steigerung der dadurch evozierten militanten Aussage wird in der anderen Version der Grafik (Abb. 9) nicht nur mit der Wiedergabe zusätzlicher Waffen (Hellebarde und Zweihänder), sondern vor allem durch die Darstellung zweier weiterer Köpfe erreicht. Über die Herkunft der Häupter klären vier sich in der Formulierung gleichende lateinische Hexameter auf: »Omine foelici dux, Kennav Hollandica Iudith [nur im Hexameter der einen Version, vgl. Abb. 8] Harlemo excurrens saevos sic pulsat Iberos«.[43] Die LeserInnen werden sodann in dem einen Stich auf Niederländisch, in dem anderen auf Deutsch dezidiert aufgefordert, sich Kenau anzusehen (»Siet hier« / »Sie da«), jene wie ein Mann

Macht. Zum Vermächtnis von Ernst H. Kantorowicz. Hg. von Dietrich Schotte. Berlin, Münster 2015, S. 55–105.

41 Zur *Maagd van Holland* und Kenau vgl. Peacock (Anm. 17).

42 Zum Kupferstich vgl. Stolk, Rijn (Anm. 36), Nr. 490 und Peacock (Anm. 17), S. 84.

43 »Eine Anführerin unter glücklichem Vorzeichen, Kennau, die holländische Judith, macht einen Ausfall aus Haarlem und schlägt so die wilden Iberer.«

respektive Landsknecht agierende Frau, die sich im Alter von 46 Jahren dem spanischen Tyrannen entgegenstellte. Die dabei angewendete Gewalt, deren bildliche Konkretisierung in den abgeschlagenen Köpfen erfolgt, wird über die sinnstiftende Typologie zur alttestamentlichen Gestalt der Judith nicht nur gerechtfertigt, sondern auch als gottesfürchtig legitimiert. Die verbindenden Elemente bilden hier allen voran das Narrativ der Belagerung und die Bedrohung einer religiösen Gemeinschaft, der Witwenstatus der Protagonistinnen sowie die dadurch bedingte Überschreitung gesellschaftlicher Grenzen, ihr taktisches Geschick im Umgang mit dem übermächtigen Feind und schließlich die Entschlossenheit, diesen mit aller Brutalität zu vernichten. Mit der in den Druckgrafiken wiederkehrenden Bezeichnung »Hollandica Iudith« werden so drei in der Bibel angelegte und in der Exegese dominante Facetten der alttestamentlichen Gestalt auf Kenau übertragen, die sich in folgende Schwerpunkte fassen lassen: einen religiösen, mit dem Fokus auf die fromme, im Glauben handelnde Gottesstreiterin; einen politischen, in dessen Zentrum die tugendhafte Volksbefreierin steht, die sich der fremden Tyrannei widersetzt, und schließlich einen geschlechtsspezifischen, bei dem die Ambivalenz der Tat einer Männermörderin im Vordergrund steht.[44] Die letztgenannte Dimension ist jedoch im Falle Kenaus von einer signifikanten Verschiebung gekennzeichnet: Obwohl die Haarlemerin genauso wie die alttestamentliche Figur gegen das der Frau auferlegte Passivitätsgebot der traditionellen Rollenerwartung verstößt, wird Kenau nicht wie Judith als ein Objekt männlicher Begierde charakterisiert. Ganz im Gegenteil: Die stark stilisierten zeitgenössischen Portraits und ihre Beischriften – so z. B. das zwischen 1590 und 1609 entstandene Werk aus dem Besitz des Amsterdamer Rijksmuseums (Abb. 10) – betonen das für die damalige Zeit hohe Alter und das offensichtlich als unfeminin empfundene Äußere der Dargestellten.[45] Auch wenn das Gender-Problem der Untergrabung männlicher Autorität im Akt des Tötens nach wie vor zentral bleibt, wird die wichtige erotische Komponente der Judith-Geschichte vollständig von einer genuin politisch-konfessionellen Instrumentalisierung überlagert. Die als Judith bezeichnete Kenau steht in solchen Bildern daher vordergründig für das von der illegitimen, weil gottlosen Herrschaft bedrohte Stadtkollektiv und die religiös legitimierte Ausübung weiblicher Gewalt gegenüber Männern.

44 Zur Rezeption der Figur in den Judithdichtungen des 16. Jahrhunderts vgl. Henrike Lähnemann: Hystoria Judith. Deutsche Judithdichtungen vom 12. bis zum 16. Jahrhundert. Berlin 2006 (Scrinium Friburgense 20), S. 299–415.

45 Die Inschrift lautet: »K.H. Siet hier een vrou, genamt Kenou. / Vroom als een man; die taldertyt, / vromelyck bestryt, den Spaensen tiran. Aetatis 47. 1573«, zum Gemälde vgl. u. a. Maarten Hell u. a. (Hg.): Hollanders van de Gouden Eeuw. Amsterdam 2014, S. 53; Kloek 1994 (Anm. 13); Kloek 2014 (Anm. 13), S. 42.

Für eine solche Deutung sprechen ferner Darstellungen, die Kenau nicht alleine, sondern in Begleitung ihrer ebenfalls bewaffneten Mitstreiterinnen zeigen, wie etwa eine kleinformatige, zwischen 1580 und 1590 entstandene Tapisserie aus dem Rijksmuseum (Abb. 11).[46] Während sich die Haarlemerin in der tradierten Pose zusammen mit ihrer Kriegstrophäe den BetrachterInnen präsentiert, sind ihre Begleiterinnen mit dem Laden und Feuern einer Pistole beschäftigt. In einem textilen Medium wird so durch die Kombination der Motive des geschickten Umgangs mit den Feuerwaffen und des enthaupteten spanischen Soldaten die ›gemeinschaftliche Leistung‹ der Haarlemer Frauen während der Belagerung gefeiert: eine, wenn man so will, holländische Judith im Plural, die nach dem handelt, was der Romanist Erich Auerbach als das »Gesetz der konformen Vergeltung« bezeichnete.[47] In Anbetracht der spanischen Gräueltaten nach der Einnahme der Stadt 1573 entwickelt sich das Motiv der Dekapitation zu einer beispielhaften bildlichen Form des *contrapasso.*

Eine zwischen 1573 und 1580 entstandene Radierung von Remigius Hogenberg visualisiert und konkretisiert in diesem Kontext die explizite Verschränkung religiöser Inhalte und städtischer Identität (Abb. 12): »Capitain Kenov« erscheint entsprechend des geläufigen Darstellungsmodus als bewaffnete Ganzfigur auf einem Hügel stehend. Hinter der schwer bewaffneten Figur erstreckt sich eine kartografische Wiedergabe Haarlems in Vogelschauansicht, wodurch auf innovative Weise historische Glaubwürdigkeit für das geschilderte Geschehen beansprucht wird. In einer triumphalen Geste hält die ›holländische Judith‹ den abgeschlagenen Kopf eines Spaniers in ihrer rechten Hand und blickt erneut herausfordernd die BetrachterInnen an. Der zum Kopf gehörige, mit einer reich verzierten Rüstung bekleidete Körper liegt unter einem Schiffshaken zu Kenaus Füßen. Aus der offensichtlich noch frischen Halswunde des getöteten Feindes tritt in Strömen Blut heraus und tränkt – so die martialisch-patriotische Aussage – die niederländische Erde. Die Inschrift wiederholt die bekannten Topoi des männlichen Herzens, Sinns und Gemüts (»Menlich Hertz sin vnd gemüth«), durch welche sich die ein Frauenregiment führende Kenau auszeichnet, und identifiziert ihr Opfer als den bekannten spanischen Offizier Don Pero:[48]

46 Zu der Tapisserie vgl. Ebeltje Hartkamp-Jonxis, Hillie Smit: European Tapestries in the Rijksmuseum. Zwolle, Amsterdam 2004 (Catalogues of the decorative arts in the Rijksmuseum Amsterdam 5), S. 201f., Kat. Nr. 51; Anna Maria Louise Elisabeth Mulder-Erkelens: Wandtapijten, Bd. 2: Renaissance, Maniërisme en Barok. Amsterdam 1971, S. 2; Gerardina Tjaberta van Ysselsteyn: Geschiedenis der Tapijtweverijen in de Noordelijke Nederlanden. Bijdrage tot de geschiedenis der kunstnijverheid, Bd. 1. Leiden 1936, Abb. 112; Heinrich Göbel: Holländische Wandteppich-Manufacturen. In: Der Cicerone 14.22 (1922), S. 879–891, 916–924, hier S. 923.

47 Erich Auerbach: Dante als Dichter der irdischen Welt. Berlin, New York 2001 (Erstauflage Berlin 1929), S. 137.

48 Vgl. Volmert (Anm. 9), S. 117.

Es Ist bekant gar brait vndt weit/ der Amassonner weiber streitt/ das sie Ihr leib vnd leben wagten/ und Iren Feind gar ver Jagten/ Alsoo Ist auch zu vnser zaijt/ vernomen In Hollandischen streijt/ ein Menlich Hertz sin vnd gemuth/ zoo den Spannischen zeuch viel schade[n] thut/ vnder den Weiber in Hollandt/ die Iherenn namen machen becandt/ mit beschermu[n]g Ihers Vatter lants/ darmidt es nicht so gar vnd gants/ von den Spannissen mohrn wert verderben/ drumb sieh ein weib Kennou erworben/ gar wol gemut vnd sehr behendt/ von den Weibern furt das Regiment/ welch auch freij vnne ver zagen/ hatt einen Obersten das haub ab slagen/ Don Pero war er genant/ von den Spannischen vol becant/ da er durch Storm wolt lauffenn/ In der Stat Haerlem mit seinen hauffern.

Zwar ist ein solcher Name in den historischen Quellen nicht verzeichnet, doch bei einem spanischen Angriff auf die Stadt am 31. Januar 1573 sollen laut Überlieferung mehrere ranghohe Offiziere gefallen sein, darunter auch Don Rodrigo Perez und Lorenzo Perea, deren Leichname im Besitz der Haarlemer verblieben. Letztgenannter soll bezeichnenderweise von den Verteidigern der Stadt mit Haken von der Stadtmauer gezogen und anschließend getötet worden sein.[49] Ob Kenau tatsächlich an der Hinrichtung beteiligt war, muss offenbleiben, die Wiedergabe des Schiffshakens kann jedenfalls nicht nur als Verweis auf die Verteidigung der Mauern, sondern vermutlich auch auf die Tätigkeit der Dargestellten als Schiffsbauerin gedeutet werden.

Über die konkreten historischen Bezüge hinaus steht Don Pero, dessen Name möglicherweise in Anlehnung an das spanische *Perro* – Hund – als gezielte Beleidigung modifiziert wurde, für die im eigenen Land besiegte katholische Tyrannei, genauso wie Kenau als dessen lebendiger Konterpart zum Standbild der Haarlemer Kriegstugend und des wahren Glaubens wird. Eine solche für die Kenau-Ikonografie erstmalige Zuordnung eines konkreten Gegners ist insofern programmatisch, als sie die Typologie Judith-Kenau entscheidend stärkt und im übertragenen Sinne das biblische *exemplum virtutis* an einem patriotischen Schauplatz der niederländischen Geschichte agieren lässt: Wie die Israeliten von Judiths gottesfürchtiger Heldentat errettet wurden, hat Kenau mit ihren ruhmreichen Taten der Republik der Vereinigten Provinzen den Weg in die Unabhängigkeit geebnet. Es handelt sich hierbei um die gleiche konfessionell gebundene Strategie der Parallelisierung von Heilsgeschichte und holländischem Aufstand, die das anfangs angeführte Gemälde Cornelis van Haarlems aufweist. Insbesondere in der ikonografischen Überblendung mit Judith erfährt Kenaus Überschreitung der Gendergrenze nicht nur eine neue Form der visuellen Zuspitzung, sondern wird gleichzeitig dezidiert religiös autorisiert. Vor dem Hintergrund der hier skizzierten Darstellungstradition lässt sich gerade darin die Valenz und allen voran die Ambivalenz der Figur als Schnittstelle politischer, theologischer, ästhetischer und nicht zuletzt geschlechtsspezifischer Diskurse er-

49 Fliegner (Anm. 12).

kennen. Die zeitgenössischen Visualisierungen der Haarlemerin spiegeln nicht nur die Komplexität differierender Vorstellungen wider, sondern reflektieren sie intermedial auf unterschiedlichen Argumentationsebenen, indem sie beständig in Bildern und mehrsprachigen Texten zwischen unterschiedlichen Rollenzuschreibungen oszillieren: Die streitsüchtige Witwe mit männlichem Herz und Geschäftssinn, ehrenwerte Kapitänin, unerschrockene Heldin der Verteidigung, männermordende Amazone, holländische Judith oder die Verkörperung batavischer Standhaftigkeit und Tugendhaftigkeit – in all den variierenden Facetten der Figur lässt sich über Jahrhunderte Kenaus Funktion als zentrale identitätsstiftende Projektionsfläche der Republik der Vereinigten Provinzen erkennen.

Entsprechende Semantisierungen der Kenau-Figur bleiben medienübergreifend bis ins späte 19. Jahrhundert fester Bestandteil der niederländischen Erinnerungskultur, die ihrer Heldin nicht nur in zahlreichen Lobgedichten, Theaterstücken, Romanen und bis 1934 in allen Überblickswerken zur niederländischen Geschichte gedachte, sondern sie auch in den regelmäßig stattfindenden Gedenken an die Befreiung von der spanischen Herrschaft in performativen Akten feierte.[50] Vor allem die erneute Identitätssuche des Landes im Zuge schwerwiegender politisch-gesellschaftlicher Umwälzungen nach der 1815 erfolgten Ausrufung des Königreichs der Vereinigten Niederlande und die medienübergreifende Beschwörung eines nationalen Gemeinschaftsgefühls bedingte eine verstärkte patriotische Indienstnahme der Haarlemerin. Auf dem vorläufigen Höhepunkt der Kenau-Verehrung entstanden großformatige Historienbilder, die, wie etwa Ferdinand de Braekeleers 1829 entstandenes Werk *Kenau Simonsdr. Hasselaer während der Belagerung von Haarlem*, mit einem geradezu unerschöpflichen Repertoire an Pathosformeln die Protagonistin als Befreierin des Vaterlandes stilisieren, die zusammen mit ihrer Frauenkompanie unerbittlich gegen die Spanier kämpft. Als eine solche holländische Verkörperung der teuer erkämpften Freiheit, die mit dem Rapier in ihrer Rechten wild entschlossen den Angriffsbefehl gibt, glorifiziert sie Barend Wijnvelds und Johannes Hinderikus Egenbergers monumentales Gemälde *Kenau Simonsdr. Hasselaer auf den Mauern von Haarlem* von 1854 (Abb. 13), das auf Initiative des Fabrikanten Thomas Wilson kurz nach der Fertigstellung feierlich ins Haarlemer Rathaus überführt wurde.[51] Dass ausgerechnet dieses Gemälde aufgrund seiner fehlenden historischen Korrektheit von Cornelis Ekama, der 1872 eine umfassende quellengestützte

50 In Jan und Annie Romeins *De Lage Landen bij de Zee* (Utrecht 1934) wurde Kenau als historische Persönlichkeit ein letztes Mal besonders hervorgehoben. Zur Rezeption der Figur seit dem 19. Jahrhundert vgl. Els Kloek: Hasselaer, Kenau Simonsdr. In: Digitaal Vrouwenlexicon van Nederland. http://resources.huygens.knaw.nl/vrouwenlexicon/lemmata/data/KenauSimonsdrHasselaer, o. J. (letzter Zugriff: 21.6.2020).

51 Zu der Geschichte des Bildes vgl. Simon Hijman Levie u. a. (Hg.): Het vaderlandsch gevoel. Vergeten negentiende-eeuwse schilderijen over onze geschiedenis. Amsterdam 1978, S. 90–92.

Studie über die Belagerung von Haarlem vorlegte,[52] vehement abgelehnt wurde, ist mehr als bezeichnend. Seine Kritik richtete sich gegen den apotheotischen, geschichtliche Tatsachen verfälschenden Darstellungsmodus, der fataler Weise mit seiner visuellen Evidenz dafür verantwortlich sei, dass die Bevölkerung am Ende noch an jene Geschichte glaube, die es im Rathaus zu sehen bekommt.[53] In seiner Untersuchung rückte der Haarlemer Gelehrte dagegen die von der symbolisch aufgeladenen Rezeptionsgeschichte losgelöste historische Leistung Kenaus ins Zentrum der Aufmerksamkeit und löste damit einen regelrechten ›Kulturschock‹ aus. Er zeichnete ein äußerst negatives Bild der Haarlemerin als vorlautes und geltungssüchtiges ›Mannweib‹, dessen vermeintliche Heldentaten seiner Meinung nach nur durch eine Form kollektiver Amnesie und patriotische Phantasmen zu erklären seien.[54] Diese schwerwiegende Infragestellung von Kenaus historischer Reputation zeigte unmittelbar eine öffentliche Wirkung: Die Errichtung einer Bronzestatue, für die es seit 1871 fortgeschrittene Planungen gab, wurde sofort aufgegeben, das großformatige Historiengemälde von Wijnveld und Egenberger 1904 aus dem Rathaus entfernt.[55] In der Folge wurde der Ruhm der Stadtheldin in der 1956 vorgelegten Studie der Haarlemer Archivarin Gerda Kurtz endgültig dekonstruiert, die aufgrund des Fehlens konkreter schriftlicher Quellen oder deren Unglaubwürdigkeit die aktive Beteiligung von Kenau an der Verteidigung der Stadt als Legende bezeichnete.[56]

Die in den letzten drei Jahrzehnten erfolgte historische Rehabilitierung verdankt die Figur feministisch orientierten kulturgeschichtlichen Studien und hier insbesondere jenen von Els Kloek.[57] Diese konnten zweifellos belegen, dass die mit Ekamas Schrift einsetzende, vermeintlich objektive Revidierung der geschichtlichen Überlieferung wegen der immensen Quellenverluste während des Achtzigjährigen Krieges problematisch ist und bisweilen aus der fehlenden Berücksichtigung respektive Ablehnung anderer historischer Zeugnisse, darunter auch Bilder, resultierte. Darüber hinaus kann vermutet werden, dass einige der Ressentiments auch den genderspezifischen bürgerlichen Vorbehalten des ausgehenden 19. Jahrhunderts geschuldet waren, insofern als Kenau spätestens um die Jahrhundertwende zu einer Ikone der niederländischen Frauenrechtsbewe-

52 Ekama (Anm. 16).
53 Vgl. Levie (Anm. 51), S. 92.
54 Vgl. Ekama (Anm. 16).
55 Vgl. Els Kloek: Hasselaer, Kenau Simonsdr. In: Digitaal Vrouwenlexicon van Nederland. http://resources.huygens.knaw.nl/vrouwenlexicon/lemmata/data/KenauSimonsdrHasselaer, o. J. (letzter Zugriff: 21.6.2020) und https://www.dbnl.org/tekst/levi009vade01_01/levi009vade01_01_0023.php (letzter Zugriff: 21.6.2020).
56 Vgl. Kurtz (Anm. 13).
57 Vgl. Kloek 1994 (Anm. 13); Kloek 2001 (Anm. 13); Kloek 2014 (Anm. 13).

gung avancierte und in diesem Kontext dezidiert in den Bildmodi des 16. und 17. Jahrhunderts als streitbare Kapitänin wiedergegeben wurde.

Eine Bronzestatue von Theo Mulder aus dem Jahr 1973 im Haarlemer *Amsterdamse Poort* und die 2011 aufgestellte Plastik von Graziella Curelli dokumentieren den erneuten Paradigmenwechsel im kulturellen Umgang der niederländischen Öffentlichkeit mit Kenau als historischer Persönlichkeit. Das jüngere der beiden Werke, über dessen Preis sich das städtische Kollektiv in gebührender calvinistischer Tradition eine Zeit lang echauffierte, sollte offensichtlich mit seinem wiederholt kritisierten ästhetischen Konzept den vorherzusehenden Debatten über Genderfragen und den Umgang mit historischer Realität entgegenwirken. Dort ist Kenau Schulter an Schulter mit dem männlichen Leiter der Verteidigung Wigbolt Ripperda dargestellt, der von den Spaniern nach der Kapitulation der Stadt 1573 hingerichtet wurde.

Den vorläufig letzten Akt der öffentlich wirksamen Inszenierung Kenaus stellt eine sechs Millionen teure internationale Filmproduktion von 2014 mit der niederländischen Schauspielerin Monic Hendrickx in der Hauptrolle dar (Abb. 14). In zwei Stunden werden dort alle tradierten Topoi der Rezeptionsgeschichte abgearbeitet und positive wie negative Exempla simplifizierend präsentiert: Den fanatischen und blutrünstigen Spaniern setzt Kenau mit ihrer Fraunkompanie sowohl an den Mauern der Stadt als auch außerhalb dieser schwer zu, und dies aus einer historischen Notwendigkeit, denn schließlich steht die Belagerung von Haarlem stereotypisch für einen – wie der Untertitel verkündet – achtzig Jahre lang andauernden Kampf um die Unabhängigkeit (»De strijd voor onafhankelijkheid die 80 jaar zou duren«). Spätestens in der etwas sonderbar anmutenden Szene, bei der Kenau und ihre Mitstreiterinnen vor den Mauern Haarlems als weißgekleidete, Schlittschuh fahrende ›Sondereinheit‹ die Versorgung der Spanier erfolgreich in Brand setzen, wird überdeutlich, in welchem reziproken Verhältnis die niederländische Kultur und ihre mit *mascula virtus* bekleidete ambivalente Heldin bis heute stehen.

Abb. 1. Cornelis Cornelisz. van Haarlem: Der Bethlehemitische Kindermord, 1590, Öl auf Leinwand, 245 × 358 cm, Amsterdam, Rijksmuseum.

Abb. 2. Cornelis Cornelisz. van Haarlem: Der Bethlehemitische Kindermord, 1590, Öl auf Leinwand, 245 × 358 cm, Amsterdam, Rijksmuseum, Detail.

Abb. 3. Matthias Quad von Kinkelbach: Kenau Simonsdr. Hasselaer, 1573, Kupferstich, 282 × 197 mm, Amsterdam, Rijksmuseum.

Abb. 4. Anonym: Kenau Simonsdr. Hasselaer, nach 1588, Radierung, 190 × 118 mm, Amsterdam, Rijksmuseum

Abb. 5. Anonym: Kenau Simonsdr. Hasselaer, 17. Jh., Radierung, 117 × 165 mm, Amsterdam, Rijksmuseum.

Abb. 6. Kenau Simonsdr. Hasselaer, um 1783, Porzellan, Höhe 22,8 cm, Manufaktur Oud-Loosdrecht, Amsterdam, Rijksmuseum.

Abb. 7. Nach Romeyn de Hooghe: Kenau Simonsdr. Hasselaer, nach 1655, Radierung, 191 × 243 mm, Amsterdam, Rijksmuseum.

Abb. 8. Anonym: Kenau Simonsdr. Hasselaer, 1573 (?), Kupferstich, Maße unbekannt, Wien, Österreichische Nationalbibliothek.

Abb. 9. Anonym: Kenau Simonsdr. Hasselaer, 1573 (?), Kupferstich, Maße unbekannt, Providence, Brown University Library, The Anne S. K. Brown Military Collection.

Abb. 10. Anonym: Kenau Simonsdr. Hasselaer, ca. 1590–ca. 1609, Öl auf Holz, 34,8 × 26,5 cm, Amsterdam, Rijksmuseum.

Abb. 11. Kenau Simonsdr. Hasselaer mit zwei Frauen, 1580–1590, Tapisserie, Leinen, Wolle und Seide, Durchmesser 37 cm, Amsterdam, Rijksmuseum.

Abb. 12. Remigius Hogenberg: Kenau Simonsdr. Hasselaer, ca. 1573–1580, Radierung, 310 × 260 mm, Amsterdam, Rijksmuseum.

Abb. 13. Barend Wijnveld und Johannes Hinderikus Egenberger: Kenau Simonsdr. Hasselaer auf den Mauern von Haarlem, 1854, Öl auf Leinwand, 359 × 451 cm, Haarlem, Frans Hals Museum.

Abb. 14. Kenau, 2014, Regie Maarten Treurniet.

Luisa Coscarelli-Larkin

»Dreisig Jar ein Fraw/ nu an.« Die Lebensalterdarstellung der dreißigjährigen Frau in der Druckgrafik, Architektur und materiellen Kultur des 16. Jahrhunderts[1]

Als dan facht sy an zw stoltzieren/
Teglich im spigle fantasieren.
Wie ein stoltzer pfaw sich besicht/
Das ist an ir zu loben nicht.

Soll nicht als zur hoffart wenden an/
Vil schmucks/ wil vollen beutel hon.
Eim fromen weib ir spiegl ist/
Ir man/ und der herr Jhesu Christ.

1 Einleitung

Diese acht Verse in vier Zeilen befinden sich unter der Darstellung einer jungen Frau aus der Sammlung des Herzog Anton Ulrich-Museums in Braunschweig (Abb. 1). Mittels eines hochrechteckigen Rahmens, der durch eine schwarze Linie gebildet wird, wird der Figur auf dem Blatt ein eigener Bildraum zugesprochen, sodass sie von den Versen sowie der Überschrift »Dreisig Jar ein Fraw/ nu an« separiert wird. Der Titel verrät, dass wir uns einer Dreißigjährigen gegenübergestellt sehen. Sie steht auf einem erdigen, mit einigen Gräsern und Pflänzchen bewachsenen Boden und ist damit, obwohl der Bildhintergrund leer geblieben und somit unbestimmt ist, deutlich in der Natur beziehungsweise einem Außenraum verortet. Die Abgebildete füllt den Bildraum in der Höhe vollständig aus und ist in kostbare Gewänder gekleidet. Sie trägt ein randloses Barett

1 Mein herzlicher Dank geht an die Herausgeber dieses Sammelbandes – Daniel Fliege und Janne Lenhart – für die Einladung zum Symposium *Gender interkonfessionell gedacht. Konzeptionen von Geschlechtlichkeit in den Konfessionen der Frühen Neuzeit* an der Universität Hamburg, wodurch erst die Idee zur Untersuchung der folgenden Bilder und Objekte entstand.

aus schwarzem Textil, das mit Stickereien und Edelsteinen sowie einer großen Straußenfeder versehen ist. Ihr Haar ist leicht gewellt und in ein verziertes Haarnetz, möglicherweise eine Goldhaube, gelegt. Kinn und Kiefer der Frau werden durch einen gestärkten Kragen gerahmt, unter dem zusätzlich eine mit mehreren Edelsteinen besetzte, enganliegende Halskette zu sehen ist. Daneben trägt sie drei Gliederketten, von denen die mittlere einen großen Schmuckanhänger aufweist; ob an der längsten Kette auch ein Anhänger befestigt ist, können die Betrachtenden aufgrund der Platzierung der Hand der Dame nicht erkennen. Das Kleid der Dreißigjährigen, über dem sie einen hellen Mantel trägt, ist aus einem schwarzen Stoff gearbeitet – vermutlich ein dunkler Samt – und ist auf Höhe der Schienbeine und Knöchel mit zwei ornamentierten Stoffbahnen versehen. Die Ärmel des Kleides sind mit Knöpfen verschlossen, wodurch der Stoff des darunterliegenden Hemdes hervorquillt. Neben dem Geschmeide an Hals, Kopf und Armen der Dargestellten fallen besonders die Schulterpartien des Gewandes ins Auge. Sie sind mit Knöpfen oder kleinen kreisrunden Medaillons sowie miteinander vernähten Goldstiften dekoriert. Ein weiteres Schmuckstück ist die Gürtelkette, die fast bis auf den Boden reicht und aus Gliederketten und vier kreuzförmigen Einhängern besteht. In der linken Hand hält die Dreißigjährige ein Paar Handschuhe und betrachtet sich in einem Spiegel, den sie in der anderen Hand hält. Das Spiegelglas ist extrem konvex gewölbt und offenbart den Betrachtenden auf diese Weise das Spiegelbild der jungen Frau beziehungsweise die eine Hälfte dessen. Begleitet wird die Dargestellte von einem Pfau, der mit geöffnetem Schnabel zu ihr herauf blickt und seine aufgefächerten Schwanzfedern präsentiert.

Die Druckgrafik zeigt eine offensichtlich wohlhabende junge Frau, die sich gerne mit prächtigen Gewändern und kostbaren Kleinoden schmückt. Sie scheint sehr viel Wert auf ihr Äußeres zu legen und betrachtet, begutachtet und bewundert jenes in ihrem Spiegel. Diesen ersten Eindruck bestätigt auch der Text unter dem Bild und verweist sogleich auf die Verwerflichkeit dieses Verhaltens: Eine stolzierende und sich selbst wie ein Pfau bewundernde Frau sei des Lobes nicht Wert. Nach diesem Anfang wird ganz konkret eine Warnung gegen die Sünde der Hoffart ausgesprochen und mit den Worten »Eim fromen weib ir spiegl ist/ Ir man/ und der herr Jhesu Christ« beendet. Dass hier keine konkrete Person im Porträt gezeigt ist, erschließt sich durch fehlende individuelle Gesichtszüge sowie die Absenz eines Wappens oder anderer identitätsstiftender Attribute. Durch die Beschriftung des Blattes wird indes darauf verwiesen, dass die Funktion des Drucks nicht etwa in der Repräsentation von Kleidung liegt, sondern dass positive moralische und christliche Verhaltensweisen vermittelt werden sollen. Die Druckgrafik steht nicht alleine, sondern ist Teil einer Serie von neun, respektive 18 Blättern; der oder die Urheber der Serie sind unbekannt, ebenso das genaue Entstehungsdatum sowie der Herstellungsort.[2] Gegenstand der Grafiken sind die weiblichen und männlichen Lebensalter. Sie sind in Dekaden von zehn bis neunzig geteilt und werden jeweils durch eine Figur in frühneuzeitlicher Kleidung mit verschiedenen Attributen sowie einem Tier als Begleitung repräsentiert.[3]

In diesem Beitrag möchte ich die 30. Dekade genauer in den Blick nehmen und anhand von Vergleichen mit Blättern anderer dekadischer Lebensalterserien eine genauere zeitliche, geografische sowie konfessionelle Einordnung der Braunschweiger Serie vorschlagen.[4] Neben der Analyse anderer dreißigjähriger Frauen wird auch das Reihenpendant des dreißigjährigen Mannes eine Rolle spielen. Es wird zu untersuchen sein, wie sich die gesellschaftlichen Vorstellungen von Geschlechterrollen beziehungsweise geschlechterspezifischem Verhalten in den Drucken niederschlagen. Besonderes Augenmerk liegt dabei auf der Konstruktion eines Verhaltensideals, welches durch den christlichen – möglicherweise protestantischen – Glauben bestimmt wurde.[5] Zusätzlich lautet eine

2 Die Serie befindet sich auch in der Sammlung des Berliner Kupferstichkabinetts und wird dort dem Monogrammisten I. R. zugeschrieben und auf um 1570 datiert. Allerdings sind in dieser Version nur die Bilder ohne Text und Überschrift gedruckt worden. Vgl. Peter Joerißen: Die Lebensalter des Menschen. Bildprogramme und Bildformen im Jahrhundert der Reformation. In: Die Lebenstreppe. Bilder der menschlichen Lebensalter. Hg. von dems., Cornelia Will. Köln 1983 (Schriften des Rheinischen Museumsamtes 23), S. 39–59, hier S. 47.

3 Vgl. grundsätzlich zum Motiv der dekadischen Lebensalter Peter Joerißen, Cornelia Will: Die Lebenstreppe. Bilder der menschlichen Lebensalter. Köln 1983 (Schriften des Rheinischen Museumsamtes 23); in der italienischen Malerei: Meike-Marie Thiele: Lebensalterdarstellung in der Renaissance. Ein neuer Bildtypus in der Malerei. Saarbrücken 2007. Einen interdisziplinären Ansatz bieten: Dorothee Elm u. a. (Hg.): Alterstopoi. Das Wissen von den Lebensaltern in Literatur, Kunst und Theologie. Berlin 2009, darin besonders der Aufsatz von Stefanie Knöll, S. 165–186. Zur Serie von Tobias Stimmer vgl. Kristina Bake: Geschlechterspezifisches Altern in einem Lebensalter-Zyklus von Tobias Stimmer und Johann Fischart. In: Alter und Geschlecht. Repräsentation, Geschichten und Theorien des Alter(n)s. Hg. von Heike Hartung. Bielefeld 2005, S. 113–134.

4 Die Titel der dekadischen Lebensalterdarstellungen verweisen jeweils auf ein punktuelles Alter. Die Dargestellten sind zehn, zwanzig, dreißig, etc. Jahre alt und markieren somit ein ganz spezifisches Lebensjahr. Diese Zuschreibung bestimmter Eigenschaften zu ganz konkreten Punkten im Leben entspricht natürlich nicht dem tatsächlichen Leben einer Frau in der Frühen Neuzeit. Genauso wenig kann die Auffächerung des Lebens von 0 bis 100 realitätsnah gewesen sein. Vielmehr sind hier Typen dargestellt, die klar umrissen und pointiert jeweils eine erzieherische Aussage generieren. Rückschlüsse auf den Alterungsprozess lassen sich daraus kaum schließen. Zu dieser Problematik und generell der Schwierigkeiten der Alter(n)sforschung vgl. die Einführung von Cynthia Skenazi: Aging Gracefully in the Renaissance. Stories of Later Life from Petrarch to Montaigne. Leiden u. a. 2013 (Medieval and Renaissance authors and texts 11).

5 Eng mit den Lebensalterdarstellungen verbunden ist die Frage nach spezifischen Vorstellungen rund um das Alter(n). Dieser Aspekt wird in diesem Beitrag nicht dezidiert in den Blick genommen, schwingt jedoch hintergründig mit und ist verstärkt in Betrachtung der höheren Dekaden zu betrachten. Seit den 2000er Jahren rückt das Thema zunehmend in den Fokus interdisziplinärer Forschung., Albrecht Classen (Hg.): Old Age in the Middle Ages and the Renaissance.

These dieses Beitrags, dass die Abbildungen nicht nur auf ihren Ursprung als Theaterillustration rekurrieren, sondern zugleich in motivischer Verbindung mit frühneuzeitlichen Kostümbildern stehen. Um dies zu verdeutlichen, wird das Kostümbuch Hans Weigels aus dem späten 16. Jahrhundert in die Analyse einbezogen. Schließlich steht die materielle Kultur der dekadischen Lebensalterdarstellungen im Fokus der Untersuchung, um die weite Verbreitung der hier besprochenen Motive und deren Bedeutung im deutschsprachigen Raum des 16. Jahrhunderts aufzuzeigen.

2 Die Entwicklung der dekadischen Lebensalterdarstellungen

Ihren Ursprung finden die dekadischen Lebensalterdarstellungen laut Peter Joerißen in Illustrationen zu Theaterstücken.[6] Dabei ist besonders auf die Publikation des Spiels der zehn Alter der Welt von Pamphilus Gengenbach hinzuweisen, dass 1515 zum ersten Mal im Druck erschien.[7] Im Stück trifft ein Einsiedler auf die männlichen Lebensalter, die sich durch differenzierte Kleidung sowie verschiedene Objekte und Tiere voneinander unterscheiden. Die Tiere fungieren in diesem Kontext als Symbole von Charaktereigenschaften, die den einzelnen Dekaden zugeschrieben werden. Während sich das Wissen um die Verknüpfung bestimmter Tiere mit spezifischen Eigenschaften aus antiken und mittelalterlichen Texten speiste die allgemein bekannt waren, geht die Zuordnung der Tiere

Interdisciplinary Approaches to a Neglected Topic. Berlin u. a. 2007 (Fundamentals of medieval and early modern culture 2); Elisabeth Vavra (Hg.): Alterskulturen des Mittelalters und der frühen Neuzeit. Wien 2007 (Veröffentlichungen des Instituts für Realienkunde des Mittelalters und der Frühen Neuzeit 21); Andrea Hülsen-Esch, Miriam Seidler, Christian Tagsold (Hg.): Methoden der Alter(n)sforschung. Disziplinäre Positionen und transdisziplinäre Perspektiven. Bielefeld 2013. Zur bisher mangelnden Auseinandersetzung der Kunstgeschichte mit der Frage nach der Darstellung von Alter siehe: Sabine Kampmann: Visual Aging Studies. Exploring Images of Aging in Art History and Other Disciplines. In: Age, Culture, Humanities 2 (2015), S. 279–291. Im Rahmen der Gender Thematik dieses Sammelbandes sei außerdem verwiesen auf Heike Hartung (Hg.): Alter und Geschlecht. Repräsentation, Geschichten und Theorien des Alter(n)s. Bielefeld 2005. Bemerkenswert ist, dass sich anhand der deutschen Buch- und Reihentitel (siehe Hartung 2005; Vavra 2007; Hülsen-Esch, Seidler und Tagsold 2013) die Forschungstendenz offenbart, die Themen ›Alter‹ und ›Alterungsprozess‹ gemeinsam und miteinander verbunden zu betrachten.

6 Peter Joerißen: Lebenstreppe und Lebensalterspiel im 16. Jahrhundert. In: Die Lebenstreppe. Bilder der menschlichen Lebensalter. Hg. von dems., Cornelia Will. Köln 1983 (Schriften des Rheinischen Museumsamtes 23), S. 25–38, hier S. 34.

7 Ebd., S. 35. Pamphilus Gengenbach: Die. X. alter dyser welt Hie findt man die zehen alter nach gemainen lauff der wält mit vyl schȯnen hystorien begryffen vast lieplich zu läsen und zu hȯren. Und sind dyse alter vo wort zu wort nach inhalt der matery und anzaigung der figure gespilt worden Im. xv. Jor uff der herre fastnacht vo etliche ersamen und geschickten Burgeren eir loblichen stat Basel. Basel 1515.

zu den Lebensaltern wohl auf einen Spruch aus dem Liederbuch der Clara Hätzlerin von 1471 zurück.[8] Hierbei handelt es sich um die älteste bekannte Quelle im deutschen Sprachraum, die diese Verknüpfungen schließt und aus der sich zudem eine Art Kanon für die bildliche Entfaltung der Motive entwickelt hat. Denn es zeigt sich, dass die meisten Darstellungen die Zuordnungen eben jenen Spruchs übernehmen und es generell nur zu leichten Abweichungen kommt.[9] Im Spiel Gengenbachs treten die Vertreter der Dekaden jeweils mit dem Einsiedler in Dialog, indem sie von ihren Charaktereigenschaften berichten. In mehreren Ausgaben wird die fromme Haltung des Einsiedlers durch seine Ausstattung mit Kreuzstab und Rosenkranz vor Augen geführt. Es scheint ihm somit zuzustehen, die vorgetragenen Wesenszüge zu beurteilen und die Lebensalter auf ihre moralischen Verfehlungen hinzuweisen (Abb. 2). Jeder Dialog wird durch eine Überschrift eingeleitet und ist jeweils gefolgt vom Bild zweier männlicher Figuren, welche durch einen querrechteckigen Rahmen vom Text getrennt werden. Die Bild- beziehungsweise Dialogtitel zeichnen die verschiedenen Entwicklungsstufen des Mannes – vom Kind zum Jüngling zum Mann – nach oder verweisen auf den Stand der jeweiligen Dekade innerhalb der Gesellschaft.[10]

Bis in die zweite Hälfte des 16. Jahrhunderts traten im *Spiel der zehn Alter der Welt* nur die männlichen Lebensalter auf. Erst 1574 fügte der Augsburger Meistersinger Martin Schrot die weiblichen Lebensalter seiner Bearbeitung des Stoffes hinzu.[11] Diese Erweiterung war im Medium der Architektur und der Plastik bereits 1522, in Form der von Franz Maidburg geschaffenen Tuffsteinreliefs der Lebensalter für die Kirche St. Anna in Annaberg, umgesetzt worden.[12] Die Reliefs der Emporenbrüstung vereinten erstmalig die männlichen und weiblichen Lebensalter. Während die Tierbeigaben der Männer dem Augsburger Liederbuch von Clara Hätzlerin weitestgehend folgen, mussten den Lebensaltern der Frauen erst Tiere zugeordnet werden.[13] In späteren Versionen des Themas entstammten diese immer der Vogelwelt, allerdings entwickelte sich hier nicht die

8 Hubert Wanders: Das springende Böckchen. Zum Tierbild in den dekadischen Lebensalterdarstellungen. In: Die Lebenstreppe. Bilder der menschlichen Lebensalter. Hg. von Peter Joerißen, Cornelia Will. Köln 1983 (Schriften des Rheinischen Museumsamtes 23), S. 61–71, hier S. 61. Für einen allgemeinen Überblick zu Hätzlerins Liederbuch: Albrecht Classen: Deutsche Liederbücher des 15. Und 16. Jahrhunderts. Münster u. a. 2001 (Volksliedstudien 1), S. 166–187.

9 Die Zuordnung lautet wie folgt: 10 – Kitz, 20 – Kalb, 30 – Stier, 40 – Löwe, 50 – Fuchs, 60 – Wolf, 70 – Katze, 80 – Hund, 90 – Esel, 100 – Gans; Wanders (Anm. 8), S. 66.

10 Sie lauten: »Zehen iar ain kind; xx. iar ain jüngling; xxx. iar ain man; xxxx. iar stillstan; l. iar wolgethan; lx. iar abgan; lxx. iar dein seel bewar; lxxx. iar der wellt narr; lxxxx. iar der kinder spot; Hundert iar nun gnad dir got.«

11 Martin Schrot: Die x. Alter der welt mit irem lauf und aygenschafften erkläret nach dem Gesatz gaistlicher weiss und in Reymen verfasst durch Martin Schrot im 1574. Jar lieblich zu lesen und hören etc. Augsburg 1574.

12 Joerißen (Anm. 2), S. 39.

13 Wanders (Anm. 8), S. 61, 66.

gleiche Verbindlichkeit, dich sich bei den männlichen Darstellungen ausgebildet hatte.[14]

Die Braunschweiger Lebensalterdarstellungen auf mehreren ungebundenen Blättern entstammen eindeutig der Illustration von Theaterspielen. Zeitlich nur leicht versetzt entwickelte sich das Motiv der Lebenstreppe, welches sich ebenfalls dem Thema der verschiedenen Lebensalter, jedoch visuell verstärkt deren Auf- und Niedergang, widmet.[15] Im Mittelalter als Darstellung des Glücks- beziehungsweise Lebensrades mit sieben Lebensaltern verbreitet, ist in dem aus vier Blöcken bestehenden Holzschnitt Jörg Breus des Jüngeren von 1540 ein wichtiges Werk dieser Ikonografie zu sehen (Abb. 3).[16] Genau wie bei den dekadischen Lebensaltern sind die Figuren gemeinsam mit Tieren dargestellt, welche allerdings in Nischen unter den Treppen- oder Bogenstufen platziert sind. Ein wichtiger Unterschied liegt in der prominenten Darstellung des Jüngsten Gerichts unter dem Treppenbogen. Diese auf den wichtigsten Zeitpunkt nach dem Tod gerichtete Fokussierung ist den Drucken aus Braunschweig nicht in dieser Deutlichkeit mitgegeben. Die Blätter stehen außerdem eindeutiger in der Tradition der illustrierten Theaterspiele. Zusätzlich sei erwähnt, dass das Motiv der Lebenstreppe nur vereinzelt in der Kunst des 16. Jahrhunderts zu sehen ist und erst im 17. Jahrhundert seinen Höhepunkt erlebte.[17] Für die folgenden Überlegungen wird diese Ikonografie daher nicht berücksichtigt.

3 »Dreissig Jar ein Man.« – das männliche Pendant der Braunschweiger Druckgrafiken

Die dritte Dekade des männlichen Lebensalters ist in dem gleichen Format seines weiblichen Pendants dargestellt (Abb. 4). Der Mann steht im Kontrapost auf einem bewachsenen Erdboden und hinter ihm liegt ein Stier, der die Betrachtenden geradeheraus anblickt. Der Dreißigjährige hat Zeige- und Mittelfinger der linken Hand abgespreizt und weist damit auf den Kopf des Stieres. Der Hintergrund wird von dem Stoff einer großen Flagge dominiert, dessen Stab der Dargestellte in der rechten Hand hält. Das Textil erinnert an jene Vorhänge, die Porträtierte in Bildnissen hervorheben. Die Flagge verläuft entlang des Rücken des Mannes und ihr Ende ist über seinen rechten Arm gelegt. Jener hat beide Arme ausgebreitet und scheint die Betrachtenden zur Bewunderung seiner Tracht einzuladen oder gar auffordern zu wollen. Und die Gewänder des Mannes sind in

14 Ebd., S. 68.
15 Joerißen (Anm. 6), S. 30–32.
16 Ebd., S. 25f.
17 Ebd., S. 34.

der Tat bewundernswert. Er trägt ein hohes Barett, welches, gleich jenem der Dreißigjährigen, mit einer Straußenfeder geschmückt ist. Die extrem »zerschnitzelte«[18] Kleidung besteht fast mehr aus hervorquellendem Untergewand als aus tatsächlicher Oberbekleidung; eine Mode, die als moralisch verwerflich angesehen und teilweise in Kleiderordnungen sogar verboten wurde.[19] Außerdem trägt der Dargestellte vier Gliederketten um den Hals von denen an der längsten ein rundes Porträtmedaillon hängt. Die große Schamkapsel wird durch eine ornamentierte Borte hervorgehoben und ist ebenfalls geschlitzt; aus vier Öffnungen schaut hier das Untergewand hervor. Der Dreißigjährige ist als Fahnenträger, also in militärischer Funktion, inszeniert, was durch die Waffen, die an seinem Gürtel befestigt sind, hervorgehoben wird. Im Vergleich zu seinem weiblichen Pendant wird das männliche Lebensalter in seiner Wendung nach Außen beziehungsweise in seiner Abkehr vom häuslichen Umfeld und in Richtung mehr oder weniger kriegerischer Aktionen dargestellt. Die Bildunterschrift verweist in Analogie der Eigenschaften des Stieres auf die Stärke des dreißigjährigen Mannes, auf dessen Kraft und Durchsetzungsvermögen.[20] Bemerkenswert ist, dass zwar negative Charaktereigenschaften – trotzig und frech – genannt, jedoch nicht weiter negativ beurteilt werden. Genauso wenig wird auf potentiell sündhaftes Verhalten hingewiesen, das der Mann in diesem Lebensalter begehen könnte und auch ein Verweis auf den christlichen Glauben fehlt. Dies ist bemerkenswert, da man der Figur aufgrund der der Frau ähnlich prunkvollen Ausstattung ebenfalls den Vorwurf der *superbia* machen könnte. Diese Anklage erscheint durch die Positionierung und Gestik des Mannes sogar in stärkerem Maße berechtigt als bei seinem weiblichen Pendant. Denn er wendet sich überdeutlich, wie ein Rad schlagender Pfau – der ja der weiblichen Figur zur Seite gestellt wurde –, an die Betrachtenden. In diesem Kontext ist das Geschlecht des dargestellten Pfaus aufschlussreich, dem aufgrund seines Aussehens die Eigenschaft der Eitelkeit zugeschrieben wird: nur männliche Pfauen tragen die irisierenden Schwanzfedern. Somit ist es den Weibchen gar nicht möglich sich in

18 Johann Märckell: Der Universitet zu Wittemberg Ordenung. Von kleidung geschmuck bekostigung der Hochzeiten Gastereien etc. Mit einer Lateinischen vermanung des Herrn Rectoris. Wittenberg 1546, S. A2v.

19 So zum Beispiel den Magistern der Universität Wittenberg in der Universitätskleiderordnung von 1546, vgl. ebd. Es existierten zudem Schriften, die verbreitete Moden kommentierten und deren moralische Auswirkungen kritisierten. Diese Art Text, auch Teufelbücher genannt, konnte von beliebigen Autoren verfasst werden, waren jedoch gesellschaftlicher Kommentar und keine Gesetzestexte. Ein berühmtes Beispiel, welches das Tragen von Pluderhosen und geschlitzter Kleidung als moralisch verwerflich beschreibt, ist der Hosenteufel von Andreas Musculus (1514–1581), siehe ders.: Vom Hosen Teuffel. Frankfurt an der Oder 1555.

20 Hier ist zu lesen: »Als dan so kumbt das Dreissigst Jar/ So wird die sterckh gar offenbar. Gleich wie ein stier sich tumelt umb/ Es gilt im gleich krad oder krumb. Er sties es geren als darnider/ Waß im begegnet wie ain wider. Trutzig und frech ist sein gefert/ Mit sturms wind er einher fert.«

gleichem Maße zu präsentieren. Nichtsdestotrotz wird das Tiersymbol der Frau an die Seite gestellt.[21] Beachtenswert ist weiterhin, dass die dreißigjährige Frau dazu aufgefordert wird, sich an dem Verhalten ihres Ehemannes ein Beispiel zu nehmen, womit allerdings wohl kaum die Form der Präsentation des hier dargestellten Fahnenträgers gemeint ist.

4 »Dreisig Jar ein Fraw/ nu an.« – weibliche Lebensalterdarstellungen anderer Serien

Um die Darstellungskonventionen einer dreißigjährigen Frau im Rahmen der dekadischen Lebensalterdarstellungen und die Besonderheiten der im Fokus stehenden Braunschweiger Darstellung herauszuarbeiten, sollen im Folgenden drei weitere Exemplare zum Vergleich herangezogen werden. Dabei handelt es sich um die Dreißigjährige der Lebensalterserie von Tobias Stimmer (Abb. 5), eine Druckgrafik der Künstler Dionysius Manhallart und Nikolaus Solis, die 1579 in Wien von David de Necker herausgegeben wurde (Abb. 6) sowie eine Figur von Jost Amman aus dessen Kunstbüchlein, welches bei Sigmund Feyerabend 1599 in Frankfurt am Main erschien (Abb. 7).[22] Während die Serie von Stimmer, die zwischen 1575 und 1577 entstand, genauso wie jene aus der Braunschweiger Sammlung aus ungebundenen Einzelblättern besteht, sind die anderen beiden Lebensalterserien innerhalb gebundener Drucke zu finden. Bei dem Werk de Neckers handelt es sich um ein Stamm- und Gesellenbuch, das die Figuren mit jeweils einer Seite Text kommentiert; Ammans Figur ist Teil eines Kunstbüchleins, das auf bildbeschreibenden Text verzichtet.[23]

Der in Schaffhausen geborene Tobias Stimmer platzierte in seiner Lebensalterserie jeweils zwei Figuren auf einem Blatt. So teilen sich die Repräsentantinnen

21 Im Verlauf der Serie verkehrt sich die Lasterhaftigkeit der jungen Frau in Tugendhaftigkeit, während der Mann mit steigendem Alter immer mehr Lastern verfällt.

22 Beide Personen werden von David de Necker in der Vorrede des Buches genannt, siehe: David de Necker, Dionysius Manhallart, Nikolaus Solis: Ain Newes Unnd Kunstlich schőnes Stam oder Gesellen Büchlein/ mit dreyzehen Historien/ darinnen hundert Wolgestelter/ Gerissener und Geschnittener Figuren/ sampt ihren darzugehőrigen Rechtmessigen Wolscandierten Reimen erklert: Welches Büchlein allen Kunstliebenden sehr dienstlich und annemlich verhoffent sein wirdt/ auch zu vielen sachen zugebrauchen nutzlich/ wie dann in der Vorred und Register zuvernemen ist. Wien 1579, Blatt Aii v; Jost Amman: Kunstbüchlin/ Darinnen neben Fürbildung vieler/ Geistlicher und Weltlicher/ Hohes und Niderstands Personen/ so dann auch der Türckischen Käyser/ unnd derselben Obersten/ allerhandt Kunstreiche Stück unnd Figuren: Auch die sieben Planeten/ Zehen Alter/ Rittmeister unnd Befelchshaber/ Reuterey/ und Contrafactur der Pferde/ allerley Thurnier/ Fechten/ und dann etliche Helm und Helmdecken begriffen. Frankfurt am Main 1599.

23 Im selben Jahr wurden zwei verschiedene Versionen der Publikation herausgegeben. Der einzige Unterschied besteht in der Gestaltung der Rahmung der Figuren.

des 30. und 40. Jahres den Bildraum, welcher durch architektonische Versatzstücke sowie Naturelemente, sechszeiligen Text und eine ornamentale Teilrahmung charakterisiert wird. Drei Textblöcke befinden sich am unteren Ende des Blattes und werden von orientalisch anmutender Ornamentik gerahmt. Darüber befindet sich ein beschriftetes Gesims; hier sind die Titel des Drucks »xxx. Jar im hauß die frau« und »xl. jar ein Matron genau« zu lesen. Sie sind durch einen säulen- oder pilasterlosen Sockel voneinander getrennt, während sich an den Bildrändern zwei Sockel mit eckigen Säulen befinden. Diese ragen mit Kapitell und Kämpfer bekrönt in den wolkenverhangenen Himmel auf, der den oberen Abschluss der Druckgrafik bildet. Beide Figuren befinden sich innerhalb dieser architektonischen Begrenzung und stehen auf erdigem Boden. Zwischen ihnen wächst eine Blume aus einem Erdhügel heraus und hinter den Frauen ist ein Rosenstock mit stützendem Rankgerüst zu erkennen. Stimmer lässt auf diese Weise die Grenzen zwischen Innen und Außen verschwimmen, was besonders interessant ist, da der Titel der Dreißigjährigen sowie die Wiege für das Kind, das sich auf ihrem Arm befindet, sie ganz klar im Innenraum des Hauses lokalisieren; eine Ambiguität, die im Braunschweiger Druck nicht vorhanden ist. Die Figur ist hier deutlich ›in der Natur‹, obschon auf einem sehr kargen Fleckchen Erde, verortet. Diese Verortung fällt im Beispiel von Manhallart und Solis sogar noch reduzierter aus, indem durch wenige Striche lediglich der Schattenwurf von Mensch und Tier auf dem Boden festgehalten wird. Wo sich diese Frau befindet ist völlig offengeblieben. Anders verhält es sich wiederum bei Jost Amman: Hier erhält die natürliche Umgebung die größte Aufmerksamkeit, denn nicht nur die Pflanzen – eine Trauben tragende Weinrebe sowie hohe Gräser und Schilfrohr –, sondern auch der erdige, leicht felsige und steinige Boden wird differenziert wiedergegeben.

Die Visualisierung einer Figur, deren Kleidung mit hoher Detailtreue wiedergegeben ist und die sich in einem Bildraum befindet, der einzig durch einen dezent bewachsenen Erdboden charakterisiert wird, eröffnet Assoziationen zu deutschen Kostümbüchern aus der zweiten Hälfte des 16. Jahrhunderts. Ein besonders eindrückliches Vergleichsbeispiel ist Hans Weigels *Habitus praecipuorum populorum tam virorum quam feminarum singulari arte depicti* von 1577.[24] Das in Nürnberg erschienene Werk enthält die Darstellungen von Frauen und Männern verschiedener Stände und Länder und zeigt sie jeweils auf einem Fleckchen Natur stehend (Abb. 8). Ebendieses Stück Boden ist mit einer rahmenden Begrenzung versehen, die, wie bei den Braunschweiger Bildern, aus einer schwarzen Linie besteht. Über jeder Kostümdarstellung ist ein lateinischer Titel eingefügt und unter den Figuren sind die Bildnummerierung, die deut-

24 Hans Weigel: Habitus praecipuorum populorum tam virorum quam feminarum singulari arte depicti. Nürnberg 1577.

sche Übersetzung des Titels sowie ein beschreibender Kurztext gedruckt. Diese Aufteilung von Bild und Text entspricht der Darstellung aus Braunschweig, allerdings sind hier Schrift und Figur durch den Bildrahmen deutlicher voneinander getrennt. Bemerkenswerterweise ähneln die Drucke im Werk von de Necker vielmehr denen des weit verbreiteten italienischen Trachtenbuchs von Cesare Vecellio, welches 1590 erstmals erschien. Die Bilder sind hauptsächlich mit einem flachen, mit Hilfe von horizontalen Linien ausgestalteten Boden versehen. Dass diese visuelle Verbindung mit Kostümbüchern besteht, wird auch im Rückblick auf die Illustration aus den Weltalterspielen deutlich. So stehen die Figuren der Basler Publikation des Gengenbach Stücks von 1515 auf aneinandergereihten Holzplanken, die auf den Ort der Aufführung, nämlich die Bühne verweisen (Abb. 2).

5 Die Gewänder der dreißigjährigen Frauen

Genau wie bei den Damen der Trachtenbücher wurde offensichtlich auch bei den Lebensaltern Wert auf die detaillierte Wiedergabe der Kleidung gelegt. Im Vergleich der vier Dreißigjährigen ist anzumerken, dass Stimmers, Ammans sowie die Braunschweiger Figur in zeitgenössische, deutsche Gewänder gekleidet sind. Die mit leicht verzogener Miene zu den Betrachtenden blickende Frau im Buch de Neckers hingegen fällt aus der Reihe. Sie trägt ein am Oberkörper enganliegendes Wams, das in einen weiten Rock übergeht, der aus zwei verschiedenen Stofflagen besteht. Das obere Textil ist in einer Farbe gehalten, während die darunterliegende Schicht mit großformatigen Ornamenten versehen ist. Dieser Teil kommt nur dadurch zum Vorschein, dass die Dargestellte den oberen Stoff mit der linken Hand greift und nach oben zieht; ihn den Betrachtenden also bewusst zeigt. Die geschlitzten Ärmel des Kleids sind so auch in der deutschen Tracht der Zeit zu finden, wobei der extrem lange und einem Stoffbeutel gleichende Schleier außereuropäisch beziehungsweise fast antik anmutet. Obwohl diese Tracht in Vecellios Kostümbuch keine genaue Übereinstimmung findet, ist die Figur den italienischen Beispielen ähnlicher als den deutschen.[25] Diese Nähe wird auch durch die druckgrafischen Rahmen der Figuren konstruiert.

Die Beschreibung und der Verweis auf die Kleider der Damen ist deshalb wichtig, da mittels eines Vergleichs mit den Gewändern der Figuren in den Trachtenbüchern eine geografische Eingrenzung der Braunschweiger Serie vor-

25 Cesare Vecellio: De Gli Habiti Antichi, Et Moderni di Diuerse Parti del Mondo Libri Dve. Venedig 1590. Vecellios Kostümbuch erschien elf Jahre nach dem Wiener Buch. Nichtsdestotrotz ergibt sich hier eine stilistische Ähnlichkeit, die scheinbar ländergebunden ist und natürlich nicht auf Vecellio als Vorbild rekurrieren kann.

geschlagen werden kann. Dabei ist die Darstellung der Fünfzigjährigen ein besonders eindrückliches Beispiel (Abb. 9). Der Vergleich mit dem Kostümbuch Hans Weigels ergibt, dass die Serie offensichtlich Frauen aus dem sächsischen Meißen zeigt (Abb. 8). Beide Damen tragen, mit einigen Unterschieden in Material und Farbigkeit, dieselbe Tracht, welche aus einer Haube, einem pelzgefütterten Schäublein, dem darunter halb verborgenen Schlüsselbund sowie einem faltigen Rock mit plissierter Schürze besteht.[26] Trachtenbücher lieferten eine ungefähre Übersicht über Kleidungskonventionen aus verschiedenen Städten, Regionen, Ländern und sogar Kontinenten.[27] Dabei ging es nicht um detaillierte Unterscheidungen sondern um einen Querschnitt typischer Kleidung.[28] Die Repräsentation war dabei nicht immer akkurat und extrem stereotypisiert, was besonders in Bezug auf Gewänder aus fernen Ländern zutraf. Eine solche Stereotypisierung bedeutet aber auch im Umkehrschluss, dass nationale sowie regionale Trachten in groben Zügen wiedergegeben wurden und somit einen Grad der Formelhaftigkeit erlangen konnten. Daraus ist zu schließen, dass diese Art der Meißner Kleidung auf den ersten Blick von jener in Augsburg oder Köln unterscheidbar war. Somit musste den zeitgenössischen Betrachtenden evident sein, aus welcher Region die hier dargestellten Frauen stammten und es benötigte keinerlei zusätzlichen schriftlichen Hinweis.

Im 16. Jahrhundert war Sachsen ein mehrheitlich lutherisches Territorium. Diese eindeutige räumliche Lokalisierung sowie die letzten beiden Verse des Blattes der Dreißigjährigen weisen auf einen lutherischen Konfessionskontext hin. Im katholischen Kontext wäre wohl die Muttergottes als nachahmenswertes Spiegelbild für die gläubige Ehefrau eingesetzt worden. Hier hingegen findet eine Fokussierung auf Christus statt.

6 Die Verbreitung des Motivs der Lebensalter in Architektur und materieller Kultur

Die Verbreitung des Motivs der dekadischen Lebensalterdarstellung im Kontext von Architektur und materieller Kultur zeigt, dass eine Notwendigkeit darin gesehen wurde, die einem jeden Lebensabschnitt vorgehaltenen Verhaltensfehler vor Augen zu führen und vor ihnen zu warnen sowie positive Verhaltensvorbilder gegenüberzustellen. So schreibt zum Beispiel Joerißen über die Tuffsteinre-

26 Jutta Zander-Seidel: Textiler Hausrat. Kleidung und Haustextilien in Nürnberg von 1500–1650. München 1990 (Kunstwissenschaftliche Studien 59), S. 90.

27 Für Darstellungen von Kostümen, die auf anderen Kontinenten getragen wurden (aus europäischer Sicht) siehe: Vecellio (Anm. 25).

28 Ulrike Ilg: The Cultural Significance of Costume Books. In: Clothing Cultures, 1350–1650. Hg. von Catherine Richardson. Aldershot u. a. 2004, S. 29–47.

liefs in der Annenkirche: »Ihnen [den Lebensalterdarstellungen] kommt vielmehr eine ganz konkrete erzieherische Aufgabe zu: In der reihenden Darstellung der Lebensalter sollen sie die jeweils alters-, geschlechts-, und standesspezifisch wünschenswerten Eigenschaften und Verhaltensweisen den Untertanen deutlich sichtbar und an exponierter Stelle vor Augen führen.«[29] Durch die erhöhte Anbringung an einer Emporenbrüstung im Kirchenraum waren die Reliefs für jeden gut sichtbar und dienten so der Nachahmung sowie der Warnung vor Fehlverhalten. Die Absenz von erklärendem Text überließ es den Betrachtenden, jeweils selbst ein Urteil über die Alter und ihre Vergehen und nachahmenswerten Eigenschaften zu fällen. Dabei halfen die Tierattribute, die hier auf Wappenschilden erscheinen. Tradierte antike und mittelalterliche Quellen verbreiteten die Verknüpfung bestimmter Tiere mit bestimmten Eigenschaften.[30] Dass einem Pfau die Eigenschaft der Eitelkeit nachgesagt wurde, darf daher als allgemein bekannt vorausgesetzt werden.[31] In einem von Jost Amman und Hans Bocksberger illustrierten Tierbuch wird der Pfau als so eitel und selbstverliebt beschrieben, dass er aufgrund des Wohlgefallens am eigenen Spiegelbild gewiss in jedem Gewässer ertrinken würde (Abb. 10).[32] Oft kam zu diesem noch der Stolz – *superbia* – hinzu, eines der sieben Laster.[33] Nun zeigt sich auch eine konfessionelle Komponente, denn es wird auf Martin Luther und dessen Beschreibung des Pfauen als »dat stolt Paff«[34] verwiesen. Außerdem habe der Vogel laut Luther einen diebischen Gang und einen teuflischen Gesang.[35] Im Lutherischen kamen

29 Joerißen (Anm. 2), S. 40.

30 So zum Beispiel das Bestiarium von Theobaldus oder das Buch der Natur von Konrad von Megenberg, das er im späten 14. Jahrhundert verfasste. Bestiarien waren im Mittelalter besonders in Frankreich und England verbreitet. Vgl. Theobaldus: Physiologus de naturis *XII* animalium. Köln (um) 1490; Konrad von Megenberg: Hie nach volgt das buch der natur. innhaltende zum ersten vo eigenschafft und natur deß menschen. Darnach von der natur un eigenschafft deß hymels. tier. des gefügels. der kreüter. stein. un von vil andern natürlichen dingen. Augsburg 1499. Für eine Einführung ins Genre und dessen Fortbestand in die Moderne vgl. Gisela Febel und Georg Maag (Hg.): Bestiarien im Spannungsfeld zwischen Mittelalter und Moderne. Tübingen 1997.

31 Wanders (Anm. 8), S. 67.

32 Jost Amman, Hans Bocksberger, Georg Schaller: Thierbuch/ Sehr Künstliche und Wolgerissene Figuren/ von allerley Thieren/ durch die weitberühmten Jost Amman unnd Hans Bocksperger/ sampt einer Beschreibung ihrer Art/ Natur und Eigenschafft/ auch kurtzweiliger Historien/ so darzu dienstlich. Menniglich zum besten in Reimen gestellt. Frankfurt am Main 1592, unpaginiert Blatt 209r.

33 Der Begriff der *superbia* wird in deutscher Sprache mit verschiedenen Worten übersetzt beziehungsweise bedeutet Verschiedenes: Hoffart, Hochmut, Stolz, uvw. Vgl. Sybille Appuhn-Radtke: ›Hochmut kommt vor dem Fall‹. Zur Ikonographie des Lasters superbia. In: Frühneuzeit-Info 21.1–2 (2010), S. 107–125, hier S. 107.

34 Amman, Bocksberger, Schaller (Anm. 32), unpaginiert Blatt 209r. Mit »Paff« ist meines Erachtens nach ein ›Pfaff‹, also ein katholischer Priester gemeint.

35 Ebd.

dem Pfau also ebenjene Konnotation zu, wie sie auch in der Braunschweiger Druckgrafik dargestellt und beschrieben sind.

Eine noch exponiertere Anbringung von Bildern der Lebensalter als in der Silberbergbaustadt zeichnet das sogenannte Sgraffitohaus im österreichischen Retz aus, das 1570 vom späteren Stadtrichter neu erbaut und mit Sgraffiti versehen wurde.[36] Zwischen dem zweiten und dritten Geschoss sind die männlichen Lebensalter, die jeweils mit einem Titel und einer Bildunterschrift versehen sind, zu sehen.[37] Bemerkenswert an dieser Platzierung ist nicht nur, dass die Bilder dezidiert für die Rezeption einer breiten Öffentlichkeit im außerhäuslichen Stadtraum geschaffen wurden, sondern zusätzlich, dass es sich bei ihnen nicht um Neuschaffungen des Künstlers handelt.[38] Wir sehen uns den Darstellungen der Braunschweiger Serie gegenüber. Die Grafiken wurden deutlich als Vorbilder für die Wandverzierung benutzt und helfen somit das Herstellungsdatum der Werke genauer zu definieren (Abb. 4, 11 und 12).[39] Das Retzer Gebäude wurde 1570 neu errichtet und mit den Sgraffiti geschmückt, was bedeutet, dass die Serie von unbekannter Hand vor dem oder im Jahr 1570 entstanden sein muss. Diese Datierung wird schon im Ausstellungskatalog *Die Lebenstreppe. Bilder der menschlichen Lebensalter* von 1983 vorgeschlagen.[40] Allerdings stammen die dort veröffentlichten Drucke aus der Sammlung des Berliner Kupferstichkabinetts und tragen keinen Text.[41] Die Fassade des Hauses zieren jedoch wie schon gesagt auch Titel und Bildunterschriften, die mit jenen der Braunschweiger Serie kongruent sind.

Neben diesen Beispielen im öffentlichen (Stadt-)Raum finden sich die dekadischen Lebensalter auch in Form von Ofenkacheln im häuslichen Kontext wieder. So weist zum Beispiel eine Reliefkachel aus der Sammlung des Kölner Stadtmuseums große Ähnlichkeit mit der Darstellung des dreißigjährigen Mannes aus Braunschweig auf (Abb. 13).[42] Sie zeigt das Lebensalter von einer Bogenarchitektur gerahmt und ist mehrfarbig glasiert.[43] Der Vordergrund besteht aus einem sich nach hinten verjüngenden Fliesenboden, der die Figur perspektivisch verrückt und optisch aus der Ofenfront sozusagen heraustreten lässt. In gleicher Manier wie auf der Druckgrafik, ist die Figur im Kontrapost mit ausgebreiteten

36 Joerißen (Anm. 2), S. 42.
37 Ebd., S. 42.
38 Ebd., S. 43.
39 Ebd.
40 Ebd., S. 47.
41 Die Berliner Holzschnitte werden dem Monogrammisten I.R. zugeschrieben. Worauf diese Zuschreibung basiert ist unklar.
42 Ingeborg Unger: Kölner Ofenkacheln. Die Bestände des Museums für Angewandte Kunst und des Kölnischen Stadtmuseums. Köln 1988, S. 182.
43 Ebd., Farbtafel Kat. Nr. 123.

Armen und mit zwei Fingern auf den hinter sich liegenden Stier weisend dargestellt. Während dies im Braunschweiger Druck die linke Hand des Mannes ist, unter der sich der Kopf des Stieres befindet, ist der Abgebildete auf der Kachel seitenverkehrt zu sehen; ein Indiz für die Herstellung des Objekts mit Hilfe eines auf der Druckgrafik basierenden Modells.[44] Als Lebensalter wird der Mann mittels eines Täfelchens über seiner linken Schulter identifiziert, in deren Mitte die 30 prangt. Frühneuzeitliche Öfen wurden mit einer Vielfalt verschiedener Motive geschmückt. Neben religiösen und mythologische Szenen, allegorischen Darstellungen wie den sechs Tugenden und sieben Todsünden waren die dekadischen Lebensalter besonders oft vertreten.[45]

7 Todsünde und Lebensalter – Die Personifikation von *superbia* und dreißigjähriger Frau

Auch die weiblichen Dekaden sind auf Kachelöfen zu finden und so zeigt ein besonders eindrückliches Beispiel die Dreißigjährige auf einer Füllkachel eines Winterthurer Kachelofens von 1610 (Abb. 14).[46] Das Objekt ist farbig gefasst und die Dame befindet sich in einem rundbogigen, ornamentalen Rahmen. Sie steht auf einem leicht bewachsenen Boden und ragt vor dem wolkigen Himmel in die Höhe; im Hintergrund sind Gebäude einer Stadt zu erkennen. Der Pfau ist nicht hinter, sondern vor ihr platziert und präsentiert seine Schwanzfedern. Die Kleidung der Figur und ihre Haltung erinnern stark an die Dame von Manhallart und Solis (Abb. 6). Ganz besonders der lange, scheinbar ins Kleid übergehende aufgebauschte Schleier sowie die Haltung der Frau, mit vom Spiegel abgewandten Gesicht und enthüllter ornamentaler Stofflage, verweisen auf den Druck von 1579 als Vorlage. Etwas kurios muten dagegen die in Pantoffeln steckenden gelben Strümpfe und das deutlich sichtbare Spiegelbild an, dass trotz des abgewandten Gesichts der Dargestellten zu sehen ist. Die visuellen Bezüge zu

44 Zur Herstellung von Ofenkacheln und Abbildungen von Modellen siehe Ueli Bellwald: Winterthurer Kachelöfen. Von den Anfängen des Handwerks bis zum Niedergang im 18 Jahrhundert. Bern 1980, S. 59ff.

45 Einen ersten Überblick über die Vielfalt mit reichem Bildmaterial verschaffen Unger (Anm. 42) und Bellwald (Anm. 44). Zu Porträts siehe beispielsweise Claudia Hoffmann: Überlegungen zu Porträtdarstellungen auf Ofenkacheln des Spätmittelalters und der frühen Neuzeit aus Stralsund. In: Zwischen Tradition und Wandel. Archäologie des 15. und 16. Jahrhunderts. Hg. von Barbara Scholkmann u. a. Büchenbach 2009 (Tübinger Forschungen zur historischen Archäologie 3), S. 305–315. Zu konfessionell markierten Ofenkacheln siehe die Sektion »Kachelöfen im Spiegel des Konfessionsstreits« in Carola Jäggi, Jörn Staecker (Hg.): Archäologie der Reformation. Studien zu den Auswirkungen des Konfessionswechsels auf die materielle Kultur. Berlin u. a. 2007 (Arbeiten zur Kirchengeschichte 104).

46 Bellwald (Anm. 44), S. 214.

anderen Lebensalterdarstellungen sind nicht von der Hand zu weisen, weshalb es umso verwunderlicher ist, dass die Betrachtenden sich hier eben nicht einer Dreißigjährigen, sondern einer Personifikation der Hoffart – also der Todsünde *superbia* – gegenübersehen.[47] Dies wird durch die gerahmte Inschrift unter dem Bild deutlich.[48] Hier wird vor der Sünde gewarnt, die durch ihre Zierfreude ihre Umgebung verführt und aufgrund dieses Verhaltens von Gott keine Gnade erwarten kann. Die Lebensalterdarstellungen aus Wien und Braunschweig drücken eben diese Freude an kostbarer Kleidung und vielen Schmuckstücken nicht nur in der Wiedergabe jener aus, sondern verweisen durch den Pfau und den Spiegel zusätzlich auf den Charakterzug der Eitelkeit. Diese Eigenschaften werden außerdem durch die Inschriften der Drucke aufgegriffen.

Die hier vorgestellte Reihung der um 1570 entstandenen Braunschweiger Darstellung, der 1579 gedruckten Wiener Figur und der 1610 auf dem Winterthurer Ofen erscheinenden *superbia* erwecken den Eindruck, als könne man eine ikonografische Entwicklungslinie von den Lebensalterdarstellungen zur Personifikation der Todsünde ziehen. Dies ist allerdings nicht der Fall, denn die weibliche Figur der Hoffart ist schon viel früher in Form druckgrafischer Werke zu finden.[49] So zum Beispiel die Figur Hans Burgkmaiers von 1510, ebenfalls aus der Sammlung des Herzog Anton Ulrich-Museums.[50] Spiegel und Pfau sind auch dieser Figur beigegeben und sie wird, ähnlich dem Beispiel der Publikation de Neckers, mit ausgestellter Hüfte und vom Spiegel abgewandten Gesicht dargestellt.[51] Im Kupferstich Georg Pencz' aus seiner Serie der sieben Todsünden, die in der ersten Hälfte des 15. Jahrhunderts entstand, wird dann auch deutlich, woher die Geste des ›Stoff anhebens‹ stammt (Abb. 15). Es wären noch

47 Appuhn-Radtke (Anm. 33), S. 107. Zu den Lastern, respektive sieben Todsünden vgl. Samuel Vitali: Zyklen der sieben Todsünden vom Mittelalter bis zur Gegenwart. In: Ausst. Kat. Lust und Laster. Die sieben Todsünden von Dürer bis Nauman. Kunstmuseum Bern und Zentrum Paul Klee, Bern. Hg. von Fabienne Eggelhöfer. Ostfildern 2010, S. 64–74.

48 Hier heißt es: »Die Hoffart. Superbia Du schöne Zier/ Hast ietz un alle welt verfürt Darumb gott dich verstoßen hat un mit dir haben wil kein gnad Dan wirstu nit zu hoffart ston so über kündt zletz teuffel lon.« Die Transkription muss anhand besserer fotografischer Aufnahmen oder einem Besuch im Winterthurer Heimatmuseum Lindengut, wo sich der Ofen befindet, geprüft werden.

49 Schon seit dem 15. Jahrhundert. Vgl. Appuhn-Radtke (Anm. 33), S. 111.

50 Siehe die Abbildung im Virtuellen Kupferstichkabinett: Hans Burgkmair, Die Hofart, 1510, Deutschland, Holzschnitt, 172 × 79 mm, Museumsnr. HBurgkmair WB 3.5, Herzog Anton Ulrich-Museum, Braunschweig, http://kk.haum-bs.de/?id=h-burgkmair-wb3-0005 (30.11.2018).

51 Spannend ist, dass auch die Personifikation der *prudentia* einen Spiegel trägt. Siehe neben einer Fülle andere Beispiele: Jost Amman, Prudentia (aus der Reihe der sechs Tugenden), 1559–1591, Deutschland, Federzeichnung in schwarz, grau laviert, 68 × 29 mm, Museumsnr. Z WB VII 34b, Herzog Anton Ulrich-Museum, Braunschweig, http://kk.haum-bs.de/?id=z-wb-vii-034b (01.12.2018). Die Zeichnung ist laut der Bildinformationen ein Entwurf für einen Deckelpokal; bei den sechs Tugenden handelt es sich also auch um Motive, die Teil der Bebilderung frühneuzeitlicher materieller Kultur waren.

viele weitere Beispiele aufzuführen, jedoch zeigt sich bereits jetzt, dass die Ikonografie der Todsündenpersonifikation in die Entwicklung der weiblichen Lebensalter – besonders der Dreißigjährigen – eingeflossen ist.[52] Im beginnenden 17. Jahrhundert waren die Ikonografien dann so stark miteinander verwoben, dass die fast unverändert übertragene Figur einer Lebensalterdekade mit dem Titel der Hoffart versehen werden konnte. Hier erfolgte eine Überblendung der Motive miteinander, was zu einem Verschwimmen der Grenzen zwischen der Personifikation von Todsünde und der Personifikation eines bestimmten Alters führte. In der Verbildlichung des einen Bildes schien so das andere auch immer mitzuschwingen, was neben den ganz deutlichen motivischen und kompositorischen Gemeinsamkeiten auch durch den schriftlichen Bezug der Warnung vor der Hoffart ausgedrückt wird.

Ein interessanter Aspekt beim Vergleich der Frauen miteinander und der Figur der *superbia* ist, dass Amman und Stimmer ganz andere Entwürfe dieses Alters präsentieren. Letzterer betont den häuslichen Charakter der Frau und ihre Verantwortung als Mutter und Hausfrau – Beschreibungen, die in der Braunschweiger Serie der Vierzigjährigen zukommen.[53] Die Frau Stimmers ist mit einem Kind auf dem Arm gezeigt und wendet sich ihm zu. Ihre Gewänder sind schlicht gehalten und von der Inszenierung von Schmuckstücken oder Reichtum ist nichts zu sehen. Auch den sich präsentierenden Pfau sucht man vergeblich. Stimmer klammert verwerfliches moralisches Verhalten komplett aus und stellt die Frau durch ihre Stellung als liebende und verantwortungsbewusste Mutter in positivem Licht dar.[54] Auch Amman verzichtet auf einen Überfluss an prächtigem Geschmeide, verhandelt die Zurückhaltung und Bescheidenheit der Frau jedoch auf andere Weise. Obschon ihre Kleidung aus verschiedenen Stofflagen und Textilien besteht und sie zwei Ketten trägt, wirkt die Dargestellte durch die übereinander gelegten Hände, die leicht herunterhängenden Schultern sowie den eingezogenen Kopf und den indirekten Blick in Richtung der Betrachtenden zurückgenommen und eher demütig. Diesen Eindruck spiegelt auch der Pfau wieder, der rechts neben ihr platziert ist. Er hat seinen Kopf zu ihr zurückge-

52 Inwieweit das für andere Dekaden auch der Fall ist, ist noch zu prüfen.

53 Das wird auch in der von Johann Fischart verfassten Bildinschrift gespiegelt: »xxx. jar im hauß die frau All die/ so ie die Weiber scholten/ Und on dieselben leben wolten/ (Wie eyner dann schrib on all scheuen Das sie der Welt Notübel seien) Die mußten doch das maul zuhalten Wann d/ leut ir Kindheyt in vorstalten/ Sie manten/ wie sie wern erzogen/ Zwar mit vil angst/ sorg/ müh und ploge: Wer het aber die gröste müh Mit inen/ dann die Weiber hie? Beydes mit schmerzlichem gebären/ Und auch mit herzlichem ernehren? Derhalben man sehr weislich hällt/ Das Muttermüh keyn Kind vergelt/ Und das von wegen eynes Weibes/ Nämlich der Mutter/ und irs leibes Jder all Weiber hie soll ehren/ Weils Mans Ehr sind/ un sein Nam mehre.« Zu Fischarts Text vgl. Bake (Anm. 3).

54 Dies wird durch den Text unterstützt, der sogar jene zurechtweist, die ohne Frauen leben wollen und sie nicht mit Respekt behandeln. Vgl. Anm. 53.

wandt und öffnet den Schnabel, während sein Gefieder eng am Körper anliegt. Der Vogel präsentiert seine Schwanzfedern nicht und es muss sogar gefragt werden, ob das blaugrün funkelnde Gefieder überhaupt existiert und es sich hier nicht doch um ein Pfauenweibchen handelt. Zumal die Darstellungsweise des Tieres dem Pfauenweibchen in Ammans Tierbuch sehr ähnlich ist. Damit wäre die oben schon benannte Inkongruenz der Zuschreibung einer im Tierreich spezifisch männlichen Eigenschaft und dem weiblichen menschlichen Geschlecht hier aufgelöst.

8 Schluss

Ich hoffe in meinem Beitrag gezeigt zu haben, dass die dekadischen Lebensalterdarstellungen nicht nur auf Illustrationen von Theaterstücken basieren, sondern genauso von Darstellungen in Trachtenbüchern befruchtet wurden beziehungsweise dass eine gegenseitige Beeinflussung stattgefunden hat. Mit Hilfe des Kostümbuchs von Hans Weigel konnte gezeigt werden, dass die Lebensalterdarstellungen aus der Sammlung des Herzog Anton Ulrich-Museums Frauen aus dem sächsischen Meißen zeigen und dadurch sowie durch den dezidierten Verweis auf Christus als Frauenvorbild in einem lutherischen Konfessionskontext angesiedelt werden müssen. Durch die Beschreibung der Verbreitung des Motivs innerhalb der Architektur und materiellen Kultur wurde einerseits der Entstehungszeitraum der Drucke circa auf das Jahr 1570 festgelegt und andererseits die visuellen Gemeinsamkeiten mit der Personifikation der *superbia* herausgestellt. Dass die weiblichen Lebensalter jedoch nicht zwingend in Bezug auf moralisches Fehlverhalten wiedergegeben wurden, konnte anhand des Vergleichs mit den Bildern von dreißigjährigen Frauen anderer Lebensalterserien gezeigt werden. Obwohl das Motiv der dekadischen Lebensalter bereits zuvor von kunsthistorischer Seite untersucht worden ist, lohnt sich in Zukunft sicher der interdisziplinäre Blick in Richtung der Archäologie und die Auswertung von Bildmaterial, das sich auf Alltagsgegenständen beziehungsweise Architektur befindet.

Abb. 1: Die Frau im Alter von dreissig Jahren, Die weiblichen Lebensalterstufen, 1550–1600, Deutschland, Holzschnitt, 29 × 18,4 cm (Blatt), Inv. Nr. XVI. H. Vc. WB 3.12, Braunschweig, © Herzog Anton Ulrich-Museum Braunschweig, Kunstmuseum des Landes Niedersachsen; Foto: Museum.

XXX. Jor ein Man.

Der. XXX. Jerig

Die ümmerck dē stād der. xxx. jārigen.

Du machst vnß worlich lange wyl
Din straff bekümmert mich nit vyl
Was gat mich dyser lāner an
Die ich dir jetz nit nānnen kan
Als du hast gseit dem jüngling gůt
Ich bim auch noch ain junges blůt
Dar zů erst kommen yn die Ee
Do entpfündt ich nüt dañ ach vnd wee
Grinen grannen ist mir nit thür
Grossen hunger vnd nüt bim für
Ouch all stund schlahen rouffen
Das darff ich vmb kain grämper kouffen
Ich hab sin also gnůg im huß
Das mir vor angst die hor gond vß
Solt ich also füren ein lāben
Mein geist den můst ich bald vffgāben
Wañ ich also do heim solt sitzen
Die finger saugen nāgel spitzen
Ouch haben weder fröüd noch můt
Hußhalten mir worlich wee thůt.

Der Einsidel

O gůter fründ ich wil dich leren
Mit diner arbeit solt dich neren
Dañ gott selber gesprochen hot
In dinem schweiß so nüß din brot (Gen. 3.c)
So wirt dir hie vnd dört wol werden
Du wirst sunst zů eim bättler werden.

Der. XXX. Jerig

Oho deß nim ich wenig acht
Weñ meinst der spital sey gemacht
Den gänsen die nit trincken win
So magstu wol ein thor sin
Was darffst von arbeit sagen mir
Ein frischen trunck den bring ich dir
Den nim vnd laß din grosses sorgen
Wañ hab ich hüt es kumpt ouch morgen
Darumb will ich do heim nit bliben
Mein jungē tag wil ich vertriben
Mit gůten gsellen vnd bim win
Ein fryer prasser wil ich [illegible]
Wañ ich das min verzer[illegible] han
So wird ich erst zum kriegs man
Eim andern thůn ich das sin ouch nāmen
Do mit hab ich all zyt zů schlemmen
Min fraw laß ich and kunckel schme[illegible]ken
Die füß auch nach der deckin strecken
Semlichs mich worlich wenig irt
Ob sie schon zů eir thörin wirt
Hoppo han das ist mein wāsen
Ich kan dir nit vyl fāder lāsen

Abb. 2: XXX. Jor ein Man, Illustration aus Gengenbach, Pamphilius: Die X. alter dyser Welt […]. Basel 1515, unpaginiert, © Herzog August Bibliothek Wolfenbüttel, http://diglib.hab.de/drucke/139-quod-3/start.htm?image=000000008.

Abb. 3: Jörg Breu d. J.: Lebenstreppe, 1540, Deutschland, Holzschnitt, 49,4 × 66 cm, Inv. Nr. RP-Pp1993-144, Amsterdam, Rijksmuseum.

Abb. 4: Der Mann im Alter von dreissig Jahren, Die männlichen Lebensalterstufen, 1501–1600, Deutschland, Holzschnitt, 29 × 18,5 cm (Blatt), Inv. Nr. H. Vc. WB 3.3, © Herzog Anton Ulrich-Museum Braunschweig, Kunstmuseum des Landes Niedersachen; Foto: Museum.

Abb. 5: Tobias Stimmer: xxx Jar im hauß die frau, xl jar ein Matron genau, Blatt 2 aus Die Stufenleiter des Weibes, 1575–1577, Holzschnitt, koloriert, Typendruck, 308 × 269 mm, © Kulturstiftung Sachsen-Anhalt – Kunstmuseum Moritzburg Halle (Saale), Foto: Kulturstiftung Sachsen-Anhalt.

Abb. 6: Dreyssig Jahr ein Fraw nu an., Abbildung 173 (unpaginiert). In: David de Necker, Dionysius Manhallart, Nikolaus Solis: Ain Newes Unnd Kunstlich schönes Stam oder Gesellen Büchlein […]. Wien 1579. Bayerische Staatsbibliothek München, Res/4 L.eleg.m. 140 e. http://daten.digitale-sammlungen.de/bsb00006097/image_173.

Abb. 7: Jost Amman, Dreißigjährige Frau, fol. Rv. In: Jost Amman: Kunstbüchlin […]. Frankfurt a. M. 1599. Bayerische Staatsbibliothek München, Rar. 4305; Res/4 Art. 3. http://daten.digitale-sammlungen.de/bsb00071697/image_148.

Abb. 8: Misnensis Matrona ex civibus, fol. Gr. In: Hans Weigel: Habitus praecipuorum populorum tam virorum quam feminarum singulari arte depicti. Nürnberg 1577. Bayerische Staatsbibliothek München, Res/2 H.g.hum. 6 b. urn:nbn:de:bvb:12-bsb00072483-7.

Abb. 9: Die Frau im Alter von fünfzig Jahren, Die weiblichen Lebensalterstufen, 1550–1600, Deutschland, Holzschnitt, 28,8 × 18,7 cm (Blatt), Inv. Nr. XVI. H. Vc. WB 3.14, © Herzog Anton Ulrich-Museum Braunschweig, Kunstmuseum des Landes Niedersachsen; Foto: Museum.

Vom Pfauwen.

Kein Vogel ist vnter jhn alln
Stöltzer / so jhm thut selbst gefalln /
Als der Pfaw / ein Rondt / wenn er macht /
Damit er treibt sein Stoltz vnd Pracht.
Seins gleichen er nicht leiden kan /
Wenn er thut zu dem Wasser gahn /
Vnd sich drinn sicht / er säufft sich bald /
D. M. Luther jhn sehr fein abmahlt /
Sagt: dat stolt Paff (wie er jhn nannt)
Der hat ein Englisches Gewandt /
Ein stillen vnd diebischen Gang /
Vnd gar einen Teufflischen gsang.

D Vom

Abb. 10: Jost Amman, Hans Bocksberger, Der Pfauwen., fol. 209r (unpaginiert). In: Jost Amman, Hans Bocksberger und Georg Schaller: Thierbuch […]. Frankfurt a. M. 1592. Bayerische Staatsbibliothek München, Res/4 Zool. 11 c. http://daten.digitale-sammlungen.de/bsb00027991/image_213.

Abb. 11: Gesamtansicht Fassade Sgraffitohaus, 1570, Retz, Österreich, © Harald Hartmann, Mai 2010.

Abb. 12: Detail »Dreissig Jar ein Mann« Sgraffitohaus, 1570, Retz, Österreich, © Harald Hartmann, Mai 2010.

Abb. 13: Ofenkachel Der Dreißigjährige (Serie der Lebensjahrzehnte des Mannes), 4. Viertel 16. Jahrhundert, Köln, 30,8 × 17,5 cm, Fayence, Ton, polychrom glasiert, Inv. Nr. HM 1926/378a, Stadtmuseum Köln, Köln. © Rheinisches Bildarchiv Köln, RBA-Nummer 196119.

Abb. 14: Hans Kaspar Erhart, Ofenkachel Die Hofart, 1610, Winterthur, Schweiz, © Heimatmuseum Lindengut, Winterthur, Schweiz.

Abb. 15: Georg Pencz, Stolz/*superbia* (Serie der sieben Todsünden), 1540er, Deutschland, Kupferstich, 8,2 × 5,3 cm, Inv. Nr. 1986.1180.121, The Metropolitan Museum of Art, New York.

Maria Schaller

Nadelarbeit und Narbenschrift. Herzeinschreibungen in Bildzeugnissen religiöser Frauengemeinschaften der Frühen Neuzeit

Ein Bildnis der sizilianischen Benediktinerin Suor Maria Sepellita della Concezione

Für einen Sammelband mit dem Titel »Gender interkonfessionell gedacht« kann ein um 1760 in Öl auf Leinwand gefertigtes Porträt der sizilianischen Benediktinerin Suor Maria Sepellita della Concezione (= Rosalia Traina e Drago, 1625–1692) von der Hand des Künstlers Domenico Provenzani (1736–1794) interessante Aufschlüsse geben (Abb. 1 und 2).[1] In einem abgedunkelten Bildraum hat die Fürstin aus dem Hause der berühmten Adelsfamilie Tomasi di Lampedusa auf einem rot bezogenen Lehnstuhl Platz genommen.[2] Zu ihrer Rechten steht ein Tisch, auf dem sich unter anderem ein Kruzifix befindet. Das verschleierte Haupt hat die Mitbegründerin und Ordensschwester des Benediktinerinnenklosters in Palma di Montechiaro zum linken Bildrand in die Dreiviertelansicht

1 Bei dem vorliegenden Aufsatz handelt es sich um einen leicht überarbeiteten Auszug aus meiner noch unpublizierten Doktorarbeit, die sich mit Imaginationen des Herzens in den Bildmedien religiöser Frauengemeinschaftem der Frühen Neuzeit beschäftigt und 2019 an der Universität Hamburg eingereicht wurde. Das Gemälde Domenico Provenzanis, das von Seiten der Forschung bisher unbeachtet blieb, ist von einem Kupferstich inspiriert, den der flämische Künstler Arnold Westerhout (1651–1725) für die Vita der Suor Maria Sepellita angefertigt hat. Vgl. Artemio Talstosa: Ragionamento storico della Vita, e Virtù dell'Illustre Madre Suor Maria Sepellita della Concezzione [...]. Palermo 1722, Kupferstich vor S. 1. Zu Domenico Provenzani vgl. Associazione culturale ›Naro che rinasce‹ (Hg.): Domenico Provenzani, pittore dei Lampedusa e la pittura in Sicilia nel secolo XVIII. Naro 1988; Giovanni Battista Comandè: Domenico Provenzani, pittore siciliano del secolo XVIII. Memorie e documenti inediti. Palermo 1948. Zu Arnold Westerhout vgl. Didier Bodart: L'œuvre du graveur Arnold van Westerhout (1651–1725). Essai de catalogue raisonné. Brüssel 1976 (Mémoires de la Classe des Beaux-Arts 14,2).

2 Zur Geschichte der Adelsfamilie Tomasi di Lampedusa vgl. Horst Reimann: Die Tomasi di Lampedusa. In: Die großen Familien Italiens. Hg. von Volker Reinhardt. Stuttgart 1992, S. 522–527; Herman H. Schwedt: Tomasi, Giuseppe Maria. In: Biographisch-Bibliographisches Kirchenlexikon (BBKL). Hg. von Friedrich Wilhelm Bautz. Band 12. Nordhausen 1997, Sp. 318–326.

gewandt.[3] Ihr ovales Antlitz ist geneigt, die Augen Suor Maria Sepellitas sind zu Boden geschlagen. In der Mitte ihres Körpers ist auf dem schwarzen Habit ein Bild angebracht, das die Jungfrau Maria mit dem Jesuskind zeigt und dem Regelwerk des Konventes entsprechend in Form einer Stickerei anzufertigen war.[4]

Die Hände hat die Porträtierte vor die linke Brust geführt. In der Rechten hält Suor Maria Sepellita ein spitzes Messer, mit dem sie in Höhe ihres Herzens ihr Gewand mit einem vertikalen Schnitt geöffnet hat, sodass das weiße Unterkleid der Ordenstracht an den Rändern des Stoffausschnittes zart hervorblitzt. Die Nonne ist im Begriff, sich den Namen der Mutter Gottes in das nackte Fleisch einzuritzen.[5] Auf die blutigen Lettern »MARIA« weist die Linke der Religiosen, wobei ihr Zeigefinger sich förmlich in die selbst zugefügte Wunde zu bohren scheint. In derselben Hand hält die Klosterfrau überdies eine Banderole, durch deren besitzanzeigende Inschrift der in die Haut der linken Brust eingeritzte Name Mariens um die Worte »SUM NOLI ME TANGERE« ergänzt wird.

Der vorliegende Aufsatz erläutert, wie mithilfe der Nadelarbeit und Narbenschrift am Körperbild Suor Maria Sepellitas Einschreibungen in ihr Herz durchdekliniert werden.[6] Aufgezeigt werden soll, dass generelle Zuschreibungen von Geschlechterdifferenzen in Bezug auf selbst vorgenommene Herzeinschreibungen in dem Nonnenporträt dekonstruiert werden, indem es die Konventionen ihrer bildlichen Inszenierung überwindet. Außerdem ist zu diskutieren, wie über das Anlegen von Bildern auf dem Äußeren des Körpers und Modifikatio-

3 Zum Benediktinerinnenkloster in Palma di Montechiaro vgl. Biagio Alessi, Nicola Lupo, Fabrizio Messina Cicchetti: Nella Terra del Gattopardo e della Beata Corbera. Il Monastero Benedettino di Palma di Montechiaro. Bagheria (Palermo), 2001; Ausst. Kat. Arte e Spiritualità nella Terra dei Tomasi di Lampedusa. Il Monastero Benedettino del Rosario di Palma di Montechiaro. Hg. von Maria Concetta Di Natale, Fabrizio Messina Cicchetti. Palma di Montechiaro 1999.

4 Zu der Forderung nach einem gestickten Marienbild im Regelwerk der Benediktinerinnen von Palma di Montechiaro vgl. P. D. Francesco Maria Maggio: Costitutioni delle Monache Benedettine del Monasterio della Beata Vergine Madre di Dio Maria del Rosario di Palma nella Diocesi di Girgenti. Rom 1690, Kap. XII: Delle Vocali, de'titoli e nomi, e del buon reggimento del Monasterio, S. 119–139, hier S. 123.

5 Provenzani nimmt hiermit auf eine Passage in der Vita der Fürstin Bezug, in der von ihrer Selbstbeschriftung berichtet wird. Bemerkenswerterweise verschweigt das Gemälde im Gegensatz dazu jedoch, dass Suor Maria Sepellita sich vor der Anbringung der Narbenschrift zwei Brandmarkierungen zufügte, indem sie sich die Namen Jesu Christi und Mariens ebenfalls in Höhe ihres Herzens mit einem glühenden Eisen in die Brust einprägte. Vgl. Talstosa (Anm. 1), Kap. XII: Virtù interiori, mortificazioni, e penitenze della Duchessa, S. 63–68, hier S. 65–68.

6 Zur Untersuchung von Körperbildern vgl. Margit Kern: Tote Körper – lebende Bilder. Das Körperbild der Mumie als Gegenstand transkultureller Aushandlungsprozesse im Vizekönigreich Peru. In: Heilige. Bücher – Leiber – Orte. Festschrift für Bruno Reudenbach. Hg. von Daniela Wagner, Hanna Wimmer. Berlin 2018, S. 171–183; Kristin Marek: Die Körper des Königs. Effigies, Bildpolitik und Heiligkeit. München u. a. 2009; Andreas Beyer: Die Rüstung als Körperbild und Bildkörper. In: Den Körper im Blick. Grenzgänge zwischen Kunst, Kultur und Wissenschaft. Hg. von Beat Wyss, Markus Buschhaus. Paderborn u. a. 2008, S. 51–64.

nen desselben, die auf Einschreibungen in das Herzensinnere abzielen, in protestantischen Damenstiften reflektiert wurde. Es geht also ganz grundsätzlich darum, auszuloten, wie das Verhältnis von Außen und Innen, beziehungsweise Körper, Herz und Seele sowie den materiellen, ›äußeren‹ Bildern und den ›inneren‹ Bildern der Imagination, in den verschiedenen religiösen Frauengemeinschaften konzipiert wurde.[7]

Beobachtungen zum Körperbild der porträtierten Nonne

Vorbereitend auf die Untersuchung der eben aufgeworfenen Fragen, gilt es zunächst, die Besonderheiten des Körperbildes Suor Maria Sepellitas zu erfassen. Der Blick soll daher auf den Gewandausschnitt gerichtet werden, durch den die Narbenschrift im nackten Fleisch der Benediktinerin freigelegt ist. Die mandelförmige Öffnung im Ordenskleid der Religiosen weist Ähnlichkeiten zu dem ebenfalls auf der linken Brust lokalisierten Einschnitt im Kleid einer polychrom gefassten Holzskulptur der *Madonna del Rosario* auf, die ein anonymer sizilianischer Künstler im Jahre 1696 für den Benediktinerinnenkonvent in Palma schuf (Abb. 3).[8] Die als *Colomba Rosata* bekannte Madonnenfigur ist möglicherweise erst zu einem späteren Zeitpunkt entsprechend der in dem Nonnenkloster bevorzugten Verehrung der Rosenkranzmadonna umgearbeitet worden.[9] In ihrem heutigen Zustand zeigt die hölzerne Skulptur die Mutter Gottes in einem rotblauen Gewand als *Maria Immaculata* mit zum Segen erhobener Rechten und dem Jesuskind auf dem linken Arm.[10]

Ähnlich zum Porträt der Suor Maria Sepellita bildet das Unterkleid Mariens eine zweite Rahmung um ihren offengelegten Busen (Abb. 4). Mit seinem linken Daumen weist der Gottessohn direkt auf die Milch spendende Brust-

7 Zu Forschungsbeiträgen, die sich mit dem Verhältnis von ›äußeren‹ und ›inneren‹ Bildern und dem Herzen als Trägermedium ›innerer‹ Bilder befassen vgl. Marius Rimmele: Das Triptychon als Metapher, Körper und Ort. Semantisierungen eines Bildträgers. München, Paderborn 2010, S. 203–218; Thomas Lentes: Inneres Auge, äußerer Blick und heilige Schau. Ein Diskussionsbeitrag zur visuellen Praxis in Frömmigkeit und Moraldidaxe des späten Mittelalters. In: Frömmigkeit im Mittelalter. Politisch-soziale Kontexte, visuelle Praxis, körperliche Ausdrucksformen. Hg. von Klaus Schreiner. München 2002, S. 179–220. Allgemein zum Verhältnis von Körper, Bild und Medium vgl. Kristin Marek u. a. (Hg.): Bild und Körper im Mittelalter. München 2006; Hans Belting: Bild-Anthropologie. Entwürfe für eine Bildwissenschaft. München 2001.

8 Zu der Holzskulptur der *Madonna del Rosario* aus dem Benediktinerinnenkloster in Palma vgl. Alessi, Lupo, Cicchetti (Anm. 3), S. 85, 88f.; Simonetta La Barbera: La scultura legna. In: Ausst. Kat. Arte e Spiritualità 1999, S. 149–164, hier S. 158–161.

9 La Barbera (Anm. 8), S. 159.

10 Zur Vorstellung der Unbefleckten Empfängnis Mariens und der Ikonografie der *Maria Immaculata* vgl. Jean Fournée: Immaculata Conceptio. In: Lexikon der christlichen Ikonographie. Hg. von Engelbert Kirschbaum. Band 2. Freiburg im Breisgau 1994, Sp. 338–344, hier Sp. 340–343.

warze Mariens, die prononciert herausgearbeitet ist und durch die kindliche Geste geradezu taktil erfahrbar wird. Während sich der Busen der Rosenkranzmadonna aus dem Gewandausschnitt hervorwölbt, findet sich in dem Bildnis der sizilianischen Klosterfrau jedoch lediglich eine abstrakte Fläche, die jegliche Anhaltspunkte auf eine weibliche Anatomie vermissen lässt. Die *Colomba Rosata* wird als Nährmutter ausgewiesen, demgegenüber scheint die Fürstin von Lampedusa die weibliche Fähigkeit des Stillens eingebüßt zu haben. Suor Maria Sepellita kann der *Maria lactans* nicht nacheifern, da es ihr – wie das Gemälde Provenzanis suggeriert – schlichtweg an den biologischen Voraussetzungen für die Ernährung eines Kindes durch Muttermilch fehlt.[11] An die Stelle, an der die Brustwarze der Ordensschwester zu vermuten wäre, ist indessen die blutige Narbenschrift mit dem Namen der Gottesmutter getreten, die die *imitatio Mariae* der Suor Maria Sepellita dezidiert unterstreicht.

Durch das Kruzifix auf dem Tisch wird der Einschnitt im Habit der Klosterfrau zugleich aber auch mit der blutigen Wunde zwischen den Rippen des gekreuzigten Gottessohnes in Beziehung gesetzt. Vor dieser Folie lässt der akkurat ausgeführte Gewandausschnitt an Darstellungen der Seitenwunde Jesu Christi denken, die, laut Silke Tammen, seit den 1320er Jahren aus England, Böhmen, Deutschland und Frankreich überliefert sind und in engem Verbund mit *arma Christi*-Arrangements auftreten.[12] Anhand des Kunigundenpassionales aus Prag, das in den 1320er Jahren entstand (Abb. 5), oder des Psalters der Bonne de Luxembourg von um 1345–1349 (Abb. 6) lässt sich nachvollziehen, dass die mandorlenförmige Seitenwunde charakteristischerweise senkrecht neben dem Körper Jesu Christi stehend oder wie ein isoliertes Präparat präsentiert

11 Dies ist auch insofern interessant, als Suor Maria Sepellita vor dem Klostereintritt mit ihrem Gatten, Giulio Vincenzo Tomasi di Lampedusa (1613–1669), bereits eine reiche Anzahl an Nachkommen gezeugt hatte. Alle Töchter der Fürstin wurden ebenfalls Ordensschwestern im Benediktinerinnenkonvent in Palma. Anhand eines Stammbaumes der Tomasi di Lampedusa aus der zweiten Hälfte des 18. Jahrhunderts, der wohl ebenfalls von der Hand Provenzanis stammt und sich heute in der privaten Sammlung von Gioacchino Lanza Tomasi in Palermo befindet, zeige ich in meiner Dissertation auf, wie – dem Selbstverständnis der Adelsfamilie entsprechend – die initiale Selbstbeschriftung der ›Stammmutter‹ eine göttliche Rückmeldung in Form von Einschreibungen in die Herzen ihrer weiblichen Nachkommen generierte. Die Biologisierung und Genealogisierung der Herzeinschreibungen in dem Familienverband der Tomasi di Lampedusa ist, wie ich weiterhin argumentiere, als Versuch zu werten, einen vermeintlichen Mangel des Geburtsadels durch die exemplarische Religiosität der Familienmitglieder des Adelsgeschlechtes wieder einzuholen. Besagtes Gemälde, das seitens der Forschung zuvor noch nicht näher untersucht wurde, ist abgebildet bei Francesco Andreu: Pellegrino alle sorgenti. San Giuseppe Maria Tomasi. La vita, il pensiero, le opera. Rom 1987, Bildtafel nach S. 16.

12 Zu den Darstellungen der Seitenwunde Jesu Christi vgl. Silke Tammen: Blick und Wunde – Blick und Form. Zur Deutungsproblematik der Seitenwunde Jesu Christi in der spätmittelalterlichen Buchmalerei. In: Marek u. a. (Anm. 7), S. 85–114, hier S. 87f.

wird.[13] Von der Forschung wurde überdies immer wieder auf die »quasi vulvale Präsenz«[14] hingewiesen, die den Seitenwundenbildern zu eigen ist.[15]

In Suor Maria Sepellitas Bildnis kann damit eine wechselseitige Überlagerung verschieden codierter Körperbilder beobachtet werden: Das Porträt spielt einerseits auf Darstellungen der *Maria lactans* an, diese Assoziation wird andererseits durch die abstrakte, plane Fläche, die an die Stelle der mütterlichen Brust getreten ist, in gewisser Weise sogleich negiert. Auf Basis dieses Befundes verstärkt sich der Eindruck, der Gewandausschnitt rekurriere umso deutlicher auf das Seitenwundenmotiv, welches jedoch wiederum selbst an die Form einer Vulva erinnert und damit ein weibliches Körperbild aufruft. Aufgrund der Produktion des Werkes im geschlechtsspezifischen Kontext des Benediktinerinnenklosters von Palma ist anzunehmen, dass die entsprechenden erotischen Konnotationen des Gewandausschnittes in der Arbeit Provenzanis mitangelegt sind. Es liegt folglich nahe, dass die Betrachter*innen des Gemäldes durch den Einschnitt im Ordenskleid der sizilianischen Religiosen zur Reflexion über die Verschiebung und (Rück-)Projektion der Vulva beziehungsweise der Seitenwunde auf den Nonnenkörper und die ins Bild gesetzte, mehrfache Überlagerung verschiedener Geschlechterfolien angeregt wurden.

In der Tatsache, dass sich im Porträt Suor Maria Sepellitas nicht allein Anspielungen auf die Milch spendende Brust Mariens, sondern auch auf die blutige Seitenwunde Jesu Christi finden, manifestiert sich sehr wahrscheinlich eine spezielle Vorstellung der Interzession, in der die *Maria lactans* dem Schmerzensmann gegenübertritt.[16] Dieser Gedanke basiert auf der doppelten Fürbitte als progressives Stufensystem und als ›Heilstreppe‹, die literarisch im Umkreis von Bernhard von Clairvaux (1090–1153) formuliert wurde.[17] Ein in Tempera auf Leinwand gefertigtes Gemälde von vor 1402, das ehemals an der inneren Eingangswand des Florentiner Doms angebracht war, verdeutlicht diese Idee sehr eindrucksvoll (Abb. 7):[18] Maria tritt nicht direkt mit Gott in Interaktion, sondern zeigt ihrem Sohn mit der Linken zur beschwörenden Empfehlung der vor

13 Vgl. ebd., S. 88. Zu beiden Bildbeispielen vgl. darüber hinaus S. 90–98.

14 Ebd., S. 90.

15 Zur Assoziation der Seitenwunde mit einer Vulva vgl. etwa Elisabeth von Samsonow: Die verrutschte Vulva. Entwurf einer neuen Organtheorie. In: Körperteile. Eine kulturelle Anatomie. Hg. von Claudia Benthien, Christoph Wulf. Reinbek 2001, S. 339–361, hier S. 352–359. Ein ausführlicher Überblick über die Forschungspositionen zu dieser Frage findet sich bei Tammen (Anm. 12), S. 99, Anm. 39.

16 Zur Vorstellung der Interzession und ihrer bildlichen Darstellung vgl. Dieter Koepplin: Interzession. In: Lexikon der christlichen Ikonographie. Hg. von Engelbert Kirschbaum. Band 2. Freiburg im Breisgau 1994, Sp. 346–352.

17 Vgl. ebd., Sp. 346.

18 Zu dem Gemälde vgl. ebd., Sp. 348f. sowie Metropolitan Museum of Art, The Intercession of Christ and the Virgin, https://www.metmuseum.org/art/collection/search/470328 (21.6.2020).

ihr knienden Menschengruppe ihre entblößte Brust. Jesus Christus wiederum hat den Kopf in Richtung des Heiligen Geistes in Gestalt der weißen Taube und seines Vaters im Himmel erhoben, während er mit der Rechten auf die blutende Seitenwunde an seinem Rumpf weist. Die Bildinschriften, die vom Mund Mariens beziehungsweise Jesu Christi ausgehen, unterstreichen das stufenweise Aufsteigen der Fürbitte von der Mutter Gottes über ihren Sohn zu Gottvater.

In einem Meditationsbild vom Ende des 17. Jahrhunderts, das aus der Benediktinerinnenabtei Nonnberg in Salzburg stammt, stehen sich die Gottesmutter und der ans Kreuz genagelte Jesus Christus in einer Weltgerichtsszene hinsichtlich ihrer Wirkmacht im Erlösungsprozess indessen sogar auf gleicher Höhe gegenüber (Abb. 8).[19] Unter den Augen der Trinität sowie der beiwohnenden Heiligen und Engel fließt der Milchstrahl aus der Brust Mariens als Mittel der Gnade wie das Blut aus der Seitenwunde des Gottessohnes in hohem Bogen auf die sündigen Menschen im Fegefeuer. Eine derartige Parallelisierung der Milch der Mutter Gottes und des Blutes Jesu Christi wurde in der katholischen Kirche mitunter auch kritisch gesehen und seitens der Reformatoren strikt abgelehnt, erhöht sie doch den Anteil Mariens am Erlösungsprozess so weit, dass diese als weibliche Mittlerin (*mediatrix*) des Heils in Konkurrenz zu dem Gottessohn treten konnte.[20]

Für Suor Maria Sepellita und ihren Konvent, in dem alle Angehörigen mit dem Klostereintritt den Namen der Mutter Gottes annahmen, muss die Vorstellung der Gleichrangigkeit Mariens und Jesu Christi demgegenüber derart reizvoll gewesen sein, dass sie im Bildnis der Klostermitbegründerin (Abb. 1 und 2) einen besonderen Ausdruck erhielt. In dem Gemälde wird die Erlösungspotenz der Fürbitte Mariens an jener des Gottessohnes gemessen. Das weit an den Bildrand gedrängte Kruzifix und der exponiert im Zentrum des Gemäldes in Form der Narbenschrift zur Schau gestellte Name der Gottesmutter können hierbei sogar als Indizien dafür verstanden werden, dass Suor Maria Sepellita – Provenzanis Bildaussage zufolge – der Marienverehrung tatsächlich die größere Bedeutung beimaß. Auf die bis hierhin gemachten Beobachtungen aufbauend, lassen sich im Folgenden einige grundsätzliche Überlegungen zu Verschränkungen von Gewand- und Körpermetaphorik anstellen. Im Fokus steht hierbei die Frage, wie die Einbindung der gestickten Effigie Mariens in das Körperbild der Suor Maria Sepellita eigentlich zu denken ist.

19 Zu diesem Werk vgl. Klaus Schreiner: Maria. Jungfrau, Mutter, Herrscherin. Neuausgabe Köln 2006, S. 208.

20 Zu kritischen Positionen vgl. ebd., S. 204–210. Speziell zu den Reformatoren vgl. Johann Anselm Steiger: Fünf Zentralthemen der Theologie Luthers und seiner Erben. Communicatio – Imago – Figura – Maria – Exempla. Mit Edition zweier christologischer Frühschriften Johann Gerhards. Leiden u. a. 2002 (Studies in the History of Christian Thought 104), S. 224; Walter Tappolet: Das Marienlob der Reformatoren. Tübingen 1962, S. 98–103, 119–122, 203–205 sowie 211–213.

Überlegungen zu Verschränkungen von Gewand- und Körpermetaphorik

Vor dem Hintergrund, dass die bereits erwähnten Seitenwundenbilder (Abb. 5 und 6) durch den äußeren und inneren Wundrand eine doppelte Rahmung erhalten, wirft der erneute Blick auf den Gewandausschnitt im Porträt Suor Maria Sepellitas (Abb. 1 und 2) die Frage auf, ob ihr Habit dementsprechend ebenfalls als ›zweite Haut‹ oder möglicherweise – um eine Formulierung Hildegard Elisabeth Kellers aufzugreifen – auch als ›Fleischmantel‹ gelesen werden kann.[21] Der Einschnitt in die Ordenstracht würde dementsprechend eine ›Schauöffnung‹ in das subkutane Körperinnere der sizilianischen Klosterfrau bedeuten. Die gedankliche Verschiebung der Haut als äußere Körperhülle auf den Habit geht mit einer Destabilisierung dessen einher, was in Provenzanis Gemälde zuvor als klar voneinander abgrenzbares Körperäußeres und -inneres verstanden wurde. In dem Werk scheinen damit Verschränkungen von Gewand- und Körpermetaphorik auf, in die letztlich auch das Herz und die Seele miteinbezogen sind: So gingen die Feierlichkeiten zum Klostereintritt traditionell mit dem Ritual der Einkleidung einher.[22] Diesem zeremoniell vollzogenen Übergangsritual lag – wie auch der Taufe – die Vorstellung zugrunde, dass mit dem Ablegen der weltlichen Kleider auch das Ablegen des ›alten Kleides des Fleisches‹ bzw. des ›alten Adams‹ erfolgte. Das biblische Motiv vom Ausziehen des alten Menschen und dem Anziehen des neuen Menschen beziehungsweise Jesus Christus (Gal 3,27; Eph 4,22–24; Kol 3,8–11) wiederum markierte die Transformation des Innersten, worauf die Seele nach dem Anlegen der Ordenstracht in ihrer gereinigten, neuen Erscheinung am Körperäußeren zur Anschauung kam.[23] Das Porträt Suor Maria

21 Zur Vorstellung des Gewandes als ›Fleischmantel‹ vgl. Hildegard Elisabeth Keller: Fleischmäntel. Textile Analogien in der mittelalterlichen Theologie und der frühneuzeitlichen Medizin. In: Beziehungsreiche Gewebe. Textilien im Mittelalter. Hg. von Silke Tammen und Kristin Böse. Frankfurt am Main u. a. 2010, S. 138–153. Allgemein zu Verschränkungen von Gewand- und Körpermetaphorik vgl. André Holenstein u. a. (Hg.): Zweite Haut. Zur Kulturgeschichte der Kleidung. Bern u. a. 2010 (Berner Universitätsschriften 54).

22 Zur Einkleidung als traditioneller Bestandteil des Klostereintritts vgl. Asunción Lavrin: Brides of Christ. Conventual Life in Colonial Mexico. Stanford 2008, bes. Kap. 2: The Novice Becomes a Nun, S. 48–80; Gisela Muschiol: Zeit und Raum – Liturgie und Ritus in mittelalterlichen Frauenkonventen. In: Ausst. Kat. Krone und Schleier. Kunst aus mittelalterlichen Frauenklöstern. Hg. von der Kunst- und Ausstellungshalle der Bundesrepublik Deutschland und dem Ruhrlandmuseum Essen. München 2005, S. 41–51, hier S. 43; Eva Schlotheuber: Klostereintritt und Bildung. Die Lebenswelt der Nonnen im späten Mittelalter. Mit einer Edition des ›Konventstagebuchs‹ einer Zisterzienserin von Heilig-Kreuz bei Braunschweig (1484–1507). Tübingen 2004 (Spätmittelalter und Reformation. Texte und Untersuchungen 24), bes. Kap. 3.3: Der Eintritt ins Kloster: Das Beispiel Lüne, und 3.4.: Die Oblation, S. 121–264.

23 Zu dem mit dem Kleiderwechsel verknüpften Gedanken, den ›alten Adam‹ aus- und Jesus Christus anzuziehen vgl. Jörg Sonntag: Klosterleben im Spiegel des Zeichenhaften. Symbolisches Den-

Sepellitas wird in diesem Sinne zu einem oszillierenden Vexierbild, das in aller Konsequenz suggeriert, das gestickte Marienbild auf der Brust der Religiosen sei nicht allein mit dem Stoff ihres Gewandes verbunden und verwoben. Vielmehr wird das Vorstellungsbild aufgerufen, die sizilianische Ordensschwester habe sich die Effigie der Gottesmutter in den eigenen ›Fleischmantel‹ eingestickt. Die Anbringung der Stickerei auf der ›zweiten Haut‹ ist als substantieller Eingriff zu begreifen, in dem die Körpergrenze perforiert und performativ durchbrochen wurde, um in das Innerste vorzudringen und das Marienbild in das eigene Herz einzuschreiben. Durch die unauflösbare, materielle Verbindung, in der die Stickerei und das Ordenskleid Suor Maria Sepellitas miteinander verflochten und eins geworden sind, ist die gestickte Effigie der Mutter Gottes zugleich zu einem integralen Bestandteil des Körperbildes der porträtierten Nonne geworden. Ausgehend hiervon lässt sich in einem weiteren Schritt untersuchen, inwiefern die Religiosen aus dem Benediktinerinnenkonvent von Palma mit der Fertigung ihrer Stickereien an die Handarbeiten Mariens anknüpften und das Sticken damit einhergehend auch eine Kontemplation über die Inkarnation des Gottessohnes im eigenen Herzen anregen konnte.

Die Handarbeiten Mariens, das Sticken als meditative Praxis und die Kontemplation über die Fleischwerdung Jesu Christi

Dass Suor Maria Sepellita ein gesticktes Marienbild auf der Brust trägt, ist im Hinblick auf ihre Ordenszugehörigkeit mehr als verwunderlich. So wurde in der *Regula Benedicti* ursprünglich keine derartige Zufügung als verbindlicher Bestandteil des Habits gefordert.[24] Während die 1582 in Monreale respektive 1589 in Palermo publizierten Ordensregeln der dort ansässigen Benediktinerinnen dementsprechend lediglich die Länge, Farbigkeit und Stoffqualität ihrer

ken und Handeln hochmittelalterlicher Mönche zwischen Dauer und Wandel, Regel und Gewohnheit. Berlin u. a. 2008 (Vita regularis. Ordnungen und Deutungen religiosen Lebens im Mittelalter 35), S. 117f.; Peter von Moos: Das mittelalterliche Kleid als Identitätssymbol und Identifikationsmittel. In: Unverwechselbarkeit. Persönliche Identität und Identifikation in der vormodernen Gesellschaft. Hg. von dems. Köln u. a. 2004 (Norm und Struktur. Studien zum sozialen Wandel in Mittelalter und früher Neuzeit 23), S. 123–146, hier S. 134–137; Jens Rüffer: Orbis Cisterciensis. Zur Geschichte der monastischen ästhetischen Kultur im Mittelalter. Berlin 1999 (Studien zur Geschichte, Kunst und Kultur der Zisterzienser 6), S. 179; Ernst Benz: Die Vision. Erfahrungsformen und Bilderwelt. Stuttgart 1969, darin Kap. V.3: Das himmlische Kleid, S. 341–352, hier insbesondere S. 346f. Allgemein zur Gewandmetapher im Christentum vgl. Alois Kehl: Gewand (der Seele). In: Reallexikon für Antike und Christentum. Hg. von Theodor Klauser. Band 10. Stuttgart 1978, Sp. 945–1025, hier Sp. 973–1025.

24 Vgl. die Regula Benedicti/Die Benediktusregel (Lateinisch/Deutsch). Hg. im Auftrag der Salzburger Äbtekonferenz. Beuron 1992, Kap. 55: Kleidung und Schuhe, S. 199–201.

Ordenstracht bestimmen,[25] heißt es in dem 1690 in Rom veröffentlichten Regelwerk des Klosters in Palma di Montechiaro:

> Tutte le sorelle professe pórtino sopra l'habito nero sul petto l'imagine della Madre di Dio del Rosario, posta in un circolo quindici rose, col bambino Giesù in braccia, e la Luna sotto i piedi; la quale sia ricamata di seta senz'altro ornamento d'oro ò d'argento.[26]

Durch das gestickte Bild der Rosenkranzmadonna, das in Palma als verbindlicher Bestandteil des Habits vorgeschrieben war, setzten sich die Mitglieder des Konventes von allen anderen Angehörigen des Benediktinerinnenordens ab. Wie aus den eben zitierten Zeilen deutlich hervorgeht, wurde ihr außerordentlicher Status jedoch nicht etwa durch die Verwendung kostbarer Materialien unterstrichen; Verzierungen aus Gold und Silber sind in den Ordensregeln für die Fertigung des Marienbildes sogar ausdrücklich verboten. Im Regelwerk wird vielmehr durch die klar definierte Materialität der Stickereien die vorbildhafte Mariennachfolge der Nonnen von Palma impliziert, da diese mit der Herstellung ihrer gestickten Bilder an die textilen Handarbeiten anknüpften, die die exemplarische Mutter Gottes selbst ausgeführt haben soll.

So weiß das Pseudo-Matthäusevangelium zu berichten, dass Maria sich bereits in ihrer Kindheit, die sie bei den Jerusalemer Tempeljungfrauen verbrachte, zwischen den Gebeten der Spinnarbeit widmete.[27] Nach ihrer Verlobung mit Joseph, so wird im Pseudo-Matthäusevangelium sowie dem Protoevangelium des Jakobus weiter beschrieben, wurde Maria auserwählt, das scharlachrote und purpurne Garn für den Tempelvorhang zu spinnen, der nach Luk 23,45 beim Kreuzestod Jesu Christi mitten entzwei riss.[28] Bevor das Buch als Attribut der Gottesmutter in künstlerischen Darstellungen der Verkündigung gängig wurde, verbanden diese den Augenblick der Empfängnis Jesu Christi mit dem Motiv der Jungfrau Maria beim Spinnen.[29]

---

25 Vgl. die Regola del Santissimo Padre Benedetto [...]. Monreale 1582, Kap. LV: De i vestimenti, et calciamenti delle Sorelle, S. 102–107 sowie die Regula del Santissimo Benedetto Padre Nostro [...]. Palermo 1589, Kap. LII: De vestimenti, & calicamenti [sic] delle sorelle S. 52–55.

26 Maggio (Anm. 4), S. 123 (»Alle Professen sollen auf dem schwarzen Habit auf der Brust das Bild der Mutter Gottes vom Rosenkranz tragen, gerahmt von einem Kranz aus fünfzehn Rosen, mit dem Jesuskind in den Armen und dem Mond unter den Füßen; welches in Seide gestickt und ohne eine andere Verzierung aus Gold oder Silber sei.«, Übersetzung M.S.).

27 Vgl. Oliver Ehlen: Das Pseudo-Matthäusevangelium. In: Antike christliche Apokryphen in deutscher Übersetzung. Hg. von Christoph Markschies u. a. Band 1, Teilband 2. Tübingen 2010, S. 983–1002, hier S. 991.

28 Vgl. ebd., S. 994 sowie Silvia Pellegrini: Das Protoevangelium des Jakobus. In: Antike christliche Apokryphen in deutscher Übersetzung. Hg. von Christoph Markschies u. a. Band 1, Teilband 2. Tübingen 2010, S. 903–992, hier S. 920f.

29 Zur Verknüpfung der Empfängnis Jesu Christi mit dem Motiv der Jungfrau Maria beim Spinnen vgl. Gail McMurray Gibson: The Thread of Life in the Hand of the Virgin. In: Equally in God's Image: Women in the Middle Ages. Hg. von Julia B. Holloway, Constance S. Wright, Joan

Ein berühmtes Beispiel für die Verknüpfung von Josephszweifel und der spinnenden Maria stellt eine Tafel des Erfurter Meisters von um 1390 aus der Berliner Gemäldegalerie dar (Abb. 9).[30] In diesem Gemälde führt die Mutter Gottes, wie Jeffrey F. Hamburger hervorgehoben hat, das purpurne Garn diagonal durch ihren Unterleib, in dem der als Homunculus dargestellte Gottessohn sitzt.[31] Noch in vielen jüngeren Werken, wie Philippe de Champaignes (1602–1674) Verkündigungsszene von um 1644, die sich heute im Besitz des Metropolitan Museum of Art befindet, verweist ein Korb, der mit einem weißen Tuch sowie Handarbeitsutensilien gefüllt ist und sich in unmittelbarer Nähe Mariens befindet, auf die Tradition der textil metaphorisierten Fleischwerdung des Gottessohnes (Abb. 10).[32]

Wie Gail McMurray Gibson feststellte, sind die mit dem Gedanken der Inkarnation des Logos verknüpften textilen Aktivitäten Mariens bereits in spätmittelalterlichen Kunstwerken überdies nicht immer klar voneinander getrennt.[33] So konnte das Motiv der Mutter Gottes beim Spinnen zuweilen auch in das des Webens und Stickens überführt werden.[34] Die Jungfrau Maria am Webstuhl zeigt beispielsweise ein seidenbesticktes Altartuch von um 1400, das heute im Städtischen Museum in Braunschweig ausgestellt ist (Abb. 11 und 12).[35] Die Tatsache, dass die Paramentenstickerei von Nonnen für die Jodocikapelle in Braunschweig geschaffen wurde, unterstreicht sehr deutlich, dass sich die Gottesmutter gerade auch aufgrund ihrer textilen Aktivitäten als Vorbildfigur für Klosterfrauen

---

Bechtold. New York u. a. 1990, S. 46–54, hier S. 47; Robert L. Wyss: Die Handarbeiten der Maria. Eine ikonographische Studie unter Berücksichtigung der textilen Techniken. In: Artes Minores. Dank an Werner Abegg. Hg. von Michael Stettler, Mechthild Lemberg. Bern 1973, S. 113–188, hier S. 155–161.

30 Zur Verbindung des Motivs der Mutter Gottes am Spinnrocken mit dem Josephszweifel vgl. McMurray Gibson (Anm. 29), S. 51; Wyss (Anm. 29), S. 162–168. Zu diesem Gemälde vgl. Keller (Anm. 21), S. 149; Jeffrey F. Hamburger: Nuns as Artists. The Visual Culture of a Medieval Convent. Berkeley u. a. 1997, S. 186.

31 Vgl. Hamburger (Anm. 30), S. 186.

32 Zur Herkunft des Motivs des Wollkorbs vgl. McMurray Gibson (Anm. 29), S. 47, die exemplarisch ein Relief auf einem in Ravenna gefertigten Sarkophag aus dem frühen 5. Jahrhundert heranzieht, um aufzuzeigen, dass sich der Korb nahezu ausnahmslos in byzantinischen Verkündigungsszenen nachweisen lässt. Zu dem Motiv des Korbes in Verkündigungsdarstellungen der Frühen Neuzeit vgl. ausführlicher Mindy Nancarrow: The Significance of the Basket in El Greco's ›Annunciation‹ for the Retable of the Madrid Seminary of Doña María de Aragón. In: Notes in the History of Art 23.2 (2004), S. 9–16. Zu dem Gemälde von der Hand Philippe de Champaignes vgl. Metropolitan Museum of Art, The Annunciation, https://www.metmuseum.org/art/collection/search/438724 (21.6.2020).

33 Vgl. McMurray Gibson (Anm. 29), S. 46.

34 Vgl. ebd.

35 Zu dieser Paramentenstickerei vgl. Wyss (Anm. 29), S. 118f.

anbot.[36] Davon, dass Maria bisweilen auch in ihrer Beschäftigung mit einer Stickarbeit dargestellt wurde, zeugt etwa eine Arbeit – wohl einer Kölner Schule zuzuschreiben – aus der Sammlung Dr. Arthur Wilhelms in Bottmingen, die um 1460 entstanden ist (Abb. 13 und 14).[37] Ein 1630 gefertigtes Gemälde von Francisco de Zurbarán (1598–1664), welches Maria als Kind in der Ekstase zeigt, unterstreicht, dass ihre Handarbeiten bis ins 17. Jahrhundert aufs Engste mit der Meditation verknüpft waren (Abb. 15).[38] So ist die mit himmelndem Blick dargestellte, kindliche Mutter Gottes tief in ihr Gebet versunken; ihre Stickerei hat sie im Schoß abgelegt. »The Virgin Mary«, so führt Hamburger in diesem Sinne über die Vorbildfunktion Mariens fort, »offered nuns the archetypal image of pious labor and prayer.«[39]

Die obigen Ausführungen lassen sich schließlich noch um den Hinweis ergänzen, dass die Gottesmutter überdies auch die nahtlose Tunika Jesu Christi (Joh 19,23) gestrickt haben soll.[40] Diese Vorstellung ist beispielsweise in der Szene *Der Besuch der Engel* auf dem rechten Flügel des in der Hamburger Kunsthalle ausgestellten Buxtehuder Altars aus der Werkstatt des Meisters Bertram von Minden (1345–1415) vom Ende des 14. Jahrhunderts verbildlicht (Abb. 16 und 17). Die Jungfrau Maria wird beim Stricken des Gewandes ihres Sohnes gezeigt, um das nach seinem Tod gelost werden sollte.[41] Ganz eindeutig zeichnet sich ab: Darstellungen der Jungfrau Maria beim Weben, Spinnen, Sticken oder Stricken sind aufs Engste mit der Vorstellung der Inkarnation Jesu Christi verbunden, in der sich der Gottessohn in seinen ›Fleischmantel‹ hüllte.[42] McMurray Gibson resümiert: »The Virgin Mary is, literally as well as figuratively, the clother of the Messiah.«[43]

In diesem Sinne ist anzunehmen, dass die Benediktinerinnen in Palma, die ihre Marienbilder in Vorbereitung auf den Klostereintritt wohl selbst anfertigten, um sie hierauf in den eigenen ›Fleischmantel‹ einzusticken, dabei nicht allein über die Verinnerlichung der Effigie der Mutter Gottes reflektierten. Während sie ihre Stickereien auf dem eigenen Ordenskleid anbrachten, konnten die

---

36 Zu Maria, die durch ihre Handarbeiten zu einem Vorbild für Nonnen werden konnte, vgl. Hamburger (Anm. 30), S. 186; McMurray Gibson (Anm. 29), S. 46.

37 Zu diesem Gemälde vgl. Hamburger (Anm. 30), S. 187; Wyss (Anm. 29), S. 121–124.

38 Zu diesem Werk vgl. Odile Delenda: Virgin niña en éxtasis. In: Best. Kat. Francisco de Zurbarán. Catálogo razonado y crítico. Hg. von ders. Band 1. Madrid 2009, S. 524f.

39 Hamburger (Anm. 30), S. 186.

40 Zum Motiv der Maria beim Stricken der nahtlosen Tunika vgl. McMurray Gibson (Anm. 29), S. 46. 50; Wyss (Anm. 29), S. 174–181.

41 Zu diesem Bildbeispiel vgl. Otto F. A. Meinardus: Zur ›strickenden Madonna‹ oder ›Die Darbringung der Leidenswerkzeuge‹ des Meisters Bertram. In: Idea. Jahrbuch der Hamburger Kunsthalle 7 (1988), S. 15–22.

42 Vgl. Keller (Anm. 21), S. 148–152.

43 McMurray Gibson (Anm. 29), S. 50.

angehenden Nonnen – da Maria durch das Jesuskind in den Armen als Christusträgerin ausgezeichnet ist – zugleich auch über die Inkarnation des göttlichen Logos im Herzen der Gottesmutter meditieren.[44] Durch das Sticken war es schließlich auch möglich, die Fleischwerdung und ein sukzessives Heranwachsen Jesu Christi im eigenen Herzen zu imaginieren, setzte sich doch das auf der Körpermitte anzubringende Bild der den Gottessohn tragenden Maria, das sich mit jedem Nadelstich in zunehmendem Maße konkretisierte, zugleich immer stärker vom Stickgrund ab.[45]

Als erhabenes und taktil erfahrbares Bild regte die mit dem Ordenskleid verwobene Stickerei schließlich auch die Berührung an und konnte im Gebet durch Gebärden wie das Klopfen auf die Brust aktiviert werden. Durch das Betasten und Einprägen der einzelnen Stickfäden in die Fingerspitzen war es möglich, die Vorstellung der Bildwerdung Mariens und der Inkarnation des Gottessohnes im Körpergedächtnis präsent zu halten; durch die am Körperäußeren angebrachte Stickerei konnte zugleich aber auch der Gedanke vermittelt werden, das im Herzensinneren eingeprägte Bild der Jungfrau Maria mit dem Jesuskind nicht nur betrachten, sondern auch berühren und befühlen zu können.

Dass die Fertigung der gestickten Marienbilder im Benediktinerinnenkonvent von Palma als meditative Praxis zu verstehen ist, verdeutlicht nicht zuletzt die oben zitierte Forderung in den Ordensregeln, nach der die Effigie der Mutter Gottes mit einem Kranz aus fünfzehn Rosen umgeben werden sollte.[46] Die hiermit ausgedrückte Anspielung auf die fünfzehn traditionellen Rosenkranzgeheimnisse wird im Porträt der Suor Maria Sepellita durch die Perlenschnur unterstrichen, durch die die einzelnen Blüten in dem gestickten Marienbild miteinander verbunden sind (Abb. 1 und 2). Im Rahmen der Nadelarbeit, die durch ihre langsame und auf Wiederholung basierende Arbeitsweise gekennzeichnet ist, entstand damit nicht nur prozesshaft das ›äußere‹ Bild der *Madonna del Rosario* in dem Blumenkranz-Rahmen. Vielmehr konnten die wechselnden Geheimnisse des Rosenkranzgebetes Stich für Stich erinnert, vergegenwärtigt und im Herzen verinnerlicht werden. Wie beim Befühlen der Perlen einer Paternosterschnur kam den Fingern hierbei zur Aktivierung der ›inneren‹ Bilder eine entscheidende Rolle zu.[47]

---

44 Zur Geburt Jesu Christi im Herzen der Gottesmutter und der Gläubigen vgl. Hugo Rahner: Die Gottesgeburt. Die Lehre der Kirchenväter von der Geburt Christi im Herzen des Gläubigen. In: Zeitschrift für katholische Theologie 59.3 (1935), S. 333–418, hier S. 355, 364, 386–390.

45 In diesem Sinne heißt es bei Matilda Felix: Nadelstiche. Sticken in der Kunst der Gegenwart. Bielefeld 2010, S. 20: »Eine bestechende Eigenschaft der Technik ist ihre Ausdehnung in die dritte Dimension. Beim Sticken entstehen stets mehrere Oberflächen.«

46 Vgl. Maggio (Anm. 26).

47 Zum Rosenkranzgebet und der Produktion von ›inneren‹ Bildern, die mithilfe der Paternosterschnur angeregt wird vgl. Moritz Jäger: Bild für Bild, Perle für Perle, Finger für Finger. Der Ro-

Das Einsticken des Marienbildes in den Habit als eine ›zweite Haut‹ ging mit der Produktion ›innerer‹ Bilder einher. Wie sich die aktive Selbstmodellierung, die Suor Maria Sepellita mithilfe von Nadel und Faden an ihrem eigenen Körper vornahm, zudem in ihrer Selbststigmatisation steigert, lässt sich ausgehend von dem Beispiel des seligen Heinrich Seuse (auch: Suso, 1295–1366) und seiner ›geistlichen Tochter‹ Elsbeth Stagel (Anfang 14. Jh. – um 1360) diskutieren. Inwiefern bestanden im monastischen Kontext Geschlechterdifferenzen in Bezug auf die Frage, ob Herzeinschreibungen in Form von Nadelarbeit und Narbenschrift beziehungsweise ihre bildliche Inszenierung zulässig waren?

Herzeinschreibungen und Geschlechterdifferenzen am Beispiel des seligen Heinrich Seuse und seiner Schülerin Elsbeth Stagel

Als Dominikanermönch und Mystiker wirkte Seuse in Konstanz, der Schweiz, am Oberrhein sowie in Ulm.[48] Seine große Bekanntheit und Verehrung geht vor allem darauf zurück, dass er biblische Redewendungen wie im 2. Kor 3,1–3, die Bilder von Herzeinschreibungen aufrufen, nicht nur metaphorisch verstand, sondern diese, so Sandra Fenten, »im wahrsten Sinne des Wortes (auch) buchstäblich«[49] nahm. So berichtet die Autobiografie des Dominikanerbruders wie er sich mit einem scharfen Griffel das Christusmonogramm in Höhe des Herzens unter qualvollen Schmerzen und Blutvergießen auf die Brust einschrieb.[50] Das Besondere und zugleich Anmaßende an Susos Stigmatisation ist, dass der beschriebene Körper und die schreibende Hand in einem hochbewussten Akt der gezielten, körperlichen Selbstformung zusammenkamen.[51] Die Selbstbeschriftung Seuses entsprang hierbei dem Wunsch, Jesus Christus über den Körper

senkranz als teils inneres, teils äußeres Bildsystem. In: Das Bild im Plural. Mehrteilige Bildformen zwischen Mittelalter und Gegenwart. Hg. von David Ganz, Felix Thürlemann. Berlin 2010 (Bild + Bild 1), S. 201–216.

48 Zum Leben Heinrich Seuses vgl. Alois M. Haas: Kunst rechter Gelassenheit – Themen und Schwerpunkte von Heinrich Seuses Mystik. Bern u. a. 1995, S. 9–13; Klaus Kienzler: Seuse, Heinrich. In: BBKL. Hg. von Friedrich Wilhelm Bautz. Band 9. Nordhausen 1995, Sp. 1481–1485.

49 Sandra Fenten: Mystik und Körperlichkeit. Eine komplementär-vergleichende Lektüre von Heinrich Seuses geistlichen Schriften. Würzburg 2007, S. 90.

50 Vgl. Heinrich Seuse: Deutsche Schriften. Hg. von Karl Bihlmeyer. Frankfurt am Main 1961 (unveränderter Nachdruck der 1907 in Stuttgart erschienenen Auflage). Erstes Buch: Seuses Leben, Kap. IV, S. 15, Z. 29 – S. 16, Z. 14.

51 Vgl. Ulrike Landfester: Stichworte. Tätowierung und europäische Schriftkultur. Berlin 2012, S. 136; Marcus Beling: Der Körper als Pergament der Seele. Gedächtnis, Schrift und Körperlichkeit bei Mechthild von Magdeburg und Heinrich Seuse. In: Körper mit Geschichte. Der menschliche Körper als Ort der Selbst- und Weltdeutung. Hg. von Clemens Wischermann, Stefan Haas. Stuttgart 2000 (Studien zur Geschichte des Alltags 17), S. 109–132, hier S. 127.

bis ins Herzensinnere aufzunehmen und sich so beständig an ihn erinnern zu können.[52]

Obgleich der Mut des Mystikers durch ein von Gott gesandtes Körperzeichen Bestätigung fand, riet Seuse seinen Nachfolgern von der Nachahmung der selbst vorgenommenen Stigmatisation ab und schlug anstelle dessen vor, den Namen Jesu Christi an der Kleidung zu tragen.[53] Eine kolorierte Federzeichnung in der frühesten, um 1370 datierten Abschrift von Susos *Exemplar* aus der Straßburger National- und Universitätsbibliothek nimmt auf eine weitere Passage in der Vita des Mystikers Bezug (Abb. 18).[54] Diese berichtet darüber, dass Elsbeth Stagel, nachdem sie Gefallen an der Narbe auf der Brust ihres Lehrers gefunden hatte,

> den selben namen Jesus mit roter siden uf ein kleines tůchli in diser gestalt: IHS, den si ir selben wolte heinlich tragen. Und machete do dez selben namen glich unzallichen vil namen und schůf, daz der diener die namen alle uf sin herz bloss leit und sú mit einem gőtlichen segen sinen geischlichen kinden hin und her sante.[55]

Durch die Wahl von Nadel und Faden zur Nachahmung der Stigmata Heinrich Seuses leistete die Schülerin den Anweisungen ihres Lehrers Folge. Die rote Farbigkeit des von ihr verwendeten Seidenfadens diente dem visuellen Verweis auf das Blut, das der Mystiker im Zuge seiner Selbstbeschriftung zur Imitation Jesu Christi vergossen hatte und rief sowohl die Assoziation der Leiden ihres ›geistlichen Vaters‹ als auch der Qualen des Gottessohnes auf. Die Dimension des Schmerzes und das Vergießen ihres eigenen Blutes konnte Stagel in ihrer durch das Sticken nachempfundenen Herzeinschreibung mit jedem Einstich der Nadel in das Tuch jedoch lediglich im Geiste imaginieren. Vor dem Hintergrund, dass Suso die Versuche seiner ›geistlichen Tochter‹ sich selbst zu geißeln bereits zuvor mit der Begründung getadelt hatte, ihre Weiblichkeit verbiete derartige Formen der Körperzüchtigung,[56] wird deutlich, warum Stagel sich dafür entschied, eine »textile Transkription«[57] der Selbstbeschriftung, d. h. »eine nur symbolisch blutige Kopie«,[58] als alternative Ausdrucksmöglichkeit für die Narbenschrift zu wählen.

---

52 Vgl. Fenten (Anm. 49), S. 92f., 98; Hildegard Elisabeth Keller: Kolophon im Herzen. Von beschrifteten Mönchen an den Rändern der Paläographie. In: Das Mittelalter 7 (2002), S. 157–182, hier S. 166–168.

53 Vgl. Heinrich Seuse: Horologium Sapientiae, Erste kritische Ausgabe unter Benützung der Vorarbeiten von Dominikus Planzer. Hg. von Pius Künzle. Freiburg (Schweiz) 1977 (Spicilegium Friburgense 23), Zweites Buch, Kap. 7, S. 597, Z. 8–11.

54 Zur Federzeichnung in Seuses *Exemplar* vgl. Jeffrey F. Hamburger: Heinrich Seuse, ›Exemplar‹ u. a., gedruckte Werkausgabe. In: Ausst. Kat. Krone und Schleier (Anm. 22), S. 478f.

55 Seuse (Anm. 50), Erstes Buch. Seuses Leben, Kap. XLV, S. 154, Z. 7 – S. 155, Z. 4.

56 Vgl. ebd., Erstes Buch. Seuses Leben, Kap. XXXV, S. 107, Z. 7–11.

57 Keller (Anm. 52), S. 173.

58 Ebd., S. 171.

Am Fall der Herzeinschreibungen Heinrich Seuses und Elsbeth Stagels zeichnet sich ab, dass die Handlungsspielräume der Modifikation des eigenen Körpers in Abhängigkeit von dem Geschlecht der beiden Protagonist*innen sehr unterschiedlich waren. Die selbst zugefügte Narbenschrift beziehungsweise Tätowierung des Mystikers stellte, wie Ulrike Landfester erklärt, ein doppeltes Skandalon dar.[59] So verstieß der Dominikanerbruder nicht allein gegen das biblische Verbot in Lev 21,5, dem zufolge kein Malzeichen am Leib gestochen werden soll, sondern durchbrach überdies die Grenze zwischen ›echter‹ und ›gefälschter‹ Stigmatisation.[60]

Gerade jedoch, da er sich durch seine Selbstbeschriftung in die Tradition des ersten Stigmatisierten, des heiligen Franz von Assisi (1181/1182–1226), stellte, konnte Seuse einige Berühmtheit erlangen.[61] Wie aus den Äußerungen des Seligen hervorgeht, war ein derartiger Umgang mit dem eigenen Körper für Elsbeth Stagel demgegenüber ganz und gar ausgeschlossen. Die Alternative, die ihr blieb, wurde von Landfester als »weiblicher Modus der Nadelarbeit«[62] beschrieben.

Dass sich *de facto* auch Mönche in der Anfertigung elaborierter Stickereien übten, belegt das Beispiel des 1419 verstorbenen Ordensbruders Thomas Selmiston, der unter Zeitgenossen als herausragender Stickkünstler galt.[63] Die Nadelarbeit war also keineswegs allein dem weiblichen Geschlecht vorbehalten. Ebenso ist seit dem Mittelalter eine Vielzahl von Fällen bekannt, in denen Nonnen sich selbst stigmatisierten und hierbei ihrem Körper mitunter auch Narbenschriften zufügten.[64] Bemerkenswert ist, dass Berichte über die Selbstbe-

---

59 Vgl. Ulrike Landfester: Gestochen scharf. Die Tätowierung als Erinnerungsfigur. In: Schmerz und Erinnerung. Hg. von Roland Borgards. Paderborn u. a. 2005, S. 83–98, hier S. 86.

60 Vgl. ebd.

61 Seuse berichtet überdies von einem weiteren, für ihn vorbildhaften Heiligen, Ignatius von Antiochien († 2. Jh. n. Chr.), in dessen Herz der in goldenen Lettern eingeschriebene Name Jesu Christi entdeckt worden sein soll. Vgl. hierzu Seuse (Anm. 50), Viertes Buch. Briefbüchlein, XI. Brief, S. 392, Z. 25 – S. 393, Z. 3.

62 Landfester (Anm. 51), S. 144.

63 Zu Thomas Selmiston vgl. Glyn Davies: Embroiderers and the Embroidery Trade. In: Ausst. Kat. English Medieval Embroidery. Opus Anglicanum. Hg. von dems., Clare Browne, M. A. Michael. New Haven, London 2016, S. 41–47, hier S. 46; Rozsika Parker: The Subversive Stitch. Embroidery and the Making of the Feminine. New York 1989, S. 43f.

64 Bei der Selbststigmatisation scheint es sich tatsächlich, anders als der Fall Seuses und Elsbeth Stagels zunächst vermuten lässt, sogar um ein vorwiegend frauenspezifisches Phänomen zu handeln. Belegt ist hierbei zumeist die Zufügung von Verletzungen am Ort der Wundmale Jesu Christi. Nonnen bohrten oder schnitten sich überdies die Kreuzesform in die Brust oder schrieben sich – wohl in Anlehnung an das Vorbild Heinrich Seuses – das IHS-Monogramm auf der Höhe ihres Herzens in ihr Körperbild ein. Für einen Überblick zum Phänomen der vornehmlich weiblichen Selbststigmatisation vgl. Peter Dinzelbacher: Körper und Frömmigkeit in der mittelalterlichen Mentalitätsgeschichte. Paderborn u. a. 2007, bes. Kap. 2. Diesseits der Metapher. Selbstkreuzigung und -stigmatisation als konkrete Kreuzesnachfolge, S. 51–77, hier S. 56–77. Zur Selbstbeschriftung des weiblichen Körpers im monastischen Kontext der Frühen Neuzeit

schriftung des weiblichen Körpers im monastischen Kontext jedoch keineswegs so prominent geworden sind, wie das Beispiel Heinrich Seuses.[65] Während bildliche Darstellungen den Bekanntheitsgrad des Dominikanermönches mit dem selbstzugefügten IHS-Monogramm auf dem Herzen steigerten, wurde Frauen, die sich selbst stigmatisierten, eine Bildwürdigkeit, durch die sie zu Vorbildfiguren erhoben werden konnten, für gewöhnlich nicht zuteil. Die Tatsache, dass der durch die Selbstbeschriftung überformte, weibliche Körper gemeinhin nicht im Medium des Bildes thematisch gemacht wurde, erscheint vor der Folie des Verbotes der Selbstgeißelung, das Suso gegenüber seiner Schülerin Stagel aussprach, durchaus plausibel. Der Appell des Mystikers, auf die Imitation seiner blutigen Selbststigmatisation zu verzichten, diente überdies nicht allein der Vermeidung lebensgefährlicher Verletzungen.[66] Vielmehr, so stellte bereits Landfester fest, war die physische *Imitatio* in Form der Herzeinschreibung an das Schriftprivileg gebunden.[67] Die traditionell männliche Codierung desselben wurde damit wiederum auch auf die Selbstbeschriftung übertragen.[68] Bezüglich der eingangs formulierten These stellt sich nun die Frage, wie die eben skizzierte binäre Konstruktion von Herzeinschreibungen im Porträt der Suor Maria Sepellita (Abb. 1 und 2) dekonstruiert wird.

---

vgl. überdies Katherine Dauge-Roth: Signing the Body. Marks on Skin in Early Modern France. London, New York 2020, Kap. 2: Demonic marks, divine stigmata. The female body inscribed, S. 73–120; Alois Hahn: Körper und Gedächtnis. Wiesbaden 2010, S. 125f.; ders.: Handschrift und Tätowierung. In: Schrift. Hg. von Hans Ulrich Gumbrecht, Karl Ludwig Pfeiffer. München 1993 (Materialität der Zeichen 12), S. 201–217, hier S. 214; Jacques Le Brun: A corps perdu. Les biographies spirituelles féminines du XVIIe siècle. In: Corps de Dieux. Hg. von Charles Malamoud. Paris 1986 (Le temps de la réflexion 7), S. 389–408. Vgl. ferner die Beiträge von Beling (Anm. 51), S. 124 und Urban Küsters: Zeichen auf der Haut in der religiösen Kultur des Mittelalters. In: Literalität und Körperlichkeit. Littéralité et Corporalité. Hg. von Günther Krause. Tübingen 1997 (Kultur-Kreise 1), S. 47–53, hier S. 50f.

65 Zu beachten ist dennoch die Vielzahl der Berichte über Körpermodifikationen unter den Salesianerinnen oder Visitantinnen in Frankreich im 17. Jahrhundert. Vgl. Dauge-Roth (Anm. 64), S. 92–96; Le Brun (Anm. 64), S. 400–402.

66 Vgl. Fenten (Anm. 49), S. 94f.

67 Vgl. Landfester (Anm. 51), S. 143.

68 Zur traditionell männlichen Codierung des Schriftprivilegs vgl. Friederike Hassauer: Die Matrix des Wissens. Autorität und Geschlecht. In: Autorität der/in Sprache, Literatur, Neuen Medien. Hg. von Jürgen Fohrmann, Ingrid Karsten, Eva Neuland. Bielefeld 1999, Band 1, S. 250–281. Am Beispiel Margarethe Ebners (1291–1351), einer Zeitgenossin Heinrich Seuses, zeigte Bruno Quast auf, dass die Mystikerin in ihren ›Offenbarungen‹ das Eindrücken beziehungsweise Einprägen des Namens Jesu Christi in ihr Herz beschreibt, hierbei jedoch bemerkenswerterweise die Schriftmetapher dezidiert meidet. Vgl. hierzu Bruno Quast: drücken und schriben. Passionsmystische Frömmigkeit in den Offenbarungen der Margarethe Ebner. In: Gewalt im Mittelalter. Realitäten – Imaginationen. Hg. von Manuel Braun, Cornelia Herberichs. München 2005, S. 293–305, hier S. 295f., 305.

Die Selbstbeschriftung Suor Maria Sepellitas und ihre Vorbilder

Bei der Einschreibung des Namens der Jungfrau Maria auf der Höhe des Herzens der sizilianischen Nonne handelt es sich – wie noch einmal unterstrichen werden muss – um eine aktive Verwundung des eigenen Körperbildes, die unweigerlich eine dauerhaft lesbare und unauslöschliche Narbenschrift zur Folge hat. Das innovative Potential in dem Gemälde Provenzanis verdeutlicht sich im Vergleich mit einem Kupferstich, den ein flämischer Künstler mit dem Namen van Merlen für die erstmals 1644 in Paris erschienene Vita der heiligen Johanna Franziska von Chantal (1572–1641) anfertigte (Abb. 19).[69] Während die Biografie der Gefährtin des heiligen Franz von Sales (1567–1622) beschreibt, wie die Mitbegründerin des Ordens von der Heimsuchung Mariens (auch: Salesianerinnen) sich den Namen Jesu Christi mithilfe eines glühenden Eisens in die Brust einprägte,[70] ist die Selbststigmatisation der französischen Nonne in van Merlens Blatt vielmehr als eine Handlung inszeniert, die unselbständig erfolgt, da sie letztlich doch durch die Hand des Gottessohnes ausgeführt wird.[71]

Die Präsentation der Selbstbeschriftung der Baronin von Chantal orientiert sich damit an der gängigen Darstellungsweise von Herzeinschreibungen in den weiblichen Körper, die sich sehr gut am Beispiel der heiligen Maria Magdalena von Pazzi (1566–1607) nachvollziehen lässt. Wie die berühmte Religiose aus dem Florentiner Konvent S. Maria degli Angeli in ihren eigenen Schriften berichtet, soll der heilige Augustinus von Hippo (354–430 n. Chr.) ihr Herz mit den Worten »Verbum caro factum est« in Buchstaben aus Blut und Gold beschrieben haben.[72] Die Visionen der Schwester vom Orden der Unbeschuhten Karmelitinnen regte eine reiche Bildproduktion an. Wie anzunehmen ist, diente hierbei ein Blatt des flämischen Kupferstechers Frederick Bouttats der Jüngere (1620–1676) von 1669/1670 (Abb. 20) dem florentinischen Künstler Giovanni

69 Vgl. Henry de Maupas du Tour: La vie de la venerable mère Ieanne Françoise Fremiot […]. Paris 1658, Kupferstich vor S. 1. Bei dem Künstler handelt es sich – wie anzunehmen ist – um Theodoor (1609–1672) oder Jacques (1616–1682) van Merlen, die als Kupferstecher und Herausgeber in Antwerpen bzw. Paris tätig waren. Vgl. hierzu RKD, Jacques (I) bzw. Theodoor (II) van Meerlen, https://rkd.nl/nl/explore/artists/record?query=jacques+van+merlen&start=2 (21.6.2020) sowie https://rkd.nl/nl/explore/artists/record?query=jacques+van+merlen&start=6 (21.6.2020). Vgl. ferner Dauge-Roth (Anm. 64), S. 93.

70 Vgl. du Tour (Anm. 69), S. 170f.

71 Vgl. in diesem Sinne auch Dauge-Roth (Anm. 64), S. 93; Le Brun (Anm. 64), S. 403.

72 Zu diesen herzbezogenen Visionen der heiligen Maria Magdalena von Pazzi vgl. Clare Copeland: Maria Maddalena de' Pazzi. The Making of a Counter-Reformation Saint. Oxford u. a. 2016, S. 59; Eric Jager: The Book of the Heart. Chicago u. a. 2000, S. 95; Armando Maggi: Uttering the word. The Mystical Performances of Maria Maddalena de' Pazzi, a Renaissance Visionary. New York 1998, S. 90.

Camillo Sagrestani (1660–1731) zur Fertigung eines um 1702 vollendeten Ölgemäldes für die Kirche San Frediano in Cestello in Florenz als Vorlage (Abb. 21).[73]

Während Augustinus das Herz Maria Magdalenas bei Bouttats mit einem an seinem eigenen Herzen entflammten Pfeil beschreibt, ist dieser in dem Gemälde Sagrestanis durch eine phallische Schreibfeder ersetzt.[74] Die erotische Konnotation des Schreibaktes, in der die männliche Hand des Kirchenvaters das weibliche Herz der Nonne mit dem Logos und Liebeszeichen des Herrn markiert, wurde bereits von Eric Jager notiert.[75] Der Vergleich der Darstellungen der passiv empfangenden Maria Magdalena von Pazzi mit dem Porträt Suor Maria Sepellitas, die im Gegensatz dazu eine eigenhändige Zurichtung ihres Körpers vornimmt, führt den außerordentlichen Ermächtigungsakt der Fürstin von Lampedusa noch einmal deutlich vor Augen.

Ihre Selbstbeschriftung beziehungsweise die bildliche Inszenierung derselben knüpft, wie in diesem Beitrag argumentiert wird, an ein männliches Vorbild, namentlich den bereits vorgestellten Heinrich Seuse, an. Durch zahlreiche Übersetzungen seiner Vita und Schriften war der Selige in der Frühen Neuzeit im Mittelmeerraum bereits lange bekannt.[76] Susos Popularität wird etwa durch ein in Öl auf Leinwand gefertigtes Gemälde belegt, das sich heute im Museo de Bellas Artes in Sevilla befindet (Abb. 22). Es war wiederum Zurbarán, der das Werk zwischen 1636 und 1638 für den Konvent Santo Domingo de Portacoeli in Sevilla ausführte.[77]

73 Bouttats' Arbeit wurde in einer Kupferstichsammlung mit dem Titel *Vita seraphicae virginis S. Mariae Magdalenae de Pazzis, Florentinae ordinis B.V. Mariae de Monte Carmelo regularis observantiae iconibus expressa* veröffentlicht, die 1670 in Antwerpen (?) erschien. Vgl. hierzu Fernando Moreno Cuadro: Iconografía de Magdalena de Pazzi. A propósito de Alonso Cano, Valdés Leal y Pedro de Moya. In: Locus Amoenus 10 (2009/2010), S. 141–152, hier S. 149. Zu dem Gemälde Sagrestanis vgl. Piero Pacini: G. C. Sagrestani. In: Ausst. Kat. Maria Maddalena de' Pazzi. Santa dell'amore non amato. Hg. von dems. Florenz 2007, S. 120f.

74 Durch den Pfeil als Schreibwerkzeug nimmt Bouttats offensichtlich auf die Transverberation der heiligen Teresa von Ávila (1515–1582) Bezug. Anspielungen auf die herzbezogene Vision der Ordensgenossin der heiligen Maria Magdalena von Pazzi sowie auf die berühmte Marmorskulptur von der Hand Gian Lorenzo Berninis (1598–1680) sind auch im Gemälde Sagrestanis präsent. Vgl. hierzu Jager (Anm. 72), S. 95–97.

75 Vgl. ebd.

76 Wie Steven Rozenski Jr. ausführt, haben sich mehrere hundert Manuskripte von Susos Arbeiten in nahezu jeder europäischen Sprache erhalten. Bereits vor 1500 wurden seine Werke in Aalst, London, Delft, Schoonhoven, Venedig, Magdeburg, Augsburg, Köln und Paris gedruckt. Vgl. Steven Rozenski Jr.: Authority and Exemplarity in Henry Suso and Richard Rolle. In: The Medieval Mystical Tradition in England. Hg. von Edward A. Jones. Cambridge u. a. 2013, S. 93–108, hier S. 93f. Zur Rezeption Seuses in Europa vgl. ferner Seuse (Anm. 53), S. 19–27.

77 Zu diesem Gemälde vgl. Odile Delenda: Beato Enrique Susón. In: Best. Kat. Francisco de Zurbarán (Anm. 38), S. 467f.; CER.ES: Red Digital de Colecciones de museos de España, https://ceres.mcu.es/pages/ResultSearch?txtSimpleSearch=Beato%20Enrique%20Sus%F3n&simpleSearch=0&hipertextSearch=1&search=simple&MuseumsSearch=&Museums-RolSearch=1&

Die Annahme, dass Seuses Werke sowie darüber hinaus auch Darstellungen, die den Seligen zeigen, die Selbstbeschriftung der sizilianischen Nonne inspirierten, wird durch die Tatsache bestärkt, dass die Lebensbeschreibung des Mystikers nachgewiesenermaßen bereits im 17. Jahrhundert in der Adelsfamilie Tomasi di Lampedusa gelesen wurde.[78] Nachdem die erste italienische Übersetzung des Gesamtwerkes Seuses mit dem Titel *Vita et opere spirituali del B. Enrico Susone* im Jahre 1642 in Florenz erschien, ist eine Neuauflage des Bandes, die 1663 in Rom veröffentlicht wurde, um eine Druckgrafik von der Hand des französischen Kupferstechers Claude Boizot erweitert worden (Abb. 23).[79] Das Blatt zeigt Seuse, der vor einem Altar kniet, über dem der seraphische Christus schwebt. Den Griffel in der Rechten richtet der Dominikanermönch auf die selbst zugefügte Wunde – und das bemerkenswerterweise mit der gleichen Handhaltung, wie sie auch im Porträt Suor Maria Sepellitas zu sehen ist. Dass die Haltung der Linken Susos, die in den mandelförmigen Gewandausschnitt des Habits fasst, ebenfalls nahezu identisch mit der Darstellung der linken Hand der sizilianischen Nonne ist, spricht dafür, Boizots Kupferstich als Inspirationsquelle für den Bildentwurf in Erwägung zu ziehen, der dem Werk Provenzanis zugrunde liegt.[80] Anders als Seuse beschriftet Suor Maria Sepellita ihr Herz in dem Gemälde jedoch nicht mit dem Christusmonogramm, sondern mit dem Namen ihrer Vorbildfigur, der Gottesmutter. Die männlich codierte Selbststigmatisierung eignete sich die Fürstin von Lampedusa damit gleich auf mehrfache Weise an.

Dass der in der Wunde liegende Finger Suor Maria Sepellitas und die Inschrift der Banderole auf das biblische *Noli me tangere*-Motiv, den ›zweifelnden Thomas‹ sowie die Liebeslyrik Petrarcas (1304–1374) anspielt, kann an dieser Stelle lediglich kursorische Erwähnung finden.[81] Abschließend zu klären ist, wie das Anlegen von Bildern auf dem Äußeren des Körpers und Modifikationen desselben als Strategien der Verinnerlichung in protestantischen Damenstiften bewertet wurden.

---

listaMuseos=null (21.6.2020); Anna Felicity Friedman: The World Atlas of Tattoo. London 2015, S. 132.

78 Vgl. P. F. Biagio della Purificazione: Vita, e virtu dell'insigne servo di Dio D. Giulio Tomasii, e Caro […]. Rom 1685, S. 124f.

79 Vgl. Ignacio del Nente: Vita et opere spirituali del B. Enrico Susone […]. Rom 1663, Frontispiz.

80 Vgl. die Bemerkungen zu Arnold Westerhouts Kupferstich, der dem Gemälde des sizilianischen Künstlers als Vorlage diente (Anm. 1).

81 Eine genauere Betrachtung dieser Aspekte habe ich in meiner Doktorarbeit vorgenommen.

Die protestantische Perspektive: Das Beispiel der Herforder Fürstabtei und des Kraichgauer Adeligen Damenstiftes

Dass es in protestantischen Damenstiften keineswegs ausgeschlossen war, ein Marienbild auf dem Körper anzulegen, lässt sich am Beispiel der Insignien der Herforder Reichsabtei und des angeschlossenen Stifts St. Marien auf dem Berge nachweisen, in die sowohl lutherische als auch reformierte, jedoch keine katholischen Anwärterinnen aufgenommen wurden.[82] Ein 1767 von dem Hofmaler Friedrich Wilhelm Güte (um 1720–1778) in Öl auf Leinwand ausgeführtes Porträt der letzten Fürstäbtissin, Friederike Charlotte von Brandenburg-Schwedt (1745–1808, reg. 1764–1802), zeigt den 1729 eingeführten Stiftsorden der Herforder Damenstifte, auf dem sich ein Bild der Mutter Gottes mit dem Jesuskind in den Armen findet (Abb. 24 und 25).[83] Das gleiche Marienmotiv ziert den gestickten Bruststern der Porträtierten, durch den die Stifterin und Großmutter Friederikes, Johanna Charlotte von Brandenburg-Schwedt (1682–1750, reg. 1729–1750), die Herforder Ordensdekoration noch kurz vor ihrem Tode erweitert hatte (Abb. 26).[84] Das Bild der Gottesmutter, die wie in dem Stickbild der Benediktinerinnen von Palma di Montechiaro als Christusträgerin dargestellt ist, referiert, laut Thorsten Heese, auf die Mariensiegel, die in den Herforder Damenstiften seit dem Mittelalter in Gebrauch waren und wird so zum Zeichen der Geschichte und Kontinuität beider Institutionen.[85] Dass die Insignien darüber hinaus auch den Lehrmeinungen der Reformatoren Martin Luther und Johannes Calvin entsprechen, indem sie die Mutter Gottes als Vorbildfigur inszenieren, wird durch die das Marienbild rahmende Inschrift »MEMINISSE ET IMITARI« explizit unterstrichen.[86] Durch ihre Anbringung nehmen der Stiftsorden an der Schärpe und der angesteckte Bruststern auf das Herz ihrer Trägerinnen Bezug,

---

82 Für eine ausführlichere Untersuchung der Herforder Insignien vgl. Maria Schaller: ›Meminisse et imitari‹. Die Insignien der Herforder Damenstifte. In: Maria in den Konfessionen und Medien der Frühen Neuzeit. Hg. von Bernhard Jahn, Claudia Schindler. Berlin, Boston 2020 (Frühe Neuzeit 234), S. 197–216. Eine detaillierte Darstellung der konfessionellen Verhältnisse in den Herforder Damenstiften bietet Helge bei der Wieden: Die konfessionellen Verhältnisse in der Reichsabtei Herford. In: Jahrbuch der Gesellschaft für niedersächsische Kirchengeschichte 102 (2004), S. 267–279.

83 Zu dem Äbtissinnenporträt von der Hand Gütes vgl. Thorsten Heese: Mit Schulterband und Schleife ›… zum Lustre Unsers Stifts …‹. Ehre, Eitelkeiten und Intrigen im Zeichen des Herforder Damenstiftsordens. In: Historisches Jahrbuch für den Kreis Herford 2 (1994), S. 65–100, hier S. 94, Verzeichnis 2. Zur Einführung des Stiftsordens vgl. ebd., S. 70–72.

84 Zur Stiftung des Bruststerns vgl. ebd., S. 76f.

85 Vgl. ebd., S. 73.

86 Zur Vorstellung Martin Luthers und Johannes Calvins, dass Maria den Gläubigen als Vorbildfigur dienen kann vgl. Steiger (Anm. 20), S. 227–229, 243; Peter Meinhold: Die Marienverehrung im Verständnis der Reformatoren des 16. Jahrhunderts. In: Saeculum 32 (1981), S. 43–58, hier S. 47–49; Tappolet (Anm. 20), S. 66–75.

besitzen jedoch im Vergleich zu den gestickten Marienbildern der sizilianischen Nonnen als am Körper verschiebbare und nur temporär angelegte Zeichen lediglich symbolischen Verweischarakter.

In Bezug auf die Bewertung von Körpermodifikationen in protestantischen Damenstiften kann eine Predigt angeführt werden, die der lutherische Pfarrer Johann Michael Wilhelm Nüchterlein im Jahre 1721 anlässlich der Einweihungsfeier des Kraichgauer Adeligen Damenstiftes hielt.[87] In seinem Sermon trägt der Mentzinger Prediger eine detaillierte Ausdeutung des in diesem Rahmen verliehenen ›Stiffts Zeichens‹ vor.[88] Dieses ist in einem wohl nach 1733 gefertigten Bildnis der ersten Äbtissin, Rosina Susanna von Venningen (1672–1733, reg. 1721–1733), ebenfalls an einer Schärpe am Körper der Porträtierten angebracht und zeigt ein Bild des Gekreuzigten im Herzen (Abb. 27 und 28).[89] Nüchterleins Predigt stellt insofern ein bemerkenswertes Zeugnis dar, als der Pfarrer das Tragen des Kleinods mit der Zurichtung des eigenen Körpers in Form von Brandmarkierungen vergleicht. Letztere assoziiert er hierbei mit der katholischen Kirche, so heißt es in dem Sermon:

> Dieses Ordenszeich[en], zu ihrer distinction u: erbautniß, hängen sie [die Stiftsdamen des Kraichgauer Adeligen Damenstiftes] nicht nur etwa aufs hertz, u: ihre brust, wie etwa im Papstum sich viele das Creütz Jesu laßen mit eisen einbrennen auf ihre brust od[er] arm od[er] wie ehemals Borelaus König in Pohlen, seines H. vatters bildniß u: contervay stetigst aus kindl.[ich]er liebe u: andencken auf seiner brust trug, sondern truckens gar ins hertz u: brust u: sprechen: Mein lebtag will ich dich aus meinem sinn nicht laßen, ich will dich, gleichwie du mich, mit liebes Armen faßen, du sollst seyn meines hertzens licht, u: wenn mein hertz in Stücken bricht, soltu mein hertze bleiben, ich will mich dir mein höchster ruhm, hiermit zu deinem eigenthum auf ewigl.[ich] verschreiben, […].[90]

Wie die eben zitierten Zeilen belegen, konstruiert der lutherische Pfarrer in seiner Predigt eine Konfessionsspezifität beider Verinnerlichungsstrategien: Während die Versuche der Katholik*innen, sich den Gottessohn mithilfe von Brandmarkierungen ins Herz einzuprägen, an der Haut als Grenze zwischen dem Äußeren und Inneren des Körpers scheitern müssen, hängen die Angehörigen des

87 Vgl. Johann Michael Wilhelm Nüchterlein: Sermon zur Einweihung des Kraichgauer Adeligen Damenstiftes. Ohne Ort 1721. Generallandesarchiv in Karlsruhe, GLA 69 Damenstift A 30. Unter der Signatur GLA 69 Damenstift A 454 kann überdies eine Abschrift der Predigt eingesehen werden.

88 Zu dieser Bezeichnung des Stiftsordens vgl. Amalia Elisabeth von Mentzingen: Fundation und Statuta des freyadlichen ohnmittelbahren weltlichen Fräulinnen Stifts zu PFORTZHEIM […]. Menzingen 1721, Kap. VIII: Von der Abtißin und Stiffts Fräulinen Kleydung, Item wie viel eine jede in das Stifft einbringen müße. Zitiert nach Konrad Krimm, Heinz Maag, Siegfried Rupp: 300 Jahre Kraichgauer Adeliges Damenstift. Bretten 2018, S. 28–57, hier S. 44.

89 Zu dem von anonymer Hand gefertigten Äbtissinnenporträt und dem herzförmigen Stiftsorden vgl. Krimm, Maag, Rupp (Anm. 88), S. 14, 24.

90 Nüchterlein (Anm. 87), GLA 69 Damenstift A 454, S. 5.

Kraichgauer Adeligen Damenstiftes – Nüchterleins Argumentation zufolge – ihr Ordenszeichen nicht einfach nur »aufs hertz, u: ihre brust«, sondern »truckens gar ins herz u: brust«.[91] Der vermeintlich ›katholische‹ Verinnerlichungsversuch bleibt erfolglos, die lutherischen Konventualinnen des Kraichgauer Adeligen Damenstiftes tragen das Bild des Gekreuzigten demgegenüber durch ihren Glauben bereits in ihren Herzen, sodass das Schmuckstück an der Schärpe lediglich als Erinnerungszeichen dient. Das Bild des leidenden Gottessohnes auf dem herzförmigen Stiftsorden beansprucht hierbei nicht, gleichbedeutend mit dem ›inneren Bild‹ Jesu Christi zu sein, sondern steht lediglich symbolhaft dafür, dass sich die Angehörigen des lutherischen Damenstiftes sicher sein können, den Erlöser fest in das eigene Herz eingeprägt zu haben.

Wie oben aufgezeigt wurde, spiegelt das Nonnenporträt Suor Maria Sepellitas die Vorstellung wider, das Herzensinnere werde auf dem Körperäußeren zur Anschauung gebracht. In den Bildbeispielen aus den protestantischen Damenstiften hingegen bleiben die ›inneren‹ Bilder im Herzen der Konventualinnen dem Blick der Betrachter*innen verborgen.

91 Die für die Konventualinnen des Kraichgauer Adeligen Damenstiftes geäußerte Vorstellung entspricht der lutherischen Bildtheologie, die darauf abzielt, den Glaubenden dazu anzuleiten, sich das Bild des leidenden Gottessohnes in das eigene Herz einzuprägen. Vgl. hierzu Steiger (Anm. 20), S. 122–126.

Abb. 1 und 2: Domenico Provenzani, *Suor Maria Sepellita della Concezione (= Rosalia Traina e Drago)*, um 1760, Öl auf Leinwand, unbekannte Maße, Palma di Montechiaro, Hauptkirche Maria SS. del Rosario, Sakristei (?).

Abb. 3 und 4: Anonymer sizilianischer Künstler, *Rosenkranzmadonna (Colomba Rosata)*, 1696, polychrom gefasstes Holz, unbekannte Maße, Palma di Montechiaro, Kirche des Benediktinerinnenklosters SS. Rosario, Sakristei.

Abb. 5: Anonym, Kunigundenpassionale fol. 10r, *Arma Christi*, Prag, 1320er Jahre, Federzeichnung auf Pergament, 29,5 × 25 cm, Prag, Nationalbibliothek (Ms. XIV. A. 17).

Abb. 6: Jean Bourgot le Noir, Psalter der Bonne de Luxembourg fol. 331r, *Arma Christi und Seitenwunde*, Paris, um 1345–1349, Tinte, Tempera und Blattgold auf Pergament, 12,6 × 9 cm, New York, Metropolitan Museum of Art, The Cloisters (Ms. 69.86).

Abb. 7: Lorenzo Monaco (Piero di Giovanni) zugeschrieben, *Interzession*, vor 1402 für den Florentiner Dom Santa Maria del Fiore, Tempera auf Leinwand, 239,4 × 153 cm, New York, Metropolitan Museum of Art, The Cloisters.

Abb. 8: Anonym, *Christi Blut und Marias Milch als Erlösungssymbole*, Ende des 17. Jahrhunderts, unbekannte Technik und Maße, Salzburg, Benediktinerinnenabtei Nonnberg.

Abb. 9: Erfurter Meister, *Die Jungfrau Maria am Spinnrocken*, um 1390, Tempera und Gold auf Leinwand und Holz, 27 × 19 cm, Berlin, Staatliche Museen zu Berlin – Preußischer Kulturbesitz, Gemäldegalerie.

Abb. 10: Philippe de Champaigne, *Verkündigung*, um 1644, Öl auf Eichenholz, 59,2 × 70,5 cm, New York, Metropolitan Museum of Art.

Abb. 11 und 12: Anonym, *Marienleben mit der Darstellung der Mutter Gottes am Webstuhl*, um 1400, Altartuch mit Seidenstickerei, von Nonnen gefertigt für die Jodocikapelle in Braunschweig, unbekannte Maße, Braunschweig, Städtisches Museum.

Abb. 13 und 14: Kölner Schule, *Die Jungfrau Maria beim Sticken*, um 1460, unbekannte Technik und Maße, ehemals Bottmingen, Sammlung Dr. Arthur Wilhelm.

Abb. 15: Francisco de Zurbarán, *Die Jungfrau Maria als Kind in Ekstase*, 1630, Öl auf Leinwand, 117 × 94 cm, New York, Metropolitan Museum of Art.

Abb. 16 und 17: Werkstatt des Meisters Bertram von Minden, Buxtehuder Altar, rechter Flügel, *Der Besuch der Engel*, Ende des 14. Jahrhunderts, Tempera auf Eichenholz, unbekannte Maße, Hamburg, Kunsthalle.

Abb. 18: Heinrich Seuse, Exemplar fol. 68v, *Seuse übergibt den heiligen Namen an seine ›geistliche Tochter‹ Elsbeth Stagel*, um 1370, Federzeichnung auf Pergament, 21,2 × 16,8 cm, Straßburg, National- und Universitätsbibliothek (Ms. 2929).

Abb. 19: Theodoor oder Jacques (?) van Merlen, *Jesus Christus unterstützt die heilige Johanna Franziska von Chantal bei der Selbstbeschriftung ihres Herzens*, Kupferstich, unbekannte Maße, aus Henry de Maupas du Tour, La vie de la venerable mère Ieanne Françoise Fremiot […]. Paris 1658, Kupferstich vor Seite 1.

Abb. 20: Frederick Bouttats, *Der heilige Augustinus beschreibt das Herz der heiligen Maria Magdalena von Pazzi*, Kupferstich, unbekannte Maße, aus der Sammlung *Vita seraphicae virginis S. Mariae Magdalenae de Pazzis, Florentinae ordinis B.V. Mariae de Monte Carmelo regularis observantiae iconibus expressa*. Antwerpen (?) 1670, Tafel 17.

Abb. 21: Giovanni Camilo Sagrestani, *Der heilige Augustinus beschreibt das Herz der heiligen Maria Magdalena von Pazzi*, um 1702, Öl auf Leinwand, 194 × 300 cm, Florenz, San Frediano in Cestello.

Abb. 22: Francisco de Zurbarán, *Der selige Heinrich Seuse*, ca. 1636–1638, Öl auf Leinwand, 209 × 145 cm, Sevilla, Museo de Bellas Artes.

Abb 23: Claude Boizot, *Die Selbststigmatisation des seligen Heinrich Seuse*, Kupferstich, unbekannte Maße, aus Ignacio del Nente, Vita et opere spirituali del B. Enrico Susone [...]. Rom 1663, Frontispiz.

Abb. 24–26: Friedrich Wilhelm Güte, *Friederike Charlotte Leopoldine Louise von Brandenburg-Schwedt*, 1767, Öl auf Leinwand, 170 × 125,8 cm, Herford, Daniel-Pöppelmann-Haus.

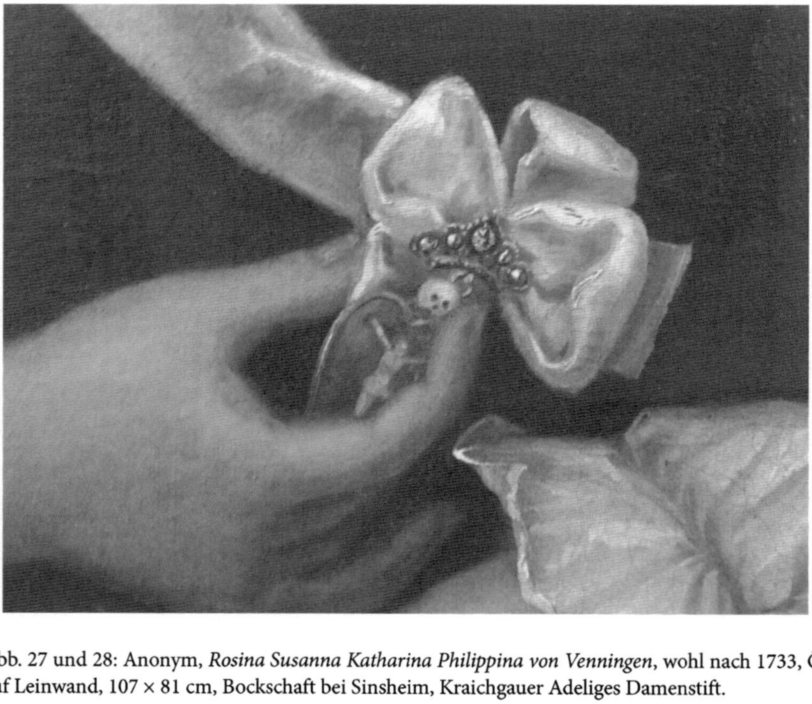

Abb. 27 und 28: Anonym, *Rosina Susanna Katharina Philippina von Venningen*, wohl nach 1733, Öl auf Leinwand, 107 × 81 cm, Bockschaft bei Sinsheim, Kraichgauer Adeliges Damenstift.

Silke Segler-Meßner

Caritas, *amour passion* und weibliche Selbstbestimmung in den Romanen Madame de Lafayettes

1 Gott als Leerstelle

In Nicolas Poussins Gemälde *Les Israélites recueillant la Manne dans le désert* (1637) sind zwei Erzählungen miteinander verzahnt: das Wunder des Stillens der alten Frau in der linken Szene im Bildvordergrund und die göttliche Speisung der Israeliten, die sich im Bildzentrum befindet. Felix Thürlemann und Max Imdahl interpretieren beide Szenen als Darstellung menschlicher Nächstenliebe in der Caritas-Romana-Gruppe, in die zwei Quellen Eingang gefunden haben: zum einen die antike Legende von Cimon und Pero, die ihren hungernden Vater heimlich im Gefängnis mit Muttermilch nährt, zum anderen das Konzept christlicher Nächstenliebe, in der die Hinwendung zum bedürftigen Anderen zum Ausdruck zuteil gewordener göttlicher Gnade avanciert.[1] Die göttliche Gnadengabe als Prämisse menschlichen Heils konstituiert das Sujet eines dynamischen und komplexen Geschehens im Gemälde Poussins.

Vierzig Jahre später veröffentlicht Madame de Lafayette *La Princesse de Clèves* (1678)[2], einen Roman, der aufgrund der berühmten Geständnisszene der Protagonistin einen Skandal im zeitgenössischen Kontext auslöste.[3] Die weibliche Hauptfigur sieht sich nach dem Tod ihrer Mutter dem Liebeswerben des Duc de Nemours schutzlos ausgeliefert, der ein leidenschaftliches Begehren in

1 Vgl. Felix Thürlemann: Vom Bildnis zum Raum. Beiträge zu einer semiotischen Kunstwissenschaft. Köln 1990, S. 111–138 (5. Kap: Nicolas Poussin – ›Die Mannlese‹. Staunen als Leidenschaft des Sehens); Max Imdahl: Caritas und Gnade. Zur ikonischen Zeitstruktur in Poussins Mannalese. In: Französische Klassik. Theorie – Literatur – Malerei. Hg. von Fritz Nies, Karl-Heinz Stierle. München 1985, S. 137–166.

2 Madame de Lafayette: La Princesse de Clèves et autres romans. Hg. von Bernard Pingaud. Paris 1972 (folio classique) (Jahr der Erstveröffentlichung: 1678).

3 Vgl. Jean Baptiste Henri Du Trousset de Valincour: Lettres à Mme Marquise *** sur le sujet de ›La Princesse de Clèves‹. Hg. von Christine Montalbetti. Paris 2001 (Jahr der Erstveröffentlichung: 1678).

ihr entfacht. Selbst der Rückzug aufs Land gebietet ihrem Verehrer keinen Einhalt, so dass sie eine sehr ungewöhnliche Maßnahme ergreift: Sie gesteht ihrem Ehemann ihre Leidenschaft für den anderen, um die *amour passion* bändigen zu können.[4] Für die Leserschaft im 17. Jahrhundert war diese kommunikative Intimität unvorstellbar, da die Ehe in der Regel aus ökonomischen und machtpolitischen Interessen geschlossen wurde. Die Kritiker und Kritikerinnen im 20. und 21. Jahrhundert bewerten jedoch gerade diese Aufrichtigkeit und Offenheit der Princesse de Clèves als Indiz einer modernen Liebeskonzeption, die durch Gleichwertigkeit der Partner und eine ausdifferenzierte intime Kommunikation gekennzeichnet ist.[5]

Alle Romane Madame de Lafayettes dekonstruieren das Modell der galanten Liebe, die im äußerst kompetitiven höfischen Umfeld entsteht und den Anderen auf den Status eines zu erobernden Objekts reduziert. Die Autorin assoziiert die Welt des Hofes mit einem semantischen Feld, das Begriffe wie Erhöhung, Ausstrahlung, Geist, Schönheit mit Ehrgeiz, Herrlichkeit und Glück verbindet. Aus ihrer Sicht handelt es sich um ein Wertesystem von »vices déguisés«, die den Menschen sowohl dem christlichen Glauben als auch sich selbst entfremden. Auch wenn Gott im Romangeschehen der *Princesse de Clèves*, der *Princesse de Montpensier* (1662) und der »histoire espagnole« *Zayde* (1670/71) eine lexikalische Leerstelle markiert,[6] bleibt er als *deus absconditus* in der Suche nach Tugend präsent, die über den Begriff »repos« verhandelt wird. Das Streben nach »repos« im Sinne von Einkehr als übergeordnetem Ziel weiblichen Handelns in der *Princesse de Clèves* impliziert eine Problematisierung der *amour passion* und verweist zugleich auf das Bedürfnis des modernen Subjekts, sich der Vergänglichkeit weltlichen Treibens zu entziehen.[7]

Poussins Gemälde visualisiert ein Modell christlicher Nächstenliebe, das in den Romanen Madame de Lafayettes als Lebensideal der höfischen Gesellschaft des 17. Jahrhunderts widerlegt wird. Weder in *Zayde*[8] noch in *La princesse de Montpensier*[9] oder *La princesse de Clèves* spielt der Verweis auf die Caritas für die Modellierung intersubjektiver Beziehungen eine Rolle.[10] Gleichzeitig scheint

4 Vgl. Niklas Luhmann: Liebe als Passion. Frankfurt a. M. 1994, S. 98–106.

5 Vgl. Roland Galle: Geständnis und Subjektivität. Untersuchungen zum französischen Roman zwischen Klassik und Romantik. München 1986, S. 46–54.

6 Vgl. Stirling Haig: Madame de Lafayette. New York 1970, S. 53.

7 Vgl. Wolfgang Matzat: Affektpräsentation im klassischen Diskurs: La Princesse de Clèves. In: Imdahl (Anm. 1), S. 231–266.

8 Madame de Lafayette: Zayde. Histoire espagnole. Hg. von Camille Esmein-Sarrazin. Paris 2006 (Jahr der Erstveröffentlichung: 1670).

9 Madame de Lafayette: La princesse de Montpensier. Hg. von Daniel Aris. Paris 1993 (Jahr der Erstveröffentlichung: 1662).

10 Vgl. Silke Segler-Meßner: Caritas. In: Liebessemantik. Frühneuzeitliche Darstellungen von Liebe in Italien und Frankreich. Hg. von Kirsten Dickhaut. Wiesbaden 2014, S. 189–222.

die Haltung der Protagonistinnen tief von der Verinnerlichung der Prinzipien eines frommen Lebens durchdrungen zu sein, die François de Sales zu Beginn des 17. Jahrhunderts entwickelt und in den Dienst der Nächstenliebe stellt.[11] De Sales Modell einer tugendhaften Existenz als Ergebnis der Erbauung verliert im Laufe der Zeit an Wirkungsmacht und weicht der Vorstellung eines grundlegenden Unvermögens des Menschen, das Wirken Gottes zu erkennen und in seinem Sinne zu handeln. In der zweiten Hälfte des 17. Jahrhunderts dominiert eine eher negative Anthropologie, die sich im Jansenismus von Port Royal Bahn bricht, der auch Madame de Lafayette beeinflusst hat.

Die Biografien der Protagonistinnen in den Romanen Madame de Lafayettes enthüllen die innere Zerrissenheit zwischen dem Wunsch nach gesellschaftlicher Anerkennung und der Erfahrung einer *amour passion*, die in ihrer Spontaneität und Unbedingtheit den höfischen Wert- und Normvorstellungen entgegensteht und niemals glücklich enden kann.[12] Das Festhalten an dem Ideal einer tugendhaften Existenz verstärkt dabei den Konflikt der Frauenfiguren, die angesichts der unmöglichen Erfüllung ihres Liebesbegehrens den Tod wie in der *Princesse de Montpensier* oder die gesellschaftliche Isolation wählen. Die Protagonistin Bélasire in der eingelegten Erzählung *Histoire d'Alphonse et de Bélasire* aus der »histoire espagnole« *Zayde* präfiguriert mit ihrem Rückzug ins Kloster bereits den »retraite« der verwitweten Princesse de Clèves am Ende des Romans. Beide Figuren entsagen dem Anspruch auf Erfüllung einer vollkommenen Liebe, der sich in Opposition zur Praxis der Täuschung und Verstellung im gesellschaftlichen Leben befindet. Wie Racine in seiner Tragödie *Phèdre* exemplarisch zeigt, sieht sich das neuzeitliche Subjekt der Gewalt einer zerstörerischen Leidenschaft ohnmächtig ausgeliefert, die nichts als Tod und Unglück bringt. Gott offenbart sich dem Menschen nicht mehr in Wundern, sondern allenfalls in der Einkehr in sich selbst, die dem Menschen jedoch unmöglich geworden ist. Die Unbeständigkeit und Rastlosigkeit der menschlichen Natur sind Pascalsche Themen, die Madame de Lafayette in ihren Romanen zur Modellierung des weiblichen Identitätskonflikts aufgreift.

Die Darstellung des Caritas-Romana-Komplexes in Poussins Gemälde und die Romane Madame de Lafayettes problematisieren die Tragfähigkeit christlicher Nächstenliebe als Grundlage menschlichen Zusammenlebens.[13] In den

11 Zum Zusammenhang zwischen Erbauung und weiblicher Erziehung vgl. Jörn Steigerwald: Formation und Rezeption einer éducation féminine. François de Sales, Madame de Lafayette mit einem Ausblick auf Christian Thomasius. In: Aedificatio. Erbauung im interkulturellen Kontext der Frühen Neuzeit. Hg. von Andreas Solbach. Tübingen 2005, S. 377–395.

12 Vgl. Odette Virmaux: Les héroïnes romanesques de Madame de Lafayette. Paris 1981.

13 Zu dem Caritas-Romana-Komplex in den Bildkünsten vgl. Jutta Held: Caritas: Modelle einer Leidenschaft in den Bildkünsten der Frühen Neuzeit. In: Psychische Energien bildender Kunst. Festschrift Klaus Herding. Hg. von Henry Keazor. Köln 2002. S. 89–115.

weiblichen Identitätskonflikten reflektiert sich exemplarisch das Spannungsverhältnis zwischen »commerce social« (La Rochefoucauld) und dem Konzept einer tugendhaft christlichen Seinsweise. Gleichzeitig avanciert die Aufrichtigkeit als Prämisse der Kommunikation zwischen Mensch und Gott zum Gebot gelingender heterosexueller Liebesrelationen. Im Anschluss an eine Skizze der pessimistischen Weltsicht in der zweiten Hälfte des 17. Jahrhunderts analysiere ich am Beispiel der beiden Romane Madame de Lafayettes *Zayde* und *La Princesse de Clèves* die Handlungsmöglichkeiten des weiblichen Subjekts. Der Beitrag schließt mit einer Reflexion der Ambiguität des männlichen Blicks im Gemälde Poussins und den Romanen Madame de Lafayettes.

2 Caritas und Säkularisierung im 17. Jahrhundert

Die Romane Madame de Lafayettes, deren Handlung am spanischen oder französischen Hof situiert ist, und die *Maximes*[14] La Rochefoucaulds teilen eine extrem pessimistische Sicht auf die Welt. Fand Montaigne in der Rückbesinnung auf sein Selbst den einzig möglichen Fixpunkt in einer sich stetig wandelnden Gesellschaft, ist die Perspektive der Moralisten des 17. Jahrhunderts durch eine tiefe Verunsicherung im Hinblick auf das Leben in der Gemeinschaft geprägt, in der nicht mehr kollektiv geteilte Werte dominieren, sondern utilitaristische Motive die Begegnung mit dem anderen bestimmen.[15] Die menschlichen Laster, die La Rochefoucauld schonungslos enthüllt, sind kein Ausdruck einer durch Glauben zu überwindenden Schwäche. Im Gegenteil, sie verweisen auf die grundsätzliche Unmöglichkeit, ein Leben in Übereinstimmung mit den alttestamentarischen Geboten zu führen. Alle Formen der Kommunikation sind durch die Prinzipien der Simulation und Dissimulation reguliert, d. h. der Mensch wendet sich dem anderen nicht aus uneigennützigen Motiven zu, sondern sucht im »échange de bons offices«[16] seine eigene Tugendhaftigkeit zur Schau zu stellen, wie La Rochefoucauld in der Maxime 83 schreibt.

Die Vorstellung einer zwischenmenschlichen Beziehung um des anderen willen ist in der zweiten Hälfte des 17. Jahrhunderts einer partikularistischen Ethik gewichen. Eine Gruppe wie die »honnêtes gens« teilen zwar ähnliche Auffassungen, bilden aber keine Wertegemeinschaft mehr. Sie finden sich je und je nach Interessenlage zusammen und passen ihre Überzeugungen dem überge-

---

14 François de La Rochefoucauld: Réflexions ou Sentences et Maximes morales et Réflexions diverses. Hg. von Laurence Plazenet. Paris 2002.

15 Vgl. Jean-Pierre Cavaillé: Dis/simulations. Jules-César Vanini, François La Mothe Le Vayer, Gabriel Naudé, Louis Machon et Troquato Accetto. Religion, morale et politique au XVIIe siècle. Paris 2002.

16 La Rochefoucauld (Anm. 14), S. 145.

ordneten Ziel der Selbstvergrößerung an. In dem Maße, in dem die Optimierung des Genusses die Leidenschaften dominiert, verlieren christlich geprägte Lebensvorstellungen an Bedeutung. Sowohl die Liebe als auch die Freundschaft unterliegen dem Wandel der Zeit und garantieren nicht mehr die Stabilität zwischenmenschlicher Beziehungen.

> Les changements qui arrivent dans l'amitié ont à peu près des causes pareilles à ceux qui arrivent dans l'amour : leurs règles ont beaucoup de rapport. Si l'un a plus d'enjouement et de plaisir, l'autre doit être plus égale et plus sévère : elle ne pardonne rien ; mais le temps, qui change l'humeur et les intérêts, les détruit presque également tous deux. Les hommes sont trop faibles et trop changeants pour soutenir longtemps le poids de l'amitié. L'antiquité en a fourni des exemples ; mais, dans le temps où nous vivons, on peut dire qu'il est encore moins possible de trouver un véritable amour qu'une véritable amitié.[17]

In diesem grundlegenden Skeptizismus kommt nicht nur der Zweifel an der Legitimation einer rein rationalistischen Weltsicht zum Ausdruck, sondern auch die Kritik an einer Menschheit, die keine dauerhaften Bindungen und Beziehungen herzustellen und aufrechtzuhalten in der Lage ist. Auch wenn La Rochefoucauld in seinen Maximen fast alle Spuren christlichen Denkens gelöscht hat, nähert ihn seine Vision einer Menschheit ohne göttliche Gnade dem Denken Augustins an, das im zeitgenössischen Kontext insbesondere von Blaise Pascal aufgegriffen und aktualisiert wurde.[18] Wie Philippe Sellier zeigt, wurde auch Madame de Lafayette von der jansenistischen Bewegung in Port Royal beeinflusst, was sich in *La Princesse de Clèves* in »la présence des surimpressions augustiniennes«[19] reflektiert. Abgesehen von semantischen Echos auf die augustinische Kritik der Selbstliebe als Ursprung des Bösen in der Beschreibung der höflichen Realität problematisiert die narrative Inszenierung der Liebe, sei es in *Zayde* oder in der *Princesse de Clèves*, die Möglichkeit einer rein rationalen Kontrolle der Leidenschaften. Gleichzeitig stoßen die Protagonistinnen in ihrem Handeln an die Grenzen eines christlichen Lebensmodells, das die (weibliche) Selbstverleugnung und Bedürfnislosigkeit in den Dienst der Nächstenliebe stellt.

Der Kirchenvater Augustin definiert Liebe als »appetitus«, der den Menschen dazu drängt, das Gute außerhalb seiner selbst zu suchen, um sich zu vervollständigen.[20] Da diese Erfahrung eines existentiellen Mangels den Ausgangspunkt der Identitätssuche bildet, muss sich der Mensch in Bezug zum Objekt seines Be-

17 La Rochefoucauld (Anm. 14), S. 275–276.

18 Vgl. Philippe Sellier: La Rochefoucauld, Pascal, Saint Augustin. In: Revue d'histoire littéraire de la France 69/1 (1969), S. 551–575.

19 Philippe Sellier: La Princesse de Clèves: Augustinisme et préciosité au paradis des Valois. In: Images de La Rochefoucauld. Actes du Tricentenaire 1680–1980. Hg. von Jean Lafond, Jean Mesnard. Paris 1984, S. 217–228, hier S. 218.

20 Zur zentralen Position Augustinus in der geistesgeschichtlichen Rezeption des 17. Jahrhunderts sei auf die ihm gewidmete Sondernummer der Zeitschrift XVIIe siècle 135 (1982) verwiesen.

gehrens positionieren. Aufgrund der Vergänglichkeit menschlichen Seins kann er im weltlichen Leben keine Erlösung finden. Nur in der Ausrichtung seines irdischen Lebens auf Gott, dem »summum bonum«, kann er den Tod überwinden und Ewigkeit erlangen. Deshalb unterscheidet Augustin zwei verschiedene Wege. Gelingt es dem Menschen nicht, sich von den weltlichen Bedürfnissen zu lösen, bleibt sein »appetitus« an flüchtige Güter gebunden und er begnügt sich mit einer vorübergehenden Befriedigung seines Begehrens. In dieser Lebensform, die Augustinus als »cupiditas« qualifiziert, wird sich der Mensch selbst zur Welt, die er genießt. Selbstliebe und eine permanente (Selbst-)Zerstreuung in irdischen Genüssen sind das Ergebnis dieser Haltung, die zu einer selbstentfremdeten und gottabgewandten Existenz führt. Erkennt das neuzeitliche Subjekt hingegen die Flüchtigkeit des Weltlichen und wendet sich dem »summum bonum« zu, verwandelt die Liebe zu Gott sein Begehren in gelebte Caritas.[21] Nur wenn der Mensch auf die Welt und die unmittelbare Befriedigung seiner individuellen Bedürfnisse verzichtet, realisiert er die Liebe als Akt göttlicher Gnade. Die paradoxe Logik des christlichen Liebesverständnisses setzt die freiwillige Selbstverleugnung und Relativität irdischer Bedürfnisbefriedigung voraus.

In der augustinischen Liebeskonzeption realisiert sich Caritas als wahre Liebe demnach nur in Bezug auf das außerweltliche »summum bonum«. Das hat zur Folge, dass die Welthaftigkeit menschlicher Existenz grundsätzlich entwertet wird, was Hannah Arendt im ersten Teil ihrer Promotionsschrift zum »Liebesbegriff bei Augustin« kritisiert.[22] Da der menschliche »appetitus« nur in der Liebe zu Gott Ruhe findet, impliziert die Caritas eine Haltung der Entsagung bzw. der Entindividualisierung, die das Verhältnis zum Selbst und zum Nächsten problematisch werden lässt. Diese Negation des Weltlichen und des Individuellen wirft die Frage nach der Konkretisierung christlicher Liebe in intersubjektiven Beziehungen auf. Wenn die Nächstenliebe in der Caritas aufgehoben ist, der Nächste jedoch gleichzeitig nur als Gottes Geschöpf Anerkennung erfährt, bleibt offen, wie Arendt schlussfolgert, »wie es für die absolut isolierte creatura überhaupt noch einen proximus geben kann«[23]. In der Perspektive Augustins begründet die Caritas als uneigennützige Liebesgabe Gottes die Entscheidung des Menschen für oder gegen das »summum bonum«. Insofern sich der Mensch in der Caritas nur finden kann, indem er auf die Welt verzichtet, sieht Arendt

21 Zur Unterscheidung zwischen diesen beiden Formen der Liebe, die mit den Begriffen »uti« und »frui« bezeichnet werden, vgl. Joachim Küpper: Uti und frui bei Augustinus und die Problematik des Genießens in der ästhetischen Theorie des Okzidents. In: Genuss und Egoismus. Zur Kritik ihrer geschichtlichen Verknüpfung. Hg. von Wolfgang Klein und Ernst Müller. Berlin 2001, S. 3–29.

22 Vgl. Hannah Arendt: Der Liebesbegriff bei Augustin. Versuch einer philosophischen Interpretation. Hildesheim 2006, S. 69–72.

23 Ebd., S. 69.

das Liebeskonzept Augustins der Gefahr der Weltlosigkeit ausgesetzt, die der Instrumentalisierung durch totalitäre Systeme den Weg ebnet, wie sie an anderer Stelle aufzeigt.

Welche Funktion hat der Nächste in der Caritas, die sich als Lebensform und gleichzeitig als göttliche Gabe manifestiert? Wenn göttliche Liebe und Nächstenliebe identisch sind, wie realisiert sich dann die Liebe in zwischenmenschlichen Beziehungen? Im historischen Kontext des 17. Jahrhunderts wurden diese Fragen in der umfangreichen religiösen Literatur beantwortet, die Modelle gelebter Spiritualität im Alltag entwickelte. Michel de Certeau betont, dass die vorangetriebene Evangelisierung der posttridentinischen Kirche einem sozialen Ordnungswillen entspricht, welcher der Herausbildung des absolutistischen Staates korrespondiert.[24] Als der Bischof von Meaux, François de Sales, in der ersten Jahrhunderthälfte die *Introduction à la vie dévote*[25] veröffentlichte, entwickelte er nicht nur einen Regelkanon für die täglichen Praktiken der Andacht wie Beichte und Meditation, sondern auch ein Konzept gelebter Caritas in einer weltlichen, selbstvergessenen Gesellschaft. Die Originalität des Textes besteht in der expliziten Intention, diejenigen unterweisen zu wollen, »qui vivent ès villes, ès ménages, en la cour, et qui par leur condition sont obligés de faire une vie commune quant à l'extérieur«[26].

Da die Vereinigung mit Gott das primäre und zugleich unerreichbare Ziel eines frommen Lebens bildet, sieht sich der Christ stets den Versuchungen des irdischen Lebens ausgesetzt. Die Haltung der »dévotion« wird in diesem Zusammenhang zum Synonym für die wahre Liebe Gottes, die sich in der Caritas als menschliche Fähigkeit »Gutes zu tun« manifestiert. Auch bei François de Sales stehen die guten Werke im Zentrum, um das Wirken der Nächstenliebe im Alltag zu konkretisieren. Die »dévotion« verstanden als fromme Selbstpreisgabe lässt sich als tugendhafte Haltung definieren, die sich entweder in »l'observation de tous les commandements de Dieu« oder in »le plus de bonnes œuvres que nous pouvons, encore qu'elles ne soient aucunement commandées«[27] manifestiert. Parallel zur Notwendigkeit der Überwindung rein körperlicher Liebe als Zwischenstadium auf dem Weg zur Ausbildung einer uneigennützigen Liebe des anderen um seiner selbst willen, die der göttlichen Liebe entspricht,[28] muss sich auch die Wahl der Tugenden stets am »summum bonum« orientieren, wie de

24 Vgl. Michel de Certeau: L'écriture de l'histoire. Paris 1975, S. 107.

25 François de Sales: Introduction à la vie dévote. In: Œuvres. Hg. von André Ravier. Paris 1969 (Bibliothèque de la Pléiade) (Jahr der Erstveröffentlichung: 1609).

26 Ebd., S. 23.

27 Ebd., S. 33.

28 Vgl. Werner Schneiders: Naturrecht und Liebesethik. Zur Geschichte der praktischen Philosophie im Hinblick auf Christian Thomasius. Hildesheim 1971, S. 9–47 (»Caritas ordinata«).

Sales im dritten Teil der *Introduction à la vie dévote* seiner Schülerin Philotée erläutert.

Die Notwendigkeit einer permanenten Kontrolle des (weiblichen) Subjekts, das den Leidenschaften hilflos ausgeliefert ist, erfordert den Erwerb zweier Tugenden, von denen die zweite im Wesentlichen christlicher Natur ist: Geduld und Demut, die mit Selbstverkleinerung bzw. -verleugnung als Prämisse der Caritas gleichgesetzt werden kann.[29] Auch wenn »la seule charité nous met en la perfection«[30], benötigt der Mensch einen Rahmen, um sein weltliches Leben nach den übergeordneten christlichen Prinzipien zu gestalten. So präsentiert de Sales in seiner Funktion als »directeur de conscience« seiner Schülerin ein Verhaltensmodell, das auf dem Prinzip der Unterdrückung von »cupiditas« und Selbstliebe basiert. Diese Ethik realisiert sich in einem System von Gegensätzen, das mit der Gegenüberstellung von Tugenden und Lastern beginnt.

> Considérez que les vertus et la dévotion peuvent seules rendre votre âme contente en ce monde ; voyez combien elles sont belles. Mettez en comparaison les vertus, et les vices qui leur sont contraires : quelle suavité en la patience au prix de la vengeance ; de la douceur au prix de l'ire et du chagrin ; de l'humilité au prix de l'arrogance et ambition ; de la libéralité au prix de l'avarice ; de la charité au prix de l'envie ; de la sobriété au prix des désordres ! Les vertus ont cela d'admirable, qu'elles délectent l'âme d'une douceur et suavité non pareille après qu'on les a exercées, où les vices la laissent infiniment recrue et malmenée.[31]

Nur die beständige Praxis christlicher Tugenden weist dem Gläubigen den Weg zu Gott und garantiert das Gelingen einer Existenz im Zeichen der Caritas. Der Nächste übernimmt in diesem Zusammenhang zwei Funktionen: Zum einen ist er der Empfänger der »guten Werke«, zum anderen kann er sich der praktizierten Hingabe entgegenstellen und damit zum Gegner des frommen Selbst werden. So kombiniert der dritte Teil der *Introduction à la vie dévote* Beobachtungen über die verdorbene Natur des Menschen mit Verhaltensempfehlungen zur Stabilisierung der »dévotion«, z. B. im Hinblick auf schlechte Freundschaften, die Angemessenheit von Kleidung und das richtige Verhalten in der Ehe.

François de Sales Entdeckung des weiblichen Geschlechts als bevorzugtes Medium der Caritas eröffnet den Frauen neue Möglichkeiten einer aktiven Partizipation am intellektuellen und öffentlichen Leben und impliziert gleichzeitig die Reaffirmation einer christlich legitimierten Geschlechterordnung, in der sich der weibliche Wirkungsbereich auf Haus und Kinder beschränkt. In besonderem Maße scheinen die Frauen gerade aufgrund ihrer natürlichen Anlage für die Verinnerlichung einer christlichen Ethik prädestiniert, in der sich die Forderung der

29 Zum Zusammenhang zwischen Caritas und Demut im Werk de Sales vgl. Henri Bordes: Charité et humilité dans l'œuvre de François de Sales. In: XVIIe siècle 170 (1991), S. 15–25.

30 Sales (Anm. 25), S. 161.

31 Ebd., S. 308.

Nächstenliebe mit der Notwendigkeit einer beständigen Introspektion verbindet.[32] Das Spannungsverhältnis, in dem sich der gegenreformatorische Versuch einer Institutionalisierung der Haltung christlicher Liebe zur gesellschaftlichen Wirklichkeit befindet, wird in zahlreichen Romanen des 17. Jahrhunderts thematisiert, die sich von christlichen Vorgaben lösen und das Auftauchen einer *amour passion* problematisieren, die gegen die Caritas verstößt, wie an Madame de Lafayettes *Zayde* und *La Princesse de Clèves* gezeigt wird.

Das menschliche Unvermögen einer stabilen Identitätsbildung in Einklang mit den Vorgaben einer christlichen Existenz führt in der zweiten Hälfte des 17. Jahrhunderts zur Etablierung einer negativen Theologie, die stark durch die Rezeption Pascals beeinflusst ist. Im Gegensatz zu dem von François de Sales entwickelten Modell der Erbauung, das auf der Idee der Gabe der göttlichen Gnade als Belohnung für wohltätige Handlungen beruht, gibt es für Pascal keine Möglichkeit, durch Taten zu Gott zu gelangen. Er greift die Augustinsche Unterscheidung zwischen Cupiditas und Caritas auf und stellt heraus, dass der Mensch zwischen zwei Modellen der Liebe zu wählen hat.

> La vérité qui ouvre ce mystère est que Dieu a créé l'homme avec deux amours, l'un pour Dieu, l'autre pour soi-même ; mais avec cette loi, que l'amour pour Dieu serait infini, c'est-à-dire sans aucune autre fin que Dieu même, et que l'amour pour soi-même serait fini et rapportant à Dieu.[33]

Der Mensch, der sich für die Caritas entscheidet, kann alles gewinnen, denn nur in Gott kann er sein Bedürfnis nach Ruhe befriedigen und dauerhaftes Glück finden. Die irdische Existenz kann sich nur im Vertrauen auf Gottes Liebe vollziehen, die sich dem Menschen nicht in wundersamen Ereignissen oder Taten offenbart. Durch Identifikation mit der Passion Jesu kann der Mensch seine existentielle Einsamkeit überwinden und zu Gott gelangen. Die Romane Madame de Lafayettes reflektieren diese Erfahrung der menschlichen Ohnmacht, insofern alle Protagonistinnen an dem Versuch scheitern, dauerhafte heterosexuelle Liebesbeziehungen im Alltag zu etablieren. In Analogie zu den Tragödien Racines ist den Protagonistinnen das Glück einer erfüllten, wechselseitigen Liebesbeziehung verwehrt.

---

32 Hier zeichnet sich bereits – wenn auch unter anderen Prämissen – jene Entwicklung der Frauen zum moralischen Geschlecht ab, die Liselotte Steinbrügge für das 18. Jahrhundert insbesondere am Beispiel der kulturkritischen Romane Rousseaus rekonstruiert, vgl. Liselotte Steinbrügge: Das moralische Geschlecht. Theorien und literarische Entwürfe über die Natur der Frau in der französischen Aufklärung. Stuttgart [2]1992, S. 67–96.

33 Blaise Pascal: Lettre à Florin et Gilberte Périer au sujet de la mort de M. Pascal, son père (17. Octobre 1651). In: Œuvres complètes. Hg. von Michel Le Guern. Bd. II. Paris 2000, S. 20.

3 Caritas und *amour passion* im höfischen Kontext: *Zayde* und *La Princesse de Clèves*

Auch wenn die Romane Madame de Lafayettes keinen Bezug auf religiöse Praktiken nehmen,[34] motiviert die Ausrichtung an übergeordneten Tugenden das Verhalten der Protagonistinnen in *Zayde* und in *La Princesse de Clèves*. Der Kommentar der Erzählerin am Ende der *Princesse de Monptensier* stellt deutlich den Zusammenhang zwischen einer tugendhaften Existenz und dem Erwerb von Glück und Frieden heraus.

> Elle [= la princesse] ne put résister à la douleur d'avoir perdu l'estime de son mari, le cœur de son amant et le plus parfait ami qui fut jamais. Elle mourut en peu de jours, dans la fleur de son âge, une des plus belles princesses du monde et qui aurait été sans doute la plus heureuse, si la vertu et la prudence eussent conduit toutes ses actions.[35]

Fehlt es der Princesse de Montpensier an innerer Festigkeit, um ihr Leben in Einklang mit den Anforderungen an eine tugendhafte Existenz abschließen zu können, so veranschaulicht der Fall Bélasires, einer der Protagonistinnen in *Zayde*, das destruktive Potential des geliebten Anderen, der mit seiner exzessiven Eifersucht das Gelingen der Intimbeziehung unmöglich macht. Die Protagonistin der eingefügten Erzählung *Histoire d'Alphonse et de Bélasire* erfüllt exemplarisch das weibliche Rollenmodell tugendhafter Enthaltsamkeit, scheitert aber an dem Misstrauen ihres Geliebten. Auch der Rückzug ins Kloster der Princesse de Clèves ist nicht das Ergebnis einer religiösen Berufung oder spirituellen Entwicklung, sondern zunächst dem respektvollen Andenken geschuldet, das die Protagonistin ihrem verstorbenen Ehemann erweist. Gleichzeitig erkennt die verwitwete weibliche Hauptfigur in einem Moment der Klarsicht, dass die *amour passion* keine dauerhafte Basis einer heterosexuellen Paarbeziehung sein kann, da sie sich aus der steten Erneuerung des Begehrens nährt. In dieser Perspektive geht es dem Duc de Nemours nur um die Eroberung eines weiteren weiblichen Liebesobjekts, das jedoch mit dem Älterwerden seinen Reiz verlieren wird.

Während *La Princesse de Clèves* der Entwicklung der weiblichen Hauptfigur folgt, zerfällt die Handlung der im 9.–10. Jahrhundert spielenden »histoire espagnole« *Zayde* in eine Vielzahl von Geschichten, die lose durch die Rahmenerzählung der Liebe zwischen Consalve und Zayde zusammengehalten werden. Im Zentrum steht der Sohn des kastilischen Regenten Consalve, der am Strand die Tochter eines muslimischen Herrschers findet, in die er sich verliebt. Die beiden jungen Menschen verlieren sich jedoch aus den Augen und treffen erst am Ende

34 Vgl. Patrick Henry: La Princesse de Clèves and L'introduction à la vie dévote. In: An inimitable exemple. The case for the Princesse de Clèves. Hg. von Patrick Henry. Washington D.C. 1992, S. 156–180, hier S. 167.

35 Lafayette: La princesse de Montpensier (Anm. 9), S. 90.

des zweiten Teils wieder aufeinander, als Zayde zum Christentum konvertiert ist. Auch wenn der Roman im zeitgenössischen Kontext sehr positiv aufgenommen worden ist, spielt er in der kritischen Rezeption des Werks Madame de Lafayettes eine untergeordnete Rolle. Der Vorwurf eines Rückschritts in der literarischen Entwicklung Madame de Lafayettes steht im Raum, da die »histoire espagnole« nicht die Entwicklung einer Protagonistin fokussiert, sondern sich in zahlreichen Liebesränken und Ereignissen verliert. Der im spanischen Mittelalter situierte Abenteuerroman gliedert sich in zwei Teile, die alle das zentrale Thema der Liebe im höfischen Kontext behandeln. Im ersten Teil werden die Geschichten Consalves und Alphonses erzählt, während der zweite Teil narrativ weitaus verschachtelter ist. Die eingelegte, autodiegetisch erzählte *Histoire d'Alphonse et de Bélasire* präfiguriert die spätere amouröse Verwicklung zwischen dem Duc de Nemours und der Princesse de Clèves und hat in der Forschung besondere Aufmerksamkeit erfahren.

Bereits in Bezug auf die Charakterisierung der zentralen Akteure ähneln sich die *Histoire d'Alphonse et de Bélasire* und der spätere Entwicklungsroman *La Princesse de Clèves*. Sowohl Alphonse als auch der Herzog von Nemours erscheinen als Verführerfiguren, denen es primär um die erotische Selbstbestätigung geht. In der Begegnung mit Bélasire bzw. mit Mademoiselle de Chartres erfahren beide Männer zum ersten Mal die Wirkmächtigkeit einer *amour passion*, die sich nicht in der vorübergehenden Befriedigung des Begehrens erschöpft, sondern nach einer dauerhaften Vereinigung mit dem geliebten Wesen strebt. Auch die beiden Frauenfiguren ähneln sich in ihrem Ausnahmestatus innerhalb der höfischen Gemeinschaft. Während die spätere Princesse de Clèves unter der Obhut ihrer Mutter fern des Hofes aufwächst und über keinerlei Erfahrung im Ränke- und Intrigenspiel verfügt, verweigert sich Bélasire der am Hofe gängigen Heiratspraxis, die sich weniger an affektiven Dispositionen als an wirtschafts- und familienpolitischen Interessen orientiert. Gleich im ersten Gespräch mit Alphonse verkündet sie ihre Abneigung gegen die Ehe als Institution.

> Je vais vous répondre sincèrement, me dit-elle ; je suis née avec aversion pour le mariage ; les liens m'en ont toujours paru très rudes ; et j'ai cru qu'il n'y avait qu'une passion qui pût assez aveugler, pour faire passer pardessus toutes les raisons qui s'opposent à cet engagement. Vous ne voulez pas vous marier par amour, ajouta-t-elle, et moi je ne comprends pas qu'on puisse se marier sans amour, et sans une amour violente ; [...].[36]

Bélasires Weigerung einen Mann zu heiraten, den sie nicht liebt, markiert ihre Sonderstellung innerhalb der Gruppe der Hofdamen. Ihrer Kritik an der Ehe aus utilitaristischen Zwecken korrespondiert Alphonses Negation der Liebesheirat, der sie vehement widerspricht. Gerade ihr unangepasstes Verhalten weckt

---

36 Lafayette: Zayde (Anm. 8), S. 128.

das Interesse ihres Gegenübers und erregt sein Begehren. Bélasire ist von der Möglichkeit einer wechselseitigen Liebesbeziehung auf Basis uneingeschränkter Aufrichtigkeit überzeugt und weiß auch Alphonse trotz seiner bislang eher negativen Erfahrungen mit Frauen umzustimmen. Zwischen den beiden entwickelt sich in einem äußerst kompetitiven und machtpolitisch aufgeladenen Umfeld eine ungewöhnlich intensive Intimbeziehung, die durch Vertrauen und Freiheit gekennzeichnet ist. Alphonse selbst akzentuiert in seiner Erzählung den Ausnahmecharakter dieser Liebe und präsentiert Bélasire als die Person, die ihn vervollständigt. Es ist demnach nicht primär die physische Anziehungskraft, die sie aneinanderbindet, sondern die Erfahrung der Aufhebung eines existentiellen Mangels.

Die Vision einer vollkommenen Liebe, in der sich zwei Seelen und zwei Körper miteinander vereinen und wechselseitig komplettieren, scheint in dem Augenblick Wirklichkeit zu werden, in dem Bélasire dem Werben Alphonses nachgibt und ihn zu heiraten verspricht. An die Grenzen stößt dieses Vorhaben schon bald durch das Gebot vollkommener Aufrichtigkeit, das die zukünftigen Eheleute zu einer permanenten Innenschau und affektiven Revision des Erlebten treibt. Die Verpflichtung zur kommunikativen Offenheit entfesselt eine kontraproduktive Dynamik, die mit der sukzessiven Enthüllung des Vergangenen und Verdrängten den Ausnahmestatus und die Einzigartigkeit der Liebesrelation bedroht. Je mehr Alphonse Bélasire nach den Liebhabern fragt, die sie zurückgewiesen hat, desto mehr wächst sein Zweifel an der Exklusivität ihres Begehrens. Allein das Wissen um die Existenz anderer Männer, die Bélasire genauso begehrt haben wie er, verletzt seine Eitelkeit und seine Selbstliebe. Ohne es zu wissen, schürt Bélasire gerade mit ihren offenen Worten das Misstrauen des Geliebten, der sich mehr und mehr in seiner Welt permanenter Skepsis verfängt. Alexandra-Bettina Peter spricht in diesem Zusammenhang von dem ›Interpretationszwang‹, dem Alphonse unterliegt und der ihn nicht mehr aus dem »Labyrinth der Eifersucht« entkommen lässt.[37]

Die Reduktion des weiblichen Subjekts auf den Status eines zu erobernden Objekts entspricht zwar der traditionellen Vorstellung von Liebe, wie sie im Genre des Abenteuerromans inszeniert wird, aber nicht Bélasires Modell einer gleichberechtigten Partnerschaft, in der sich Eros und Philia exemplarisch vereinen. Bereits Michel de Montaigne sprach in seinen Essais davon, dass die ideale Beziehung zwischen den Geschlechtern nicht nur auf der Befriedigung des Sexualtriebs, sondern auf dem Einklang der Seelen beruht. Nur Frauen, die ebenso gebildet sind wie Männer, sind in der Lage, eine Intimbeziehung zu führen, in der sich die Liebenden als gleichwertige und gleichberechtigte Partner

37 Vgl. Alexandra-Bettina Peter: Vom Selbstverlust zur Selbstfindung: Erzählte Eifersucht im Frankreich des 17. Jahrhunderts. Tübingen 2002, S. 199.

begegnen. In der *Histoire d'Alphonse et de Bélasire* muss die klarsichtige, klug argumentierende Protagonistin jedoch erkennen, dass die vereinbarten kommunikativen Grundsätze der Offenheit und Aufrichtigkeit sich gegen sie wenden und nur die Eifersucht Alphonses intensivieren. Wenn Bélasire schließlich der Ehe mit Alphonse entsagt und sich in ein Kloster zurückzieht, gibt sie die Erfüllung ihres Begehrens zugunsten des übergeordneten Ideals vollkommener Liebe auf. Der Rückzug kommt in diesem Zusammenhang einem Akt der Caritas gleich, der mit der Einkehr in sich selbst einen Weg aus dem »Labyrinth der Eifersucht« weist. Die Suche nach dem verloren gegangenen »repos« wird in dieser Szene zum Katalysator der unverhofften Wendung: »Je suis contrainte pour votre repos et pour le mien, de vous apprendre que je suis absolument résolue de rompre avec vous, et de ne vous point épouser.« Gleichzeitig erneuert sie ihr Liebesversprechen und stellt den herausragenden Charakter ihrer beispiellosen Beziehung heraus. »Je vous dis encore dans ce moment, qui sera le dernier que nous aurons de conversation particulière, que je n'ai eu d'inclination pour personne que pour vous, et que vous seul étiez capable de me donner de la passion.«[38]

Bélasire verkörpert die weibliche Sehnsucht nach vollkommener Liebe, die den anderen um seiner selbst willen begehrt und dadurch zu einer Vervollkommnung der eigenen Existenz gelangt. Die Uneigennützigkeit des »appetitus« und das Wissen um den subjektiven Mangelstatus stellen direkte Referenzen zur Haltung der Caritas her, wie sie Augustin beschrieben hat. Die körperliche Leidenschaft allein, die durch den Anblick der Schönheit des Anderen ausgelöst wird, garantiert nicht die Stabilität einer heterosexuellen Intimbeziehung. Erst die »conversation particulière« eröffnet einen neuen Raum intersubjektiver Kommunikation, in der sich die Geschlechter jenseits heteronormativer Rollenmuster als gleichwertige Partner begegnen. Die Offenheit und Aufrichtigkeit, die Mann und Frau jeweils dem anderen erweisen, sind zugleich die Regulative der Introspektion, die zu einem stetigen Abwägen zwischen den gesellschaftlichen Anforderungen und dem individuellen Begehren führt. Fehlende Selbstkontrolle bedroht dieses fragile Szenario einer sehr modern wirkenden Liebesgemeinschaft, die aufgrund der verletzten männlichen Selbstliebe zum Scheitern verurteilt ist. Anders als Alphonse verliert Bélasire zu keinem Zeitpunkt ihre Haltung der Mäßigung. Auf all seine ungerechten Vorwürfe reagiert sie mit Sanftmut und Geduld. Ihre Leidensfähigkeit gemahnt an den Sanftmut Jesu Christi, der alle ihm auferlegten Prüfungen akzeptierte. Da weder *Zayde* noch *La Princesse de Clèves* explizite Referenzen zur Leidensgeschichte Jesu Christi herstellen, bleibt Bélasires Entscheidung, sich in ein Kloster zurückzuziehen von einer grundlegenden Ambiguität geprägt: Handelt sie aus innerer Überzeugung oder aus dem

38 Lafayette: Zayde (Anm. 8), S. 145.

ebenso narzisstischen Wunsch, ihre Andersheit im höfischen Kontext demonstrativ zu markieren?

Die narrative Ausgangssituation in der *Histoire d'Alphonse et de Bélasire* – wechselseitige *amour passion*, die an dem Gebot der Aufrichtigkeit zerbricht – findet sich in der *Princesse de Clèves* spiegelbildlich verkehrt. Der Auslöser des Konflikts ist hier nicht die Leidenschaft der verheirateten Protagonistin für den Herzog von Nemours, sondern die mangelnde Liebe zu ihrem zukünftigen Mann, den sie nur »par devoir aux volontés de madame sa mère«[39] trifft. Nach der ersten Begegnung mit Mademoiselle de Chartres heißt es in Bezug auf den Prince de Clèves, dass er »éperdument amoureux« sei, während sie unbewegt bleibt und die vorgeschlagene Heirat nur akzeptiert, weil sie »moins de répugnance« für ihn als für einen anderen Kandidaten empfindet. Anders als Bélasire, die es vorzieht, allein zu bleiben, anstatt einen ungeliebten Verehrer zu heiraten, stellt Mademoiselle de Chartres die mütterliche Autorität nicht in Frage. Nach François de Sales ist der Gehorsam gegenüber den Eltern die Prämisse für das Funktionieren des gesellschaftlichen Miteinanders, was jedoch dem primären Ziel der Ehe, der »Vereinigung der Herzen«, widerspricht.

> Le premier effet de cet amour, c'est l'union indissoluble de vos cœurs. Si on colle deux pièces de sapin ensemble, pourvu que la colle soit fine, l'union en sera si forte qu'on fendrait beaucoup plus tôt les pièces ès autres endroits, qu'en l'endroit de leur conjonction ; mais Dieu conjoint le mari à la femme en son propre sang, c'est pourquoi cette union est si forte que plutôt l'âme se doit séparer du corps de l'un et de l'autre, que non pas le mari de la femme. Or cette union ne s'entend pas principalement du corps, ainsi du cœur, de l'affection et de l'amour.[40]

Parallel zur *Introduction à la vie dévote* besteht das Ziel der Erziehung Madame de Chartres darin, ihrer Tochter durch die Praxis von Tugenden zu Glück zu verhelfen. In Abgrenzung zur höfischen Verhaltensnorm des 17. Jahrhunderts zieht sie sich für mehrere Jahre aufs Land zurück, um sich der Erziehung ihrer Tochter zu widmen. Sie versucht nicht nur den töchterlichen Geist zu kultivieren, sondern sie zu einer tugendliebenden Person zu erziehen: »[...] mais elle ne travailla pas seulement à cultiver son esprit et sa beauté, elle songea aussi à lui donner de la vertu et à la lui rendre aimable.«[41]

Die weibliche Erziehung im Sinne der Tugend realisiert sich auf der Basis eines unbedingten Aufrichtigkeitsgebots. Anders als im zeitgeschichtlichen Kontext, worauf auch die Erzählerin insistiert, scheut sich Madame de Chartres im Gegensatz zur Mehrzahl der Mütter nicht, mit ihrer Tochter offen über die Vorzüge und Nachteile von Liebesbeziehungen zu sprechen. Dieser aufklärerische

39 Lafayette: La Princesse de Clèves (Anm. 2), S. 148.
40 Sales (Anm. 25), S. 234.
41 Lafayette: La Princesse de Clèves (Anm. 2), S. 137.

Diskurs dient weniger der Begründung eines besonders innigen Verhältnisses zu ihrer Tochter als dem Ziel, die junge Frau für die Kunst der Täuschung und die falsche Natur von Erscheinungen zu sensibilisieren (»Si vous jugez sur les apparences en ce lieu-ci, répondit Mme de Chartres, vous serez souvent trompée : ce qui paraît n'est presque jamais la vérité«[42]). Sie warnt ihre Tochter vor der Untreue der Männer, vor den Liebeshändeln am Hofe und vor den Folgen einer Affäre als verheiratete Frau. Aus mütterlicher Sicht kann die Verinnerlichung der Tugend nur durch äußerstes Misstrauen gegenüber sich selbst und durch die Treue zum Ehemann aufrechterhalten werden:

> […] mais elle lui faisait voir aussi combien il était difficile de conserver cette vertu, que par une extrême défiance de soi-même et par un grand soin de s'attacher à ce qui seul peut faire le bonheur d'une femme, qui est d'aimer son mari et d'en être aimée.[43]

Das Glück einer Frau besteht darin, den Ehemann zu lieben und geliebt zu werden. Der Gehorsam gegenüber dem mütterlichen/elterlichen Willen steht in allen Erziehungsratgebern des weiblichen Geschlechts an oberster Stelle und findet sich auch in der Lehre François de Sales. Die Wahl des Partners obliegt insofern den Eltern und es ist unerheblich, ob die Tochter den Mann liebt. Entscheidend für das Gelingen einer heterosexuellen Intimbeziehung sind Respekt und Dankbarkeit, aus denen ein Leben fernab weltlicher Versuchungen und in innerer Einkehr resultiert. »Tranquillité« und »repos« sind die Schlüsselbegriffe im Roman Madame de Lafayettes, deren Gültigkeit sich in einer Umgebung zu beweisen hat, die auf die unmittelbare Befriedigung sinnlicher Bedürfnisse ausgerichtet ist. Vor diesem Hintergrund erhält der Roman den Charakter eines moral-ethischen Experiments, in dem sich die Protagonistin aus ihrem Stand der Unmündigkeit zu befreien hat, um aus innerer Einsicht zu einer verantwortungsvoll handelnden Frau zu werden.

Zur Abwendung der Gefahren, die ständig den inneren Seelenfrieden bedrohen, übernimmt die Mutter der Protagonistin nicht nur die Rolle einer Erzieherin, sondern zugleich einer »directrice de conscience« – einer Tugendwächterin –, die sie zu einer in sich gekehrten, frommen Existenz anleitet. Ein solches den Vorgaben der Erbauung entsprechendes Verhalten befindet sich jedoch im Widerspruch zu den Anforderungen des Hofes und impliziert einen Verstoß gegen die gesellschaftlichen Konventionen. Doch erst nach der Heirat der Protagonistin kommt es zum Konflikt zwischen erbaulicher Lebensweise und dem Erleben einer *amour passion*, die sie bis dahin nicht gekannt hat. Der Anblick des Duc de Nemours erweckt in ihr jene Liebe, die sie für ihren Mann nicht empfindet. Allein der Rückzug vom höfischen Leben scheint ihr in diesem Zusammen-

42 Lafayette: La Princesse de Clèves (Anm. 2), S. 157.
43 Ebd., S. 137.

hang als Möglichkeit, der Gefährdung durch die entfachte Liebesleidenschaft zu entgehen, die die ausschließlich auf freundschaftlichem Respekt basierende Relation zu ihrem Mann in Frage stellt. Aber selbst die berühmte Geständnisszene führt keine Lösung herbei, da der Prince solcherart bloßgestellt durch die Liebe seiner Frau zu einem Dritten seinen Konkurrenten ausfindig macht und am Liebesschmerz stirbt. Das Geständnis im Zeichen vollkommener Transparenz irritierte bereits im zeitgenössischen Kontext das Umfeld Madame de Lafayettes und initiiert innerhalb der höfischen Ordnung einen Gegendiskurs, der in Abgrenzung zur Kunst der Verstellung auf Aufrichtigkeit, wechselseitiges Vertrauen und Dialogizität zielt; Prinzipien, die auch den *amor amicitiae* kennzeichnen.[44]

Die Entscheidung der Princesse de Clèves, der Erfüllung ihrer Liebe zu dem Duc de Nemours zu entsagen, kann unterschiedliche Deutungen erfahren. Der Text selbst stellt mit dem ständigen Umkreisen der Begriffe »tranquillité« und »repos« eine Nähe zum Jansenismus und Pascals *Lettres provinciales* her, die unter anderem auf die Freundschaft Madame de Lafayettes zu La Rochefoucauld zurückzuführen ist. Nach der Erfahrung körperlicher Ohnmacht in der spontanen Entwicklung der Liebesleidenschaft für den Duc de Nemours und dem anschließenden Scheitern der Princesse, ihre Gefühle zu kontrollieren, erkennt sie nach dem Tod ihres Ehemannes, dass allein ein Leben in seinem Gedenken ihr die gesuchte Einkehr in die Innerlichkeit ermöglicht. Diese Entwicklung entspricht dem exemplarischen Aufstieg der von Pascal beschriebenen Seinsdimensionen, an deren Spitze die Caritas steht. Vor diesem Hintergrund hätte am Ende des Romans Caritas den nicht zu bändigenden Eros ersetzt.

Gleichzeitig zeichnet sich ihre Zurückweisung des Duc de Nemours durch einen feministisch anmutenden Weitblick aus. In ihrer letzten Begegnung spricht die Protagonistin von der sich unweigerlich ändernden Liebe Nemours, da das männliche Liebesbegehren sich mit der Eroberung des weiblichen Objekts nicht zufriedengibt, sondern stets nach Erneuerung strebt. Gerade die weibliche Unerreichbarkeit stachelt demnach die männliche Begierde an, die sich nach der Erreichung des Ziels anderen weiblichen Liebesobjekten zuwenden wird. Insofern kann ihre Verweigerung auch als Akt des Widerstands gegen die Rollenmuster der heteronormativen Liebesordnung gelesen werden.

Madame de Lafayettes *Princesse de Clèves* modelliert den inneren Konflikt eines weiblichen Subjekts, das hin- und hergerissen zwischen gesellschaftlichen und moralischen Anforderungen durch den räumlichen und psychologischen Rückzug in den Innenraum zu sich selbst und zu Gott findet. Die Gestaltung der Frauenfigur reflektiert die Grenzen eines christlichen Liebesmodells, das auf einer positiven Form der Selbstannahme und dem Prinzip der Mäßigung

44 Vgl. Ullrich Langer: Perfect friendship. Studies in literature and moral philosophy from Boccaccio to Corneille. Genf 1994.

basiert. Die retrospektive Erkenntnis der Princesse de Clèves, dass die freundschaftlich strukturierte Beziehung zu ihrem Mann wahrscheinlich die einzig wahre Form liebevoller Zuwendung im höfischen Kontext repräsentiert (»[...] l'unique homme du monde capable de conserver de l'amour dans le mariage«[45]), offenbart, dass ihr Rückzug aus dem öffentlichen Leben in paradoxer Weise der Erfüllung eines Liebesideals verpflichtet ist, das sich in Opposition zu den utilitaristischen Relationen am Hofe befindet.

4 Die Ambiguität des männlichen Blicks

Während die Romane Madame de Lafayettes die Unmöglichkeit uneigennütziger Liebe im Sinne der Caritas aufzeigen, rückt Poussins Gemälde *Les Israélites recueillant la manne dans le désert* das Ereignis tätiger Nächstenliebe in den Vordergrund und lässt den Betrachter zum Zeugen des Wunders werden. Die siebenköpfige Gruppe mit der jungen Frau in der linken Bildhälfte, die die alte Frau stillt und gleichzeitig ihr Kind tröstet, konstituiert mit dem Wunder des Mannaregens im Bildzentrum und der Figur der jungen Mutter im rechten Bildrand ein Narrativ, das die lebensspendende Kraft der Caritas bezeugt. Die enge Verbindung zwischen den verschiedenen Figurengruppen wird zum einen durch die Farbwahl und zum anderen durch Zeigegesten hergestellt. Das Gelb des Rocks der alten Frau und das Blau im Kleid der stillenden Mutter finden sich in der Farbgestaltung der Kleidung der jungen Mutter im rechten Bildrand wieder, die einem jungen Mann mit dem rettenden Manna in der Hand den Weg zur Caritas-Romana-Gruppe weist und dabei die gleiche Handbewegung macht wie Moses in der Bildmitte. Nach Max Imdahl veranschaulicht die Caritas-Romana-Gruppe im linken Bildrand die Situation der Menschheit ohne Hoffnung auf göttliche Gnade,[46] während der Mannaregen in der Bildmitte die heilsbringende Gabe göttlicher Liebe als Möglichkeit der Erlösung visualisiert. Die Figur Moses' markiert die zentrale Bildachse, die das Geschehen in eine Zeit vor und nach dem Wunder göttlicher Liebe teilt.

Felix Thürlemann betont die didaktische Funktion der Caritas-Romana-Gruppe für den Betrachter, der über das Bild des Stillens der alten Frau für die Offenbarung der Caritas in der Bildmitte sensibilisiert wird.[47] Aus theologischer Sicht gibt es keinen wesentlichen Unterschied zwischen Caritas und Nächstenliebe. Wie bereits erwähnt, ist die christliche Liebe durch das Paradox der Gleichzeitigkeit zweier Bewegungen gekennzeichnet: Einerseits zeigt Gott

45 Lafayette: La Princesse de Clèves (Anm. 2), S. 306.
46 Vgl. Imdahl (Anm. 1), S. 145–149.
47 Vgl. Thürlemann (Anm. 1), S. 126–127.

seine Liebe in der (unverdienten) Gnadengabe, die allen Menschen unabhängig von Stand und Verdienst zuteil wird. Andererseits sind in der Caritas Gnade und Nächstenliebe untrennbar miteinander verbunden. Im Rahmen der Gegenreformation sucht die katholische Kirche die christliche Ethik durch eine Anbindung der Caritas an die »guten Taten« zu erneuern, die den Menschen Gott annähern. Die Caritas als Ausdruck der Nächstenliebe erschöpft sich aber nicht im menschlichen Handeln, sondern erweist ihre erlösende Kraft in der Grenzüberschreitung des Irdischen auf der Suche nach Vereinigung mit dem »summum bonum«.

Im linken Bildrand befindet sich eine rot-blau gekleidete männliche Figur, die voll Erstaunen auf die stillende junge Frau blickt und damit den Ausnahmecharakter der unnatürlichen Situation hervorhebt. Auf der einen Seite hat dieser Mann eine autoreferentielle Funktion, insofern er eine mögliche Reaktion des Betrachters antizipiert. Auf der anderen Seite bleibt offen, ob er den außergewöhnlichen Akt der Nächstenliebe bewundert oder von der entblößten Brust der jungen Frau fasziniert ist, deren erotische Wirkung auch durch das Stillen nicht gezähmt werden kann. Diese Ambiguität des männlichen Blicks findet sich auch in den Romanen Madame de Lafayettes, in denen sich die Protagonistinnen in einem restriktiven, patriarchalen Umfeld zu behaupten suchen. Bélasire scheitert an der Unfähigkeit Alphonses, ihr zu vertrauen und sich von einem heteronormativen Männlichkeitsmodell zu lösen, das Potenz rein physisch deutet und mit Besitz gleichsetzt. Alphonse kann rückblickend nur sein Scheitern feststellen und damit die verpasste Gelegenheit einer gleichberechtigten Partnerschaft in der Ehe aufrufen. Die Princesse de Clèves erkennt die Liebe ihres Mannes zu spät, die nicht primär auf Leidenschaftlichkeit, sondern auf Freundschaft basiert. Ihr Geständnis stellt eine ungeahnte affektive Nähe zwischen den Eheleuten her, wird aber durch die Anwesenheit des Dritten (= Duc de Nemours) in der Folge zum Problem, der nichts Besseres zu tun weiß, als die Worte der Princesse de Clèves als Geständnis ihrer Liebe zu ihm zu deuten und anderen Mitgliedern des Hofes davon zu erzählen. Als der Prince de Clèves davon erfährt, sieht er sich von seiner Frau in seinem unbedingten Vertrauen getäuscht und zieht sich verletzt zurück. Weibliche Selbstbestimmung im Kontext des 17. Jahrhunderts ist nur im Rückzug in die Innerlichkeit möglich, lautet die Botschaft Madame de Lafayettes. Gleichzeitig taucht mit den Prinzipien der Aufrichtigkeit und Transparenz das Modell einer ehelichen Gemeinschaft auf, die in Jean-Jacques Rousseaus *Julie ou la Nouvelle Héloïse* ein Jahrhundert später die Grundlage eines neuen Lebensmodells bildet.

Abb. 1: Nicolas Poussin: Les Israélites recueillant la manne dans le désert, um 1637–1639, Öl/Leinwand, 149 × 200 cm, Paris, Musée du Louvre.

Daniel Fliege

Der Begriff der *effeminatio* in der *Sepmaine* von Guillaume de Saluste Du Bartas[1]

1 Einleitung

Im Vorwort seines Großprojekts, der ersten und zweiten *Sepmaine* von 1578 und 1584 – ein in Alexandriner-Versen verfasstes Schöpfungsepos, das den Anspruch erhebt, die göttliche Schöpfung anhand der biblischen Erzählung mit allerlei Verweisen auf die Geschichte und das aktuelle Zeitgeschehen in Frankreich enzyklopädisch zusammenzufassen –, rechtfertigt Guillaume de Saluste Du Bartas den Stil seines Textes, der sich dem Vorwurf der Härte und Undeutlichkeit ausgesetzt sah.[2] So erklärt Du Bartas:

> Les uns s'attachent à l'obscurité, les autres à la rudesse de mes vers. Ici, je les adjure, au nom des sacrées Muses, qu'ils ne donnent point d'arrest contre moy, avant que d'avoir essayé de manier un sujet à peu près semblable au mien. […] La grandeur de mon sujet desire une diction magnifique, une phrase haut-levee, un vers qui marche d'un pas grave et plein de majesté, non esrené, non lasche, ny effeminé, et qui coule lascivement ainsi qu'un vaudeville, ou une chansonnette amoureuse.[3]

1 Der vorliegende Beitrag wurde vom Verfasser für diesen Sammelband ins Deutsche übersetzt und überarbeitet. Das französische Original wurde unter dem Titel »L'*effeminatio* dans la *Sepmaine* de Guillaume de Saluste Du Bartas« in den von Daniele Maira bei Droz in Genf herausgegebenen Akten zur Tagung *Mollesses renaissantes. Défaillances et assouplissement du masculin* veröffentlicht, die vom 14. bis zum 16. Juni 2018 an der Universität Göttingen stattfand.

2 Über den Begriff der Härte in der Rhetorik der Renaissance siehe Thérèse Vân Dung Le Franchex: La notion de dureté entre grammaire, rhétorique et poétique à la Renaissance. In: Paroles dégelées. Propos de l'Atelier XVIe siècle. Hg. von Isabelle Garnier u. a. Paris 2016 (Études et essais sur la Renaissance 109), S. 413–431.

3 Guillaume de Saluste Du Bartas: Brief Advertissement. In: ders.: La Sepmaine. Hg. von Yvonne Bellenger. Paris 1981, S. 342–355, hier S. 350. Maßgebliche kritische Ausgaben sind die eben genannte von Y. Bellenger sowie: La Sepmaine ou Creation du monde Bd. I. Hg. von Jean Céard u. a. Paris 2012 (das *Brief Advertissiment* hier S. 454–462); La Seconde Semaine (1584), zwei Bände, hg. von Yvonne Bellenger u. a. Paris 1991 (Bd. 1) und 1992 (Bd. 2). Über das *Brief Advertissement* siehe Yvonne Bellenger: Le *Brief Advertissement* de Du Bartas. Sur la ›nouvelle et bisarre methode‹ du poète. In: Les normes du dire au XVIe siècle. Hg. von Jean-Claude Arnould

> Die einen beschäftigen sich mit der Dunkelheit, die anderen mit der Grobheit meiner Verse. An dieser Stelle bitte ich sie im Namen der heiligen Musen inständig darum, kein Urteil über mich auszusprechen, bevor sie nicht versucht haben, einen ungefähr ähnlichen Gegenstand wie den meinen zu behandeln. […] Die Größe meines Gegenstandes verlangt eine großartige Ausdrucksweise, einen hoch erhabenen Satz, einen Vers, der schweren Schrittes und voll Erhabenheit schreitet, nicht erschöpft, nicht feige, nicht effeminiert, und der nicht wie ein Spottlied oder ein Liebeslied lasziv dahinfließt.[4]

Der Schreibstil solle sich demnach direkt vom Inhalt her ableiten, denn der Gegenstand der *Sepmaine* ist nichts Geringeres als eine Zusammenfassung der Schöpfung auf Grundlage der Bibel, vor dessen Hintergrund der Dichter den moralischen und politischen Zustand des zeitgenössischen Frankreichs bewertet. Aus christlicher Perspektive ist es in der Tat schwierig, sich einen umfangreicheren Gegenstand auszusuchen. Da der sprachliche Ausdruck nun nach Du Bartas diesem Gegenstand entsprechen solle, sei sein Stil »magnifique [großartig]«, ein Begriff, in dem sich das lateinische *magnus* ›groß‹ verbirgt und der der geforderten Größe seines Schreibstils Rechnung trägt. Zudem sei sein Stil »haut-levé [hoch erhaben]«, was noch einmal die Größe auf einer vertikalen Achse, d. h. in Richtung des Himmels und also Gottes, ausdrückt. Der Rhythmus, der metaphorische »pas [Schritt]«, solle zudem »grave et plein de majesté [schwer und voll Erhabenheit]« sein, d. h. ernst und sublim, entsprechend dem *Genus sublime* der drei *Genera dicendi* der klassischen Rhetorik. Die »grav[ité] [Schwere]« und die »majesté [Erhabenheit]« passen offensichtlich nicht zur »rudesse [Grobheit]« seines Stils. Im Folgenden wird zu zeigen sein, dass die stilistische Erhabenheit der *Sepmaine* nicht den Regeln der klassischen Rhetorik folgt, sondern den Stil der Bibel nachzuahmen sucht.

---

und Gérard Milhe-Poutingon. Paris 2004 (Colloques, congrès et conférences sur la Renaissance européenne 42), S. 94–105. Zu Beginn des 17. Jahrhunderts wurden beide Teile der *Sepmaine* zudem von Tobias Hübner in Versform samt Reimen ins Deutsche übertragen: Wilhelms v. Saluste Herrn Von Bartas Reimen-Gedichte genand Die Alt-Väter. Cöthen 1619; Die Andere Woche Wilhelms von Saluste. Cöthen 1622; Die Erste und Andere Woche Wilhelms von Saluste. Cöthen 1640. Im Folgenden wird neben dem französischen Originaltext diese deutsche Übersetzung nach der Gesamtausgabe von 1640 zitiert. Zu diesen Übersetzungen siehe Wilhelm Kühlmann: Zur Eindeutschung von Du Bartas' Hexameralepik. In: ders.: Wissen als Poesie. Ein Grundriss zu Formen und Funktionen der frühneuzeitlichen Lehrdichtung im deutschen Kulturraum des 16. und 17. Jahrhunderts. Berlin 2016 (Frühe Neuzeit 204), S. 125ff. Zur Rezeption von Du Bartas in Deutschland siehe allgemeiner Gilles Banderier: Du Bartas et l'Allemagne. In: Studia Neophilologica 74 (2002), S. 171–179.

4 Wenn nicht anders vermerkt, stammen die Übersetzungen vom Verfasser.

Der erhabenen Charakterisierung des eigenen Schreibstils stellt Du Bartas drei weitere Adjektive gegenüber: »esrené,[5] lasche,[6] effeminé[7] [erschöpft, feige, verweiblicht]«. Diese Begriffe beschreiben nicht nur die äußere Gestaltung der Rede als entstellt, zögernd und weich, sondern sie enthalten auch eine negative moralische Bewertung. So bildet der Ausdruck »esrené« ein Gegenstück zur Tugend des Fleißes, »lâche« zur Tugend des Mutes und »efféminé« zu allem, was nicht in einen männlichen Tugendkatalog gehört.[8] So stellt schon Johannes

5 Siehe den entsprechenden Eintrag im *Dictionnaire du moyen français* (DMF), herausgegeben vom Laboratoire ATILF des CNRS und der Université de Lorraine [online], www.atilf.fr/dmf: »éreinté, déformé [erschöpft, entstellt].« Diese sehr knappe Begriffsbestimmung deutet zum einen auf einen Erschöpfungs- oder Ermüdungszustand und zum anderen auf das entstellte Aussehen eines Menschen hin. Das Wort *esrené* setzt sich aus dem Präfix *e-* und dem Substantiv *rein* ›Niere‹ zusammen, das hier als Metonymie für die Innereien des menschlichen Körpers verwendet wird. Ein ähnlicher Begriff ist im Deutschen ›ausgeweidet‹, im modernen Französisch ›étripé‹.

6 Siehe den Eintrag im DMF: »qui n'est pas tendu, qui n'est pas serré, qui est relâché, distendu [etwas, das nicht gespannt, nicht angezogen ist, das locker, entspannt ist]«, daher leitet sich die übertragene Bedeutung ab: »qui manque de discipline, qui est relâche dans son comportement; qui manque d'énergie, qui ne réagit pas, qui est paresseux; qui manque de courage, qui fait preuve de lâcheté, poltron [jemand, dem es an Disziplin fehlt, der nachlässig in seinem Verhalten ist; dem es an Kraft fehlt, der nicht reagiert, der faul ist; dem es an Mut fehlt, der Feigheit an den Tag legt, Feigling].«

7 Das französische Verb *efféminer* ist ein aus dem Lateinischen stammendes Lehnwort. Das lateinische Verb *effeminare* wiederum setzt sich aus dem Präfix *ex-* und dem Verbstamm *-feminare* zusammen, das sich vom Substantiv *femina* ›Frau‹ ableitet. Wörtlich bedeutet es ›verweiblichen‹ (vgl. Karl Ernst Georges: Ausführliches lateinisches-deutsches Handwörterbuch. Darmstadt 1998: *ad vocem*, Sp. 2344: »zu einem Weibe machen, verweiblichen«, im Folgenden wird dieses Wörterbuch als *Georges* zitiert), wobei das Präfix *ex-* als Verstärkung dient und einen Vorgang einer Handlung ausdrückt, die auf ein Ziel hin ausgerichtet ist: In diesem Fall ist das Ziel der Handlung die Veränderung eines Mannes hin zu einer Frau. Im übertragenen Sinn konnotiert das Verb zudem alle Vorurteile, die dem weiblichen Geschlecht allgemein zugewiesen wurden. So definiert der *Thesaurus linguae latinae* den Begriff als »mollire, delicatum reddere [erweichen, zart machen]« und insbesondere als »pavore mulierem se gerere [die Angst sich wie eine Frau zu verhalten]«, »sexum femininum tribuere [das weibliche Geschlecht zuzuweisen]« und »virilitatem (castrando) adimere [die Männlichkeit (durch Kastration) zu entfernen]«. Der *Georges* übersetzt das Verb mit »zu einem Weibe machen, das weibliche Geschlecht beilegen, -geben, verweiblichen, weibisch machen, verweichlichen, verzärteln« (*Georges*, Sp. 2344). Der Begriff hat also einen negativen Zug und drückt eine Angst aus. Effemination wird als eine Verschlechterung, Entstellung, Kastration in Bezug auf ein männliches Ideal angesehen und spiegelt eine patriarchale Sicht auf die äußere Erscheinung und das moralische Verhalten eines Mannes wider. Der Ausdruck bezeichnet zum einen eine äußere Erscheinung, die als nicht männlich wahrgenommen wird und die mit Weichheit, Zierlichkeit und Zartheit in Verbindung gebracht wird. Zum anderen bezeichnet es eine Verhaltensweise, die vor dem Hintergrund von Tugenden wie Mut, Stärke und Durchhaltevermögen, welche *a contrario* dem männlichen Geschlecht zugewiesen werden, als negative Abweichung angesehen werden.

8 Vgl. Daniel Maira: Le pouvoir fardé à la cour d'Henri III: satire et parodie du masculin. In: Féminité et masculinité altérées: transgression et inversion des genres au Moyen Âge. Hg. von Eva Pibiri, Fanny Abbott. Florenz 2017 (Micrologus' library 78), S. 285–299, hier S. 290: »Étymolo-

Calvin in seinem *Traité des scandales* von 1550 fest, dass ein Christ männlich und in seinem Glauben gefestigt sein solle: »S'esbahit-on si le Filz de Dieu veult avoir des disciples courageux, et non pas effeminez? [Nimmt es Wunder, dass der Sohn Gottes mutige Schüler haben will und keine verweiblichten?].«[9]

Vor dem Hintergrund dieses Zitats soll der Begriff der Effemination in der *Sepmaine* von Guillaume Du Bartas aus einem moralischen, theologischen und rhetorischen Blickwinkel untersucht werden: Zu fragen ist, was ein »verweiblichtes« Verhalten auszeichnet, aus welchem Grund dieses verwerflich ist und welche Ursache es hat. Außerdem gilt es zu erläutern, was eine »verweiblichte« Sprache ist und welche Verbindung zwischen dem sprachlichen Ausdruck und einem als falsch oder abweichend beurteilten Verhalten in einer bestimmten Gesellschaft und Kultur besteht. In einem ersten Schritt soll die Bedeutung des Begriffs *effeminatio* in der Rhetorik Calvins zusammengefasst werden, indem über den Umweg der *Epistulae morales* von Seneca die Abhandlung *De luxu* von Johannes Calvin analysiert wird. Auf dieser Grundlage wird es möglich sein, die Verwendung des Begriffs »efféminé [verweiblicht]« in der *Sepmaine* von Guillaume Du Bartas zu klären.[10]

2 Der Begriff der *effeminatio* in der Rhetorik Calvins

Im 114. Brief seiner *Epistulae morales* verbindet Seneca den moralischen Verfall mit einer schlechten Ausdrucksweise. Dieser Brief ist für die Untersuchung der *effeminatio* deshalb relevant, weil Calvin ihn in seiner Abhandlung *De luxu* zitiert, indem er die Schlussfolgerungen des römischen Philosophen auf die

---

giquement le mot *vir* donne *virtus* pour signifier les qualités physiques et morales de l'homme, comme le courage, la force, l'audace, la vigueur sexuelle. Ces qualités doivent être opposées à celles de la *mulier* et du *puer*, d'autant que, d'après une fausse étymologie, c'est le mot *mulier* qui aurait donnée *mollitia* [Etymologisch diente das Wort *vir* zur Bildung von *virtus*, das die körperlichen und moralischen Eigenschaften eines Mannes bedeutete, zu denen Mut, Stärke, Wagemut, sexuelle Kraft gezählt werden. Diese Eigenschaften müssen denjenigen der *mulier* und des *puer* gegenübergestellt werden, zumal da nach einer falschen Etymologie das Wort *mulier* zur Bildung von *mollitia* diente].«

9 Johannes Calvin: Des Scandales. Hg. von Olivier Fatio. Genf 1984, S. 82.

10 Für eine ausführliche Untersuchung der stilistischen *effeminatio* sei verwiesen auf Nadia Cernogora: Le style mou et efféminé. ›Genre‹ et imaginaire du style dans la poétique de la Renaissance. In: Mollesses renaissantes. Défaillances et assouplissements du masculin. Hg. von Daniele Maira. Genf 2020 [in Vorbereitung]. Im Übrigen wird der Begriff *effeminatio* auch in der Vulgata verwendet, allerding nur im Alten Testament, und bezeichnet männliche Prostituierte in Tempeln. Guy Poirier hat den Begriff in seiner biblischen Verwendung sowie Übersetzungen in verschiedenen französischen Bibeln des 16. Jahrhunderts ausführlich analysiert: Guy Poirier: L'homosexualité dans l'imaginaire de la Renaissance. Paris 1996 (Confluences 7), S. 25–43.

reformierte Rhetorik anwendet, wie bereits Olivier Millet gezeigt hat.[11] Seneca behandelt die Frage, woher eine schlechte Redeweise, eine »corrupti generis oratio« (Ep. XIX, 114, 1),[12] stammt und welche Laster eine solche verdorbene Sprache hervorbringt. Er erklärt, dass allein ein Mensch, der eine tugendhafte Lebensweise führt, eine gute Ausdrucksweise haben kann und ›gut‹ bedeutet für ihn »stark und männlich«. Denn für den Philosophen spiegelt die Sprache die Lebensweise wider: »talis hominibus fuit oratio qualis vita [diese Menschen haben eine ihrem Leben entsprechende Redeweise]«.[13] Gemäß diesem Grundsatz hat ein zügelloses Leben eine schlechte Ausdrucksweise zur Folge, die Seneca anschließend mit den Begriffen »effemina[tio] [Verweiblichung]« und »molliti[a] [Weichheit]« kennzeichnet.[14] Das *ingenium*, das dem Menschen eigene Vermögen, vermittels seines Verstandes Schöpfungen hervorzubringen,[15] entspricht

11 Olivier Millet: Calvin et la dynamique de la parole. Etude de rhétorique réformée. Paris 1992 (Bibliothèque littéraire de la Renaissance 28), S. 109.

12 Seneca: Lettres à Lucilius. Hg. und ins Französische übers. von François Préchac, Henri Noblot. Paris 1964, Bd. 5, S. 27: »Quare quibusdam temporibus prouenerit corrupti generis oratio quaeris, et quomodo in quaedam uitia inclinatio ingeniorum facta sit, ut aliquando inflata explicatio uigeret, aliquando infracta et in morem cantici ducta? [Aus welchem Grund, fragst du, entsteht zu gewissen Zeiten eine verdorbene Redeweise und wie die geistliche Neigung zu gewissen Lastern, sodass mal eine aufgeblasene Entfaltung, mal eine gebrochene und nach Art eines Liedes gestaltete vorherrscht?]« (Ep. XIX, 114, 1).

13 Ebd., S. 27 (Ep. XIX, 114, 1). Über diese Stilkonzeption siehe Wolfang G. Müller: Topik des Stilbegriffs. Zur Geschichte des Stilverständnisses von der Antike bis zur Gegenwart. Darmstadt 1981(Impulse der Forschung 34), S. 9–21; Melanie Möller: Talis oratio – qualis vita: Zu Theorie und Praxis mimetischer Verfahren in der griechisch-römischen Literaturkritik. Heidelberg 2004.

14 Anzumerken ist gewiss, dass Seneca nicht der erste und einzige klassisch antike Autor ist, der *effeminatio* in einem rhetorischen Zusammenhang verwendet. Jedoch führt es an dieser Stelle zu weit, die gesamte Begriffsgeschichte aufzumachen; verwiesen sei noch einmal auf die ausführliche Darstellung bei Cernogora (Anm. 10). Nicht unerwähnt bleiben soll gleichwohl die *Institutio oratoria* von Quintilian, der die Redekunst mit dem menschlichen Körper vergleicht, um unterschiedliche Stillagen zu charakterisieren: Als weiblich oder verweiblicht gilt ihm ein Stil der zu viel an Ornatus verwendet, und metaphorisch gesprochen ›überschminkt‹ wirkt. Demnach ist eine wohlgeformte Rede »virilis et fortis et sanctus [männlich, stark und heilig]« und frei von einer »effeminatam levitatem et fuco ementitum colorem [verweiblichten Leichtigkeit und durch Schminke vorgetäuschten Farbe]« (Institutio oratoria VIII, 3, 6), wodurch metaphorisch ein Übermaß an rhetorischen Mitteln ausgedrückt wird, die vom eigentlichen Inhalt ablenken. Die wahre Rhetorik »sanguine et viribus niteat [solle durch Blut und Kräfte glänzen]« (ebd.). Ein Übermaß an Ornatus sei dagegen weibisch: »at eadem si qui volsa atque fucata muliebriter comat, foedissima sint ipso formae labore [doch wenn man [die Körper, d. h. metaphorisch die Rede] so gestaltet, dass sie auf weibische Art enthaart und geschminkt werden, [d. h. jeglicher rhetorischer *asperitas* bereinigt werden], so sind sie durch diese Arbeit an der Ausgestaltung selbst äußerst hässlich]« (ebd. VIII, *Prohoemium* 19).

15 Das *ingenium* bezeichnet die »angeborene, natürliche Art und Beschaffenheit, Natur, einer Sache, die Naturanlage, das Temperament, die Sinnes- und Gemütsart, das Herz, den Charakter« und insbesondere »die angeborene Fähigkeit, natürliche Anlage, den natürlichen Verstand« (*Georges*, Sp. 261–262).

nach ihm dem individuellen *animus* eines Menschen, d. h. seinem Geist oder seiner Seele.[16] Wenn der Geist krank ist, so ist es auch das *ingenium*. Um sich gut auszudrücken müsse der Geist also »gesund, gesetzt, ernst und gemäßigt« sein, damit auch das Talent »trocken und nüchtern« ist.[17] Im Gegensatz dazu sei ein ›lasterhafter Geist‹ nach Seneca verweiblicht, eine gute und gesunde Art des Ausdrucks ist für ihn »männlich« sowie »robust und stark«. Als Beispiel nennt Seneca den Fall des Gaius Maecenas:

> Haec uerba tam improbe structa, tam neglegenter abiecta, tam contra consuetudinem omnium posita ostendunt mores quoque non minus nouos et prauos et singulares fuisse. Maxima laus illi tribuitur mansuetudinis: pepercit gladio, sanguine abstinuit, nec ulla alia re quid posset quam licentia ostendit. Hanc ipsam laudem suam corrupit istis orationis portentosissimae delicis: apparet enim mollem fuisse, non mitem.

> Diese Worte, die so unredlich aneinandergereiht, so nachlässig dahingeworfen, so gegen die Gewohnheit aller angeordnet sind, zeigen, dass auch seine Lebensweise nicht weniger neuartig, verkehrt und absonderlich war. Man erteilt ihm das höchste Lob für seine Milde: Er hütete sich vom Schwert Gebrauch zu machen, er hielt sich davor zurück Blut zu vergießen, und in nichts anderem zeigte er so sehr sein Können wie in seiner Großzügigkeit. Eben dieses Lob verdarb er aber durch diese Zierlichkeiten seiner über alle Maßen missgestalteten Redeweise: Es ist nämlich [daher] offensichtlich, dass er weich war, nicht milde.[18]

Nach Seneca spiegelt die Ausdrucksweise eines Menschen seine Lebensweise wider: »verba […] ostendunt mores.« Im Fall von Maecenas gerät dieser Lebenswandel »neuartig, verkehrt und absonderlich.« Denn was zunächst ob seines gutmütigen Charakters gelobt wird, ist in Wirklichkeit ein Mangel an Tugendhaftigkeit: Maecenas nämlich habe keinen Gebrauch von der Waffe gemacht und das Töten vermieden, was aufgrund von fehlender Strenge und zu großer Milde die ihm fehlende Männlichkeit symbolisiert, eine »Männlichkeit, die Beweise für ihre Virilität darbringen muss, Beweise, die oft durch die Zurschaustellung

16 Seneca (Anm. 12), S. 27 und 34: »Non potest alius esse ingenio, alius animo color. Si ille [animus] sanus est, si compositus, grauis, temperans, ingenium quoque siccum ac sobrium est: illo [animo] uitiato hoc [ingenium] quoque adflatur. Non uides, […] si ille [animus] effeminatus est, in ipso incessu apparere mollitiam? […] Illo [animo] sano ac ualente oratio quoque robusta, fortis, uirilis est: si ille procubuit, et cetera ruinam sequuntur. [Das schöpferische Genie kann keine andere Farbe haben als der Geist. Wenn jener [der Geist] gesund, wenn er wohlgesetzt, ernst, maßhaltend ist, so ist auch das Genie trocken und nüchtern: Wenn aber jener [der Geist] verdorben ist, so wird auch dieses [das Genie] davon angesteckt. Erkennst du nicht, dass […], wenn jener [Geist] verweiblicht ist, in dieser Überschreitung selbst die Verweichlichung erscheint? […] Bei einem gesunden und starken Geist ist auch die Rede robust, stark, männlich: Wenn der Geist [aber] in Verfall geraten ist, folgen auch die Übrigen in den Untergang]« (Ep. XIX, 114, 3 und 22).

17 Ebd.

18 Ebd., S. 27 und 34 (Ep. XIX, 114, 7).

von Kraft und Macht funktionieren.«[19] Im Gegenteil habe er seine »licentia« offenbart, ein Begriff, der nicht nur positiv ›Großzügigkeit‹ bedeutet, sondern negativ auch ›Zügellosigkeit‹ und ›Ausgelassenheit‹. Seine Ausdruckweise ist folglich »portentiosissim[a] [über alle Maßen missgestaltet].« Denn ebenso wie sich Maecenas zu sehr den Vergnügungen in seinem Lebenswandel hingegeben habe, verwende er auch zu viel an Künstlichkeit und Schmuck in seiner Rede, sodass sein Stil »improbe struct[us] [unredlich gestaltet]« gerät – wobei anzumerken ist, dass *improbus* im Lateinischen eigentlich zur negativen Beurteilung eines moralischen Fehlverhaltens dient (im Sinne von ›schlecht, schlimm, unanständig‹) und nicht eigentlich zur Beschreibung einer Stilart, wodurch bereits zum Ausdruck gebracht wird, dass die *mores* Einfluss auf die Rede haben – sowie »neglegenter abiect[us] [nachlässig dahingeworfen]« und »contra consuetudinem omnium posit[us] [gegen die Gewohnheit aller angeordnet]«. Seneca zielt insbesondere auf die Syntax – »structa, abiecta, posita [geordnet, dahingeworfen, gestellt]« – dieser verdorbenen Rede, die vom gewöhnlichen Sprachgebrauch, der »consuetudo omnium«, abweiche und so sehr rhetorisch überformt ist, dass sie missgestaltet wirkt. Daher sei es nach Seneca offensichtlich, »apparet«, dass Maecenas nicht einfach »milde« war, sondern »verweichlicht«.

Eben diese Textstelle zitiert Johannes Calvin in seiner Abhandlung *De luxu*, in der es ebenfalls um den Sittenverfall geht. Interessant an dieser Stelle ist Calvins implizite Interpretation und die Übertragung des Konzepts der *effeminatio* in reformierte Moral und Rhetorik. Wie Seneca verbindet Calvin die Lebensweise eines Menschen mit dessen Sprache und übernimmt dabei die Begrifflichkeiten des römischen Philosophen:

> Adeo degeneravit saeculum a priscis illis moribus, ut iam portentum naturae habeatur castus vir ut casta mulier. Vox infracta et soluta discincti est hominis. Ne putes animum esse continentem ubi oratio diffluit.

> Unser Jahrhundert hat sich so sehr von jenen alten Lebensweisen entfernt, dass schon ein keuscher Mann wie eine keusche Frau für ein Märchen der Natur gehalten wird. Eine gebrochene und gelöste Stimme ist Zeichen eines liederlichen Menschen. Meine nicht, dass ein Geist gefestigt ist, wenn seine Redeweise zerfließt.[20]

19 Maira (Anm. 8), S. 286: »masculinité qui doit apporter les preuves de sa virilité, des preuves qui passent souvent par l'étalage de la force et du pouvoir.«

20 Johannes Calvin: De luxu. In: ders.: Opera quae supersunt omnia. Bd. X. Hg. von Wilhelm Baum u. a. Braunschweig 1871, S. 204. Olivier Millet hat diese Textstelle bereits gedeutet: »›Infracta‹ désigne chez Cicéron un rythme ou une période brisée, chez Sénèque les brisures d'un rythme dansant; toujours chez Cicéron, ›soluta‹ qualifie un style lâche, et ›diffluens‹ un ordre des mots déliquescent; tout cela s'oppose à un ›style cohérent et aux contours arrêtés‹. Par ailleurs, le propos et le contexte sénéquien des deux premières paraphrases est nettement rhétorique. L'Épître 114, que Calvin paraphrase en empruntant par ailleurs à son premier paragraphe le terme *infracta*, porte en effet sur le lien qui unit le comportement et le langage, la disposition de l'âme et

Eine »difflu[ens] oratio« einer bestimmten Person spiegelt Calvin zufolge also den seelischen Zustand ihres Sprechers wider,[21] weswegen eine »infracta et soluta [eine gebrochene und gelöste]« Stimme Kennzeichen eines »hom[o] discinct[us]« sei. Der Begriff *discinctus* bedeutet wörtlich übersetzt ›ungegürtet‹ und im übertragenen Sinne ›ohne Waffen, liederlich, leichtsinnig.‹[22] In diesem Fall meint Calvin einen von den christlichen moralischen Grundsätzen losgelösten Menschen, dessen moralische Loslösung auch zum sprachlichen Verfall führt. Unmittelbar nach den zitierten Sätzen erklärt Calvin nämlich weiter, dass

> Isti effoeminati et dissoluti una tamen re viri sunt quam dicere pudet et cuius ipsos merito pudere debeat. Maecena quantam laudem mansuetudinis ferre poterat, nisi eam ipsam lascivia delitiisque suis corrupisset. In summa rerum omnium licentia sibi temperavit ne sanguinem funderet, ne per iniuriam grassaretur, ne quem potestate sua premeret. Dictum est mollem fuisse, non mitem. Fastidiuntur quae ex more sunt et sordida sunt omnia solita.

> Diese Männer aber sind durch eine Sache verweiblicht und losgelöst, die zu nennen mich mit Scham erfüllt und derer sie selbst sich mit Recht schämen müssten. Wie viel Lob hätte Maecenas für seine Sanftheit haben können, wenn er dieses selbst nicht durch seine Zügellosigkeit und Vergnügungen verdorben hätte. In seiner äußerst großen Freigiebigkeit aller Dinge mäßigte er sich so, dass er kein Blut vergoss, nicht durch Unrecht wütete, niemanden durch seine Macht unterdrückte. Man sagt, dass er verweichlicht war, nicht sanft. Was sich außerhalb der Moral befindet, erregt Ekel und alles, was losgelöst [von ihr] ist, ist unanständig.[23]

Es handelt sich also um »verweiblichte und losgelöste«[24] Männer, deren Ursache für Calvin aber so abscheulich ist, dass er sie verschweigt und lediglich betont, dass er sich schäme, sie auszusprechen. Man mag darin eine Anspielung auf die

---

l'expression: *Talis hominibus fuit oratio qualis vita* (Ep. 114, 1). Elle dénonce plus précisément la décadence linguistique qui accompagne le luxe d'une excessive prospérité, décadence marquée par l'étrangeté dans le langage, les archaïsmes et les néologismes, l'audace et l'accumulation des métaphores (Ep. 114, 9–10). C'est encore dans ce texte que le moraliste genevois a trouvé la figure de Mécène comme exemple de mœurs efféminées, ›non pas doux mais mou‹, ainsi que plusieurs autres idées de son texte; or Mécène est également le parangon d'un ›style monstrueux‹, aux ›termes ordonnés au mépris absolu de l'usage‹ (Ep. 114, 5). À tout cela, Sénèque oppose un idéal viril, fondé sur la simplicité de l'usage, la décence et un ton uni (Ep. 114, 14–16), ce qui n'exclut pas la force et l'élévation. Tout dépend de l'âme: ›saine et vigoureuse, elle communique au style robustesse, force, mâle fierté‹ (Ep. 114, 22), et c'est donc l'âme qu'il faudra soigner, à travers le contrôle des passions et l'amendement des mœurs.« ; Millet (Anm. 11), S. 109.

21 Zur Verwechslung von *animus* und *anima* in christlicher Literatur sei verwiesen auf den Eintrag *anima*, verfasst von Gerard J. P. O'Dally im Augustinus-Lexikon. Basel 1986, Bd. 1, Sp. 315–340.

22 Der *Georges* übersetzt das Verb *discingere* als »losgürten, aufgürten«, im übertragenen Sinne als »auflösen, entnerven, weichlich machen«. Für das Partizip *distinctus* wird die Bedeutung »locker, lässig, liederlich, sorglos« angegeben.

23 Calvin (Anm. 20), S. 204.

24 Der *Georges* übersetzt das Partizip *dissolutus* (von *dissolvere*) als »aufgelöst, nicht gebunden, locker, leichtfertig, liederlich, frech, zügellos, ausgelassen«, für die Rhetorik als »nicht gehörig verbunden, locker, nicht numerös«.

Sodomie erkennen oder wenigstens auf eine für Calvin äußerst schwerwiegende Sünde, doch wird der Reformator an dieser Stelle nicht expliziter. Wie Seneca zitiert Calvin Maecenas als Beispiel der Verweiblichung: Maecenas habe seinen Ruf durch seinen ausschweifenden und vergnügungsreichen Lebenswandel verdorben und sei ›weich‹ geworden. Am Rande sei bemerkt, dass Calvin zwar den Brief Senecas genau zusammenfasst und Passagen wörtlich übernimmt, jedoch nicht auf Seneca verweist, sondern stattdessen auf eine diffuse mündliche Überlieferung: »dictum est [es wird gesagt].«

Calvin und Seneca heben also beide den Zusammenhang zwischen moralischem und sprachlichem Verfall hervor, doch die Bedeutung dieses Zusammenhangs unterschiedet sich bei Calvin von derjenigen, die Seneca ihm beimisst: Der römische Philosoph nämlich behandelt den Charakter des Menschen, seinen *animus*, und dessen Laster entsprechend einer stoischen Philosophie, während Calvin von der Seele des Menschen und dessen Sünden gemäß einer protestantischen Vorstellung schreibt. Aufgrund von Senecas moralischem Impetus kann der Reformator jedoch den Stoizismus in seine protestantischen Vorstellungen integrieren.[25] Denn da der gefallene Mensch sich nicht von seiner Sünde durch eigene Kraft lossagen kann und der göttlichen Gnade bedarf, daher auch ganz und gar Sünder bleibt, ist es offensichtlich, dass seine Sprache ebenso verdorben ist und dies auch bleibt. Der Mensch kann sich nur nach dem göttlichen Wort in Gestalt seines sprachlichen Ausdrucks in der Bibel richten und auf göttliche Eingebung durch den Heiligen Geist hoffen.

In seinen anderen Texten jedoch verwendet Calvin den Begriff der *effeminatio* nicht in Verbindung mit rhetorischen Fragen: Es handelt sich also nicht um einen Ausdruck, der charakteristisch für die Terminologie Calvins ist. Die Verwendung in *De luxu* erklärt sich daher durch dessen Inspirationsquelle Seneca. Stattdessen charakterisiert Calvin den Stil der Bibel regelmäßig als hart und rau:

> […] il fait mal à gens enflez et addonnez à ostentation que le Sainct Esprit use en l'Escriture saincte d'un langage grossier et simple. Ceulx aussi qui ont esté instruicts aux sciences humaines et sont accoustumez à un style pur et elegant rejettent ou mesprisent ceste façon de parler, comme trop rude et mal polie. Je n'ameneray icy la response qu'ont faict sur ce poinct aucuns hommes sçavans : c'est que tel mespris procede d'ignorance […] il n'y a nulle

25 Siehe Pierre-François Moreau: Calvin et le stoïcisme. In: Le stoïcisme aux XVIe et XVIIe siècles. Hg. von Jacqueline Lagrée. Caen 1994 (Cahiers de philosophie politique et juridique 25), S. 11–24; Kyle Fedler: Calvin's Burning Heart. Calvin and the Stoics on the Emotions. In: Journal of the Society of Christian Ethics 22 (2002), S. 133–162; Barbara Pitkin: Erasmus, Calvin, and the Faces of Stoicism in Renaissance and Reformation Thought. In: The Routledge Handbook of the Stoic Tradition. Hg. von John Sellars. London 2016, S. 145–159; allgemeiner siehe auch François Wendel: Calvin. Sources et évolution de sa pensée religieuse. Genf 1950.

vehemence de rhetoriciens qui touche et esmeuve si bien que l'Escriture saincte avec sa façon simple et rude.[26]

[…] dass der Heilige Geist in der Heiligen Schrift eine grobe und einfache Sprache verwendet, tut denjenigen weh, die aufgeblasen sind und sich der Zurschaustellung hingeben. Auch diejenigen, die in den menschlichen Wissenschaften unterrichtet wurden und an einen reinen und eleganten Stil gewohnt sind, lehnen diese Art zu sprechen ab oder schätzen sie gering, da zu rau und schlecht ausgefeilt. Ich werde hier nicht die Antwort anführen, die einige weise Männer zu diesem Punkt gegeben haben, nämlich, dass diese Geringschätzung ihrer Unwissenheit entspringt […]. Es gibt keine Vehemenz der Rhetoriker, die so sehr berührt und bewegt wie die Heilige Schrift mit ihrer einfachen und rauen Ausdrucksweise.

Die Sprache der Bibel ist Calvin zufolge also »einfach, rau, grob und schlecht ausgefeilt« und widerspricht den Regeln der Eloquenz, wie sie Gelehrte und Rhetoriker vertreten. Der Reformator erklärt diesen groben Stil der Bibel mit der göttlichen *accomodatio*: Danach habe Gott absichtlich einen solchen groben Stil verwandt, um sich dem menschlichen Verstand anzupassen. Da der menschliche Verstand mangelhaft und niedrig ist, so ist es der Stil der Heiligen Schrift ebenfalls.[27] Gleichzeitig solle sich das Herz des Gläubigen unter dem Einfluss des göttlichen Wortes erweichen, um die göttliche Botschaft in sich aufnehmen zu können, was ein Spannungsverhältnis zwischen rhetorischer *asperitas* der Bibel, intellektueller *ruditas* des Menschen und geistlicher Erweichung des Herzens erzeugt.[28] Calvin erklärt, dass »Dieu qui parle là […] amolist la dureté de nostre cœur, pour nous apprester à l'obéissance laquelle est deue à sa parolle [Gott, der da spricht […], die Härte unseres Herzens erweicht, um uns zum Gehorsam vorzubereiten, das seinem Worte gebührt].«[29] Calvin zufolge müsse der Gläubige also zugleich die Härte seines Herzens erweichen, um die göttliche Botschaft aufzunehmen, die in einer rauen und groben Sprache vermittelt wird, und mutig sein, nicht verweiblicht. Für ihn existiert ein Vorgang der Erweichung, die aufwertend ist, und ein Zustand der Weichheit – Effemination als moralischer und sprachlicher Verfall –, der abzulehnen ist.

26 Calvin (Anm. 9), S. 64.

27 Vgl. Johannes Calvin: Opera quae supersunt omnia. Bd. XV. Hg. von Wilhelm Baum u. a. Braunschweig 1888, S. 532: »Nec mirum est si Deus ita balbutiat nobiscum. Sed ubi molles et teneras aures offendit haec asperitas, potius miremur Dei indulgentiam, quum ita ad nos usque descendere dignatus est, et loqui pro captu nostrae ruditatis [Und es ist nicht verwunderlich, dass Gott so vor uns stammelt. Doch da, wo diese Härte weiche und zarte Ohren verletzt, sollten wir eher die Nachsicht Gottes bewundern, da er die Güte hat, sich zu uns herabzulassen und entsprechend unserer Grobheit zu sprechen].«

28 Johannes Calvin: Institution de la religion chrestienne (1541). Hg. von Olivier Millet. Genf 2008, IV 14.

29 Ebd.

3 Zur *effeminatio* in der *Sepmaine*

Guillaume Du Bartas verwendet das semantische Feld der *effeminatio* an mehreren Stellen im Laufe der *Sepmaine*, wovon zwei im Folgenden vertieft betrachtet werden sollen: Die erste beschreibt die ursprüngliche Lebensweise des »homme rustique«, des einfachen Menschen auf dem Land, die Du Bartas dem verdorbenen Lebenswandel des Pariser Hofes gegenüberstellt.[30] Die zweite widmet sich der Erzählung vom Turmbau zu Babel und dem Verfall der menschlichen Sprachen. In der ersten dieser beiden Stellen wird abermals Maecenas als Beispiel angeführt:

> Et [*scilicet* l'homme rustique] n'achette les tons, comme jadis Mecene,
> Lors qu'en son corps mal-sain, son ame encor moins saine
> N'avoit ni paix ni treve, et que sans nul repos
> La jalouse fureur le rongeoit jusqu'aux os. (*La Sepmaine* III, v. 929–932)[31]

> Er kaufft auch nicht die thon'/ als der Mecœnas thate/
> Als in dem kranken leib' auch seine Seel ietzt hatte
> Nicht fried' und anstand mehr/ und ihn ohn' alle ruh
> Des eifers wüten nagt und keinen schlaff ließ zu.[32]

Du Bartas zitiert Maecenas als negatives Beispiel eines verdorbenen Lebenswandels, die der ursprünglichen Lebensweise des »homme rustique« gegenübergestellt wird. Das lyrische Ich erzählt, dass Maecenas an einer psychosomatischen Erkrankung litt: Als sowohl sein Körper als auch seine Seele erkrankten, er keinen Schlaf mehr finden konnte und Wut und Neid ihn plagten, habe er Musiker bezahlt, um sich durch diese unterhalten zu lassen.[33] In den folgenden

30 Siehe Pauline M Smith.: The Anti-Courtier Trend in Sixteenth Century French Literature. Genf 1966 (Travaux d'humanisme et renaissance 84); Nathalie Peyrebonne, Alexandre Tarrête, Marie-Claire Thomine (Hg.): Le mépris de la cour. La littérature anti-aulique en Europe (XVIe–XVIIe siècles). Paris 2018 (Cahiers V. L. Saulnier 35).

31 Guillaume de Saluste Du Bartas: La Sepmaine, ou Creation du monde. Tome II. L'Indice de Simon Goulart. Hg. von Yvonne Bellenger u. a. Paris 2012, S. 214. Im Folgenden wird nach dieser Ausgabe zitiert.

32 Du Bartas 1640 (Anm. 3), S. 87.

33 Im von Simon Goulart verfassten 1583 zum ersten Mal veröffentlichten Kommentar zur *Sepmaine* werden die Lesenden informiert, dass Maecenas »fort délicat [sehr zart]« und »sujet à ses plaisirs [seinen Lüsten unterworfen]« gewesen sei: »*Pline* au 7. livre, chapitre 51. [7, 172] fait mention de *C. Mœcenas*, qui eut la fievre toute sa vie durant, et trois ans avant sa mort ne dormit pas une seule minute d'heure. Qui estoit l'occasion de luy faire acheter la douceur de la musique. Il est parlé aussi fort amplement en divers endroits, specialement de *Virgile* et d'*Horace*, de *Mecœnas* chevalier Romain, grand ami d'*Auguste*, et fort liberal envers les Poetes, personnage au reste fort delicat et sujet à ses plaisirs. A cause de luy ceux qui depuis ont favorisé et entretenu les hommes doctes ont esté appellez *Mecœnates*. [Plinius erwähnt im 7. Buch, Kap. 51.7,172, Gaius Maecenas, der während seines ganzen Lebens Fieber litt und der während der letzten drei Jahre vor seinem Tod keine Minute mehr schlief. Dies gab ihm den Anlass, die Süße der Musik

Versen dient Maecenas als Vergleichspunkt eines schlechten Schreibstils, eines »mercenaire style [käuflichen Stils]« der Hofdichter, dem Du Bartas seinen eigenen Schreibstil und den des »homme rustique« gegenüberstellt:

Il [*scilicet* l'homme rustique] ne passe es grand's cours ses miserables ans:
Son vouloir ne depend du vouloir des plus grands:
Et changeant de Seigneur ne change d'Evangile.
Sur un papier menteur son mercenaire stile
Ne fait d'une foumy un Indois elephant,
D'un mol Sardanapale un Hercul triomphant,
[...]
Ains vivant tout à soy, et servant Dieu sans peur,
Il chante sans respect ce qu'il a sur le cœur.
[...]
Mes chantres et mes luths [soient] les mignards oiselets,
Mon cher Bartas mon Louvre, et ma Cour mes valets:
Où sans nul destourbier si bien ton los j'entonne,
Que la race future à bon droit s'en estonne. (*La Sepmaine* III, V. 951–986)[34]

Er bringt zu Hoff' in noht nicht zu die beste zeit/
Sein wille Fürsten nicht/ Schlaff'/ unterworffen leit:
Er lest den glauben nicht/ sambt seinem herren/ fallen/
Er schreibt und redet nicht nur anderen zu gefallen/
Aus keiner Embsen er ein Elephanten macht/
Noch vor Sardanapal/ ein Herculem betracht
[...]
Er lebt für sich selbst/ er dient Gott früh und spat/
Er singt und saget frey wie ers im herzen hat.
[...]
Mein Discantist und Laut' ein hauffen Vögelein/
Mein lieb' Bartas/ mein Schlos/ mein Hof/ die knechte sein;
Da ich ohn' hinderung dein lob so starck her singe/
Daß den Nachkommen einst mein Lied ein wunder bringe.[35]

Du Bartas besingt hier die Unabhängigkeit des ursprünglichen Lebens des »homme rustique«, der nicht dem Wohlwollen von Fürsten, der »plus grands«, in ihren »grand's cours [großen Höfen]« unterworfen ist. Der »homme rustique«

käuflich zu erwerben. Über ihn wird auch an weiteren Stellen sehr ausführlich berichtet, insbesondere bei Vergil und Horaz, über den römischen Ritter Maecenas, ein großer Freund des Augustus und äußerst großzügig gegenüber den Dichtern, eine sehr zarte und ihren Lüsten unterworfene Persönlichkeit. Wegen ihm werden diejenigen, die seitdem gelehrte Männer fördern und unterstützen, Mäzenaten genannt]« Du Bartas 2012 (Anm. 31), S. 271. Über Simon Goulart siehe Jean-François Gilmont: Un commentateur de Du Bartas. Simon Goulart, l'épigone. In: Du Bartas. 1590–1990. Hg. von James Dauphiné. Mont-de-Marsan 1992, S. 243–263.

34 Du Bartas 2012 (Anm. 3), S. 215–217.

35 Du Bartas 1640 (Anm. 3), S. 87–88.

bleibt seinen Grundsätzen treu, seinem »Evangile [Evangelium]« – was Tobias Hübner mit »er lest den glauben nicht« übersetzt –, selbst wenn die politische Macht wechselt, was als eine Anspielung auf die Religionskriege und das Prinzip des *Cuius regio eius religio* gedeutet werden kann, d. h. der »homme rustique« unterwirft sich nicht dem Glauben eines fremden Herren.[36] Sicherlich ist es kein Zufall, dass Du Bartas das Wort »Evangile« verwendet: Der einzige Grundsatz, den der »homme rustique« respektieren muss, ist das Wort Gottes. Nicht erwähnt werden muss, dass sich der hier zitierte Ausschnitt in der ersten Schöpfungswoche innerhalb der *Sepmaine* befindet, der Hinweis auf das Evangelium also anachronistisch ist. Der »homme rustique« unterliegt weder einer weltlichen Macht noch einer kirchlichen Institution, sondern einzig der Bibel, der er treu bleibt, selbst wenn seine Lebensbedingungen »misérables [notdürftig]« würden. Im Gegensatz zu den Höflingen, derer Maecenas als Beispiel dient, schreibt er nicht in einem abhängigen, »mercenaire« Stil, um die Gunst eines weltlichen Herren zu gewinnen und um von ihm Geld oder Güter zu erhalten. Er schreibt auch keine Lügen, »sur un papier menteur [auf lügenhaftem Papier]«, sondern widmet seine Kraft dem »serv[ice de] Dieu [dem Dienst an Gott]« und besingt allein das, was er in seinem Herzen trägt. Anders ausgedrückt: Er singt aufrichtig seinen Glauben und den Lobpreis Gottes. Ihm entgegengestellt sind die Dichter des Pariser Hofs, die metaphorisch als »oiselets [Vöglein]« bezeichnet werden, ein klassisches Bild zur Bezeichnung des Dichters, und als »mignards [zierlich]«, ein pejorativer Begriff, der schwierig zu übersetzen ist – Tobias Hübner lässt ihn in der Tat in seiner Übersetzung weg – und der einer Erklärung bedarf:[37] Diese

36 Tobias Hübner ändert in seiner Übersetzung etwas den Sinn: »er lest den glauben nicht/ sambt seinem herren/ fallen« (V. 953), d. h. er bleibt sowohl seinem Glauben als auch seinem weltlichen Herrscher treu. Der Gedanke einer Diskrepanz zwischen eigenem Glauben und dem Glauben eines wechselnden Herrschers fällt bei Hübner weg.

37 Du Bartas führt noch ein weiteres Negativbeispiel an: »le mou Sardanapale [den weichen Sardanapal]« (V. 956). In seinem Kommentar der *Sepmaine* charakterisiert ihn Simon Goulart als »effeminiert«: »Ce fut le dernier roy des Assyriens, mol et effeminé entre une infinité d'autres, jusques à prendre l'habit et faire le mestier des femmes, comme tous les anciens historiens le tesmoignent. Il est opposé à Hercules, prince laborieux et triomphant. Les flatteurs changent Sardanapale en Hercule, ce dit le Poete [Guillaume Du Bartas], c'est-à-dire, sont si impudens d'appeller sages, vaillans, tresbons, tresgrands, vertueux, et dieux, ceux qui sont escervellez, lasches, meschans, faitneants, vicieux, loups et diables entre les hommes [Es handelt sich um den letzten König der Assyrer, weich und effeminiert unter einer Unzahl weiterer [Laster], so sehr dass er ein Kleid anzog und der Arbeit der Frauen nachging, wie alle antiken Historiker es bezeugen. Er wird Herkules gegenübergestellt, ein fleißiger und siegreicher Fürst. Die Schmeichler ändern Sardanapal in einen Herkules, so der Dichter Guillaume Du Bartas, d. h. sie sind so unverschämt ihn weise, stark, sehr gut, sehr groß, tugendhaft und göttlich zu nennen, sie, die sie doch verrückt, feige, bösartig, nichtstuerisch, lasterhaft, Wölfe und Teufel unter den Menschen sind]« (Du Bartas 2012 (Anm. 31), S. 369). Die von Goulart aufgestellte Liste ist insofern interessant, als sie eine Serie an Charakteristika liefert, die einem »weichen und verweiblichten« Mann eigen sein sollen: Es geht zum einen um ihr Erscheinungsbild, ihr »habit«, und zum anderen um ihre Tätigkeit, ih-

»mignards«, »junge aus dem Kleinadel stammende Männer«[38], galten ob ihrer Affektiertheit und ihrer zierlichen Aufmachung als weich und verweiblicht und umgaben den französischen König Henri III (1551–1589).[39] Letzterem wurde vorgeworfen, wie es Daniele Maira zusammenfasst, »eine ›weiche‹ Politik zu führen […]. Nicht ausreichend männlich zu sein wird dann zu einem politischen und auch nationalen Problem. Die königliche Verweichlichung plagt die Ausführung und männliche Identität der Macht, sie schwächt eine Ontologie der symbolischen Männlichkeit des Königreichs und behindert in Folge die anderen politischen Körper.«[40]

Du Bartas beklagt, dass »la plus-part des escrivains François | despend à courtiser les dames et les rois [die Mehrheit der französischen Schriftsteller davon abhängig sei, Damen und Königen den Hof zu machen]« (*La Sepmaine* IV, V. 31–32),[41] d. h. zu viele französische Dichter widmeten Du Bartas zufolge ihre schriftstellerische Tätigkeit der Liebesdichtung und Enkomiastik, um die Gunst von Königen und Damen zu gewinnen. So stellt Du Bartas den Pariser Hof unter dem katholischen König Henri III seinen eigenen Ländereien in Bartas gegenüber – heute noch besteht das Schloss von Du Bartas in Saint-Georges in der Region Occitanie –, das im Königreich Navarra unter dem protestantischen König Henri III von Navarra lag, der 1589 zum französischen König mit dem Namen Henri IV gekrönt werden sollte.[42] Hier deutet sich bereits eine politische und konfessionelle Gegenüberstellung an, auf die im Folgenden noch einmal einzugehen sein wird.

ren »mestier«. In ihren Dichtungen verschönern die Schmeichler Sardanapals dessen wahre Charakteristika, die nach Goulart Wahnsinn (»escervellez«), Feigheit, Bosheit (symbolisiert durch Wolf und Teufel), Faulheit, Lasterhaftigkeit umfassen.

38 Maira (Anm. 8), S. 291: »jeunes hommes issus de la petite aristocratie.« Siehe auch Arlette Jouanna: Faveurs et favoris. L'exemple des mignons de Henri III. In: Henri III et son temps. Actes du Colloque international du Centre de la Renaissance de Tours, octobre 1989. Hg. von Robert Sauzet. Paris 1992 (De Pétrarque à Descartes 56), S. 155–165; Nicolas Le Roux: La faveur du Roi. Mignons et courtisans au temps des derniers Valois. Seyssel 2001.

39 Zur Effemination von Henri III, siehe Gary Ferguson: Mourning/Scorning the *Mignons*. Representations of Heroism and Favouritism at the Court of Henri III. In: ders.: Queer (Re)Readings in the French Renaissance: Homosexuality, Gender, Culture. Aldershot u. a. 2008, S. 147–190.

40 Maira (Anm. 8), S. 287: »de mener une politique ›molle‹ […] Ne pas être suffisamment viril devient dès lors un problème politique et aussi national. La mollesse royale hante l'exercice et l'identité virile du pouvoir, elle fragilise une ontologie de la virilité symbolique du royaume et embarrasse par conséquent les autres corps politiques.«

41 Vgl. Du Bartas 1640 (Anm. 3), S. 91: »die zeit/ die sonst ein jederman / Zum lobe seines Liebs und Königs wendet an.«

42 Über die Beziehung zwischen Du Bartas und Henri de Navarre siehe James Dauphiné: Du Bartas et Henri de Navarre. In: Du Bartas. 1590–1990. Hg. von dems. Mont-de-Marsan 1992, S. 131–144.

In der *Seconde Semaine* nimmt Du Bartas noch einmal das Thema der Hofkritik auf und charakterisiert die Höflinge ausdrücklich als »effeminés [verweiblicht]«:

Ceux dont le pas rompu, dont la joue fardée,
L'accent effeminé, l'œillade mignardée,
Le cœur lasche et coüart, le mol habillement,
Monstrent qu'hommes ils sont de barbes seulement,
Sont propres et gentils. Ceux qui de couche en couche
Vagabondent, bouquins : dont la charmeuse bouche
Les Susannes esbranle : et tousjours affamez
Volent à tout gibier, amoureux sont nommez.
(*Seconde Semaine* III, v. 721–728)[43]

Die ihr halbirter trit der backen halb geschmincket/
Die weiblich kleine stimm' und auge/ so stets wincket/
Hertz ohn' hertz/ ohne muht/ weich kleid von neuer art
Anzeigen/ daß Sie nur seind Männer durch den bart:
Gut' Hofleute seind die/ so da stetig liegen
Im Ehbett' andrer Leut'/ und deren mund betriegen
Susannen selber kann/ nach iedem Wildpret rennt
Ihr aller geilste lust/ die man verliebet nennt.[44]

Du Bartas zeichnet das Portrait eines effeminierten Höflings: Dieser ist geschminkt, hat einen weiblichen Akzent (»un accent effeminé«) – in Hübners Übersetzung »die weiblich kleine stimm‹» – ein affektiertes Augenzwinkern, ein feiges Herz, weiche Kleider. Auch hier zeigt sich, dass die Effemination einerseits äußerlich wahrnehmbare Elemente umfasst, wie eine als weiblich wahrgenommene Stimme, die Mimik und Kleidung, und andererseits eine innere Haltung, hier in Gestalt der Feigheit. Die Adjektive »propres et gentils [sauber und edel]« (V. 725) werden ironisch verwendet, um auszudrücken, dass die Wahrnehmung dieser effeminierten Höflinge am Pariser Hof pervertiert ist, da man ihre wahre frevelhafte Natur dort nicht mehr erkennt. Hinter dieser Beschreibung der Höflinge verbirgt sich wahrscheinlich auch eine Anspielung auf die »mignards« von Henri III und also eine Hofkritik.

Auch hier spielt der religiöse Kontext eine bedeutende Rolle: Der Name »Susannes« (V. 727) spielt auf das dreizehnte Kapitel des Buches Daniel aus dem Alten Testament an, in dem die Geschichte der schönen Susanne geschildert wird. Susanne, fromme und keusche Mutter, nimmt ein Bad, als sie von zwei alten Männern überrascht wird, die sie beobachten: Es handelt sich um zwei babylonische Richter. Sie versuchen Susanne zu verführen, doch diese verweigert sich ih-

43 Du Bartas 1991 (Anm. 3), S. 200.
44 Du Bartas 1640 (Anm. 3), S. 269.

nen standhaft, weswegen die Richter sie aus Rache des Ehebruchs beschuldigen, worauf die Todesstrafe steht. Susanne kann diesem Urteil nicht entkommen, da das Volk den Lügen der Richter glaubt. Allein die Intervention des Propheten Daniel kann Susanne retten, indem er die Unschuld der jungen Frau beweist und die beiden alten Männer verurteilt.

Wie die babylonischen Richter verführen die Höflinge der *Sepmaine* junge Frauen und führen sie damit trotz ihrer Keuschheit ins Verderben. Wie Babylon ist der Pariser Hof ein gottloser Ort, an dem das prophetische und also göttliche Wort nicht gehört wird. Sicher ist es kein Zufall, dass die Höflinge als »bouquins [Ziegenböcke]« bezeichnet werden, die traditionell sexuelle Wollust und den Teufel symbolisieren. Sicher ist es auch kein Zufall, dass die beiden Richter des Buches Daniel Vertreter der fremden Macht Babylon sind, denn bekanntlich diente Babylon in der protestantischen Propaganda als Vergleichsfolie für die Römische Kirche: Bei Du Bartas nun gerät der katholische Hof in Paris zum Gegenstand des Vergleichs mit Babylon.[45]

Babylon führt auch zur zweiten maßgeblichen Stelle über das Thema Effemination, die sich am zweiten Tag der *Seconde Semaine* befindet und die die Überschrift »Babylone« trägt.[46] Du Bartas verwendet den Begriff »effémination« hier im Zusammenhang mit der Geschichte des Turmbaus zu Babel und stellt eine Verbindung zwischen der ursprünglichen Sprache Adams und dem dichterischen Wort her:

> Nous n'avons que babil : et pour la conoissance
> Des secrets de Nature, ou de l'Unique essence,
> Qui donne essence à tout, nous vacquons sans repos
> A plier un Verbe, à treuver de beaux mós :
> A mettre au trebuchet les syllabes et lettres :
> […]
> Et que diray-je plus ! On parloit en tout lieu
> L'idiome sacré, le langage de Dieu :
> Langage, qui, parfait, n'a poinct ny charactere,

45 Zur Religiosität von Guillaume Du Bartas siehe Josiane Rieu: Le sentiment religieux chez Du Bartas. In: Du Bartas. 1590–1990. Hg. von James Dauphiné. Mont-de-Marsan 1992, S. 317–334.

46 Vgl. James Dauphiné: ›Babilone‹ de Du Bartas. Un exemple de lecture du mythe de Babel au XVIe siècle. In: Hommage à Claude Faisant. Paris 1991 (Publications de la Faculté des Lettres et Sciences Humaines de Nice 3), S. 187–193; Myriam Jacquemier: Le mythe de Babel au XVIe siècle. In: Actes du colloque international de Montepulciano. Il mito nel Rinascimento. Mailand 1993, S. 117–136; dies.: Le mythe de Babel et la Kabbale chrétienne au XVIe siècle. In: Nouvelle Revue du XVIe siècle 10 (1992), S. 51–67; dies.: Le mythe de Babel dans ›Babilone‹ de Du Bartas. In: Du Bartas. 1590–1990. Hg. von James Dauphiné. Mont-de-Marsan 1992, S. 395–408; Raymond Esclapez: Du Bartas et le mythe de Babel. In: Du Bartas. 1590–1990. Hg. von James Dauphiné. Mont-de-Marsan 1992, S. 409–425. Siehe allgemeiner auch Jean Céard: De Babel à la Pentecôte. La transformation du mythe de la confusion des langues au XVIe siècle. In: Bibliothèque d'Humanisme et Renaissance 42.3 (1980), S. 577–594.

Qui ne soit enrichy de quelque grand mystere.
Mais depuis cest orgueil chasque peuple use à part
D'un jargon corrompu, effeminé, bastart,
Qui chaque jour se change : et, perdant sa lumiere,
Ne retient presque rien de la langue première.
(*Seconde Semaine*, II, »Babylone«, V. 263–270)[47]

Und lallen doch nur her: Ja eh wir lernen können/
Wie man recht die Natur sol und das Wesen kennen/
Das allen Wesen giebt/ so ängsten wir uns fort/
Ins Zeitworts enderung zu finden schöne Wort/
Zu legen auff die Wag ietzt Sylben/ ietzt Buchstaben/
[…]
Was sol ich sagen mehr? Man redt an allem Ort
Damals die heilge Sprach'/ und Gott des HErren [sic] Wort.
So da hatt keinen Punct/ kein Zeichen noch Buchstaben/
Drin ein Geheimnüß nicht verborgen und begraben/
Und nach der Sünden bald ein jedes Volck daher
Ein weibisch irr-geschwätz/ ohn' art und ohne lehr'/
Und das/ sich endrend' oft/ sein Liecht hat längst verlohren/
Und von der Sprach hat nichts mehr/ die es braucht zuvoren.[48]

Bei Du Barts ist der Verlust der »vollkommenen Sprache« (V. 265) an die Erbsünde geknüpft, die mit dem »orgueil [Stolz]« (V. 267) identifiziert wird. Das Demonstrativpronomen »cest« verweist nicht auf einen bereits zuvor genannten »orgueil«, sondern bezieht sich auf *die* Tat des Übermutes an sich, nämlich die Ursünde. Gekennzeichnet wird diese durch Sünde verkommene Sprache nun als »corrompu, effeminé, bastart [verdorben, verweiblicht, unrein[49]]«. Die Kategorie der Effemination wird hier also sowohl auf moralischer Ebene als Abweichung eines Ideals charakterisiert, das *a contrario* als männlich bestimmt wird, als auch auf sprachlicher Ebene als schlechte Ausdrucksweise – es geht hier also nicht um sprachliche Ausschmückung mit Hilfe der Rhetorik, sondern um menschliche Sprache an sich. Du Bartas erklärt nämlich, dass die Sprache den Geist widerspiegele: »[elle] n'est rien que de l'esprit un resonnant image [sie ist nichts als ein

47 Du Bartas 1991 (Anm. 3), S. 329–331.
48 Du Bartas 1640 (Anm. 3), S. 324.
49 Das Adjektiv »bastart« (V. 268), modern *bâtard*, lässt sich hier kaum wörtlich übersetzen: Als Substantiv entspricht es dem deutschen ›Bastard‹ und bezeichnet ein unehelich geborenes Kind (vgl. DMF *ad vocem*). Im übertragenen Sinn bezeichnet das Adjektiv insbesondere in Bezug auf Gefühle etwas, »qui n'est pas pur [das nicht rein ist]« (ebd.). Im modernen Französisch kann ein *bâtard* zudem ein nicht reinrassiges Tier bezeichnen, z. B. einen Hund. Hier meint ein »jargon bastart« (V. 267) eine Sprache, die nicht mehr unmittelbar göttlich ist, sondern durch die Sünde verunreinigt wurde.

klingendes Bild des Geistes]« (V. 342),[50] was der Vorstellung Calvins entspricht, der zufolge »la langue est l'image et la représentation de l'esprit [die Sprache das Bild und die Darstellung des Geistes ist]«,[51] was wiederum den bereits erläuterten Überlegungen Senecas entspricht. Folglich hatte die Erbsünde notwendigerweise auch eine Auswirkung auf die Sprache.

Im Übrigen ist die Verwendung des Begriffs »effeminé« in diesem speziellen Fall möglicherweise eine Anspielung auf die Rolle Evas und die besondere Schuld, die dem weiblichen Geschlecht im Sündenfall zugewiesen werden.[52] Du Bartas lässt nämlich in der *Seconde Semaine* Adam sagen, dass:

Seigneur, respond Adam, je ne suis point, coulpable
D'un si lasche forfaict. Celle, ô Pere equitable,
Que j'ay receu de toy pour compaigne, et support,
M'a pressé d'avaller le morceau donne-mort.
Et toy, dit l'Immortel, ô femme desloyale,
Comment en te trompant, as-tu trompé ton masle?
(*Seconde Semaine*, II, »L'imposture«, V. 417–422)[53]

O HErr/ sagt Adam drauf/ du wirst mich schüldig finden
Nicht an der bösen that/ O Vater/ dieser Sünden
Ist ursach hier allein/ die du zum trost in noht
Mir geben hast/ die mir zu bracht des todes brodt/
Und du, sagt Gott der HErr/ wie hast du dich erwogen/
O Weib/ und deinen Mann mit dir zugleich betrogen?[54]

Nach Du Bartas wiegt die Schuld Evas also schwerer, weil sie den Mann getäuscht habe, der folglich als Opfer der List des weiblichen Geschlechts dargestellt wird, ja der selbst gar seine Unschuld erklärt. Zwar verknüpft Du Bartas nicht ausdrücklich den Begriff »effémination« mit Eva und zwar ist diese Unschuldserklärung Adams in der *Sepmaine* isoliert (und auf theologischer Ebene schwerlich zu rechtfertigen), doch kann die Tatsache, dass die Schuld Evas als schwerwiegender bewertet wird als diejenige Adams, erklären, weshalb Du Bartas den Sündenfall mit einem Vorgang der Verweiblichung verbinden kann.

50 Tobias Hübner paraphrasiert den Vers in seiner Übersetzung: »weil die Sprach'te bestehet | Drin/ das vernünftig man durch sie den Sinn verstehet« (Du Bartas 1640 (Anm. 3), S. 326).

51 Johannes Calvin: Commentaires […] sur les cinq livres de Moyse. Genf 1564, S. 88.

52 Petrus Lombardus erklärt beispielsweise, dass: »Ex his datur intelligi quod mulier plus peccaverit, in qua maioris tumoris praesumptio fuit [Aus diesen Gründen wird zu verstehen gegeben, dass die Frau mehr gesündigt hat [als der Mann], weil in ihr eine Anmaßung größeren Stolzes bestand]«. Zitiert nach Thomas von Aquin: Commento alle sentenze di Pietro Lombardo e testo integrale di Pietro Lombardo. Hg. und übers. von P. Roberto Coggi. Bologna 2001, Liber 2 dist. 22, S. 56.

53 Du Bartas 1991 (Anm. 3), S. 121–122.

54 Du Bartas 1640 (Anm. 3), S. 239.

Anschließend identifiziert Du Bartas die ursprüngliche Sprache mit dem Hebräischen,[55] das ihm zufolge mystische Eigenschaften habe, da jedes Zeichen des Hebräischen auf die göttlichen Mysterien verweise – eine Anspielung auf die Kabbala (V. 353–370).[56] Zudem setzt Du Bartas die ursprüngliche Sprache *tout court* mit der Sprache Gottes gleich, die ihm zufolge mehr als ein bloßes sprachliches Ausdrucksmittel ist, insofern als das Wort Gottes die Welt als solche konstituiert, sodass man die Sprache Gottes in der gesamten Schöpfung wahrnehmen kann (V. 263ff.). Der Sündenfall und der Turmbau zu Babel haben dieser ursprünglichen Sprache ein Ende gesetzt, sodass »la conoissance | des secrets de Nature, ou de l'Unique essance [die Kenntnis der Geheimnisse der Natur oder des einheitlichen Wesens]« (V. 253f.)[57] verborgen und im wahrsten Sinne des Wortes mysteriös bleibt.[58] Denn der Mensch kann zwar noch das Hebräische erlernen, aber er muss es deuten,[59] da ihm der unmittelbare Zugang zu dieser Sprache verloren gegangen ist. Die Bibel wird folglich zu einem Ort, »où Dieu se communique au lecteur qui l'adore [an dem Gott sich dem Leser, der ihn verehrt, mitteilt]« (V. 262).[60]

So wird die Sprache der Bibel zum Modell für die Sprache des Dichters: Du Bartas erklärt, dass er sich darum bemühe zur ursprünglichen Sprache Gottes zurückzukehren und dass das dichterische Wort unter der Führung der göttlichen Gnade eine prophetische Funktion annehmen kann:

> Que si des Courtizans l'envenimé langage,
> Ou les desbordements familiers en nostre âge
> Y laissent quelque traict qui sente son Nembrot,

---

55 Du Bartas 1991 (Anm. 3), S. 122 [1640, S. 328], V. 397–398: »J'accorde volontiers […] | à l'idiome hebrieu le sacré droict d'aisnesse [Sprech ich zu […] | Das recht der Erstgebührt hier der Hebreer Sprache].«

56 Vgl. Jan Miernowski: Dialectique et connaissance dans la Sepmaine de Du Bartas. Genf 1992 (Travaux d‹humanisme et Renaissance, 258). Siehe auch die grundlegende Studie von Claude-Gilbert Dubois: Mythe et langage au XVIe siècle. Paris 2010 [[1]1970].

57 Vgl. Du Bartas 1640 (Anm. 3), S. 324: »Ja eh wir lernen können/ | Wie man recht die Natur sol und das Wesen kennen.«

58 Du Bartas 1991 (Anm. 3), S. 330. Vgl. Miernowski (Anm. 56), S. 250. Was die Sprache Adams angeht, kam Calvin schon zu ähnlichen Schlussfolgerungen in seinem Kommentar zum Pentateuch: »Quant aux noms qu'Adam a imposez, je ne doute point qu'il n'y eust tres bonne raison en chacun: mais l'usage d'iceux comme de beaucoup d'autres bones choses est aboli [Was die Namen betrifft, die Adam [den Dingen] gegeben hat, bezweifele ich nicht dass es einen sehr guten Grund in jedem gibt: Doch deren Gebrauch ist wie von vielen anderen guten Dingen aufgehoben].« Der Sündenfall bedeutet für den Reformator auch einen Verlust der ursprünglichen Sprache. Nach Calvin habe Adam die Worte »non point à la volée, mais par cognoissance certaine [nicht leichtfertig, sondern durch sichere Kenntnis]« gefunden (Calvin (Anm. 51), S. 20).

59 Vgl. Miernowski (Anm. 56), S. 255.

60 Vgl. Du Bartas 1640 (Anm. 3), S. 324: »drin Gott verehret/ | Dem Leser selber sich/ der ihn mit Andach ehret.« Vgl. Jacquemier 1992a (Anm. 46), S. 397.

Passe y dessus ta plume, et l'efface bien tôt:
A fin que pour Babel Solime se bastisse,
Et que sous eux ma Muse en tous lieux retentisse.
(*Seconde Semaine,* »Babylone«, V. 33–38)[61]

Und wan des Hofes Sprach' etwa sie solt' ableiten/
Die Schanden auch gemein in unsern bösen zeiten
In ihnen liessen was/ so Nimrod sehe gleich/
Mit deiner Feder stracks es aus thu' und durchstreich'/
Auf daß vor Babel werd' alhier Solym erbauet/
Und mein gedicht als dan an hin und her geschauet.[62]

Abermals attackiert Du Bartas die Höflinge und ihre »envenimé langage [vergiftete Sprache]« (V. 33), vergiftet, weil sie das Gift der Schlange des Sündenfalls in sich trägt, weil sie verführt und verdirbt. Nun führt Gott seinen Willen mit einer »plume [Feder]« (V. 36) aus, die sich des Dichters Du Bartas wie eines Werkzeugs bemächtigt, um Babel, d. h. die sprachliche Verdorbenheit, zu zerstören und Jerusalem zu errichten, sodass die Dichtung von Guillaume Du Bartas »en tous lieux retenti[t] [an allen Orten erklingt]«, ebenso wie vor dem Sündenfall »on parlait en tout lieu | l'idiome sacré, le langage de Dieu [Man redt an allem Ort | Damals die heilge Sprach'/ und Gott des HErren Wort]« (V. 263f.): Hier lässt sich der eschatologische Sinn dieses poetologischen Konzepts erkennen.[63] Das dichterische Wort nämlich hat einen moralischen und theologischen Wert, insofern als der von Gott inspirierte Dichter versucht, die sprachliche Kluft des Sündenfalls zu überwinden, um die Kommunikation mit dem Schöpfer wiederherzustellen.

Als protestantischer Autor verweist Du Bartas sicher nicht ohne Hintergedanken auf Nimrod, denn, wie bereits Myriam Jacquemier erläutert hat, »hat Luther die Figur Nimrods mit dem römischen Papsttum so sehr in Verbindung gebracht, dass diese Beschreibung ohne Nachsicht gegenüber dem Despoten nicht ohne politische oder ideologische Hintergedanken zu sein scheint.«[64] Nicht zu vergessen ist, dass das Kapitel über den Turmbau zu Babel mit »Babylon« überschrieben ist. Du Bartas deutet den Turmbau zu Babel also tropologisch und vermengt ihn mit dem Babylon der Offenbarung, delokalisiert es in seine Epoche und in die römische Kirche sowie in den katholischen Hof von Paris.

Zusammengefasst verwendet Du Bartas das Konzept der Effemination, um die Höflinge des Pariser Hofes zu charakterisieren. Er stellt deren Lebensweise

---

61 Du Bartas 1991 (Anm. 3), S. 313.

62 Du Bartas 1640 (Anm. 3), S. 318.

63 Vgl. Jacquemier 1992a (Anm. 46), S. 400.

64 Ebd., S. 401: »Luther a suffisamment rapproché le personnage de Nemrod de la papauté romaine, pour que cette description sans complaisance du despote ne semble pas sans arrière-pensée politique ou idéologique.«

demjenigen des »homme rustique« gegenüber. Hinter dieser Gegenüberstellung verbirgt sich auch ein konfessioneller und politischer Konflikt im historischen Kontext der Religionskriege. Das katholische Paris unter König Henri III wird den Ländereien von Bartas im protestantischen Navarra unter der Herrschaft des Königs Henri III von Navarra gegenübergestellt. Die Pariser Höflinge, »mignards«, werden durch ihre Effemination, Feigheit, Zartheit, Weichheit und Wollust charakterisiert. Du Bartas prangert ihre Sprache als nicht aufrichtig an, insofern als die Höflinge ihre weltlichen Herren umwerben, um deren Gunst zu gewinnen, und die Damen verführen, um sie ins Verderben zu treiben. Wie für Seneca und Calvin besteht nach Du Bartas ein Zusammenhang zwischen Laster bzw. Sünde und der sprachlichen Ausdrucksweise, da die Sprache für sie den menschlichen Geist und also auch die Sünde widerspiegelt.

Außerdem dient die Effemination zur Kennzeichnung der menschlichen Sprachen an sich nach dem Sündenfall. Die Erbsünde und der Turmbau zu Babel hätten die menschliche Sprache so sehr verdorben, dass die ursprüngliche Sprache Gottes unverständlich für den Menschen geworden ist. Der Mensch hat keinen Zugang mehr zur weltkonstituierenden Sprache Gottes. Um diese sprachliche Kluft zu überwinden, muss der Dichter zum Werkzeug des göttlichen Wortes werden: Daher wird die Bibel für Du Bartas zum Modell für die dichterische Schrift. Diese Sprache ist grob, wie es Du Bartas im Vorwort der *Sepmaine* erklärt, da sie nicht der klassischen Rhetorik entspricht, und dunkel, weil sie wie das biblische Wort gedeutet werden muss.

Katharina Hottmann

Die »musicalischen Uebungen der Andacht« Zur Geschlechtergeschichte des privaten geistlichen Singens in der Frühen Neuzeit

1 Einleitung

Als der Hamburgische Arzt, Gelehrte und Freimaurer Gottfried Jacob Jänisch 1781 starb, ließ sein Sohn, einer im letzten Jahrhundertdrittel aufkommenden Praxis entsprechend, eine Gedenkschrift für seinen Vater drucken. Darin wird auf insgesamt 86 Seiten lediglich an einer Stelle musikalische Praxis und Erfahrung berührt. Rudolph Jänisch berichtet von einem Gelübde seines Vaters: Wenn dieser ihn nach dem vollendeten akademischen Studium wiedersehen würde, wolle er gemeinschaftlich mit ihm Gott danken. Und das geschah 1774 nach seiner erfolgreichen Rückkehr aus Göttingen, wo er Theologie studiert hatte. Nach dem Besuch eines Abendmahlsgottesdienstes wieder zuhause angekommen, sagte Vater Jänisch:

> [»]Las uns nun aber auch unserm gütigen Wohlthäter noch ein Loblied anstimmen.« Und nun setzte der fromme Alte sich an seinen Flügel, fieng mit lauter aber bald durch Thränen halb erstickter Stimme das Lied an: Sollt ich meinem Gott nicht singen, und begleitete unsern gemeinschaftlichen Gesang mit seinem Instrument.[1]

Dieses Zitat ist in mehrfacher Hinsicht interessant. In vierzehn vergleichbaren Erinnerungsdrucken mit musikbezogenen Aussagen, die im Kontext einer größeren Studie ausgewertet wurden und die etwa je zur Hälfte Frauen und Männern gewidmet waren, zeigte sich ein geschlechtsspezifisches Muster, das ähnlich auch in Leichenpredigten beobachtet werden kann.[2] Die private Andachtspraxis, also das Singen bei der Hausandacht und die vorbildliche innere und äußere Hal-

1 Rudolph Jänisch: Dem Gedächtnis meines selig vollendeten Vaters, Herrn Gottfried Jacob Jänisch des ältern d. A. W. D. gewidmet. Als ein Geschenk für die, die Ihn kannten und schätzten. Zweite mit einigen Zusätzen vermehrte Auflage. Hamburg 1781, S. 14.

2 Vgl. Katharina Hottmann: »Auf! stimmt ein freies Scherzlied an«. Weltliche Liedkultur im Hamburg der Aufklärung. Stuttgart 2017, S. 138–162.

tung dabei, wird bevorzugt bei Frauen angesprochen. So würdigte etwa der Jurist Johann Gottfried Misler in einer Gedenkschrift seine 1777 verstorbene Frau Maria: »Wie exemplarisch=erbaulich war das Singen, womit Sie [den Kindern] bey unserm gemeinschaftlichen häuslichen Gottesdienste des Sonntags vorgieng!«[3] Seltener ist bei Frauen von weltlichem Singen die Rede. Bei den Männern findet sich hingegen ein etwas anderes Muster, denn dort wird meist weniger auf die Frömmigkeit fokussiert als auf die Gelehrsamkeit, und das Zeugnis hierfür gibt häufig die auch weltliche Lektüre und in diesem Kontext auch die Rezeption weltlicher Lyrik. Ohne aus dieser Differenz schon auf abweichende Praktiken zu schließen, kann man in jedem Fall feststellen, dass unterschiedliche Textstrategien in der Würdigung von Männern und Frauen im Hinblick auf die Thematisierung von liedlyrischer Praxis zu beobachten sind. Vor diesem Hintergrund fällt das Jänisch-Zitat aus dem Muster des Erwarteten, insofern es im Geist der Empfindsamkeit nicht nur eine innige Vater-Sohn-Liebe literarisch beschwört,[4] sondern auch die gerührte Andacht eines Mannes beim Singen übermittelt.

Da dies die einzige Stelle war, die von Musik handelt, überraschte der Blick in den insgesamt siebenbändigen Auktionskatalog der Büchersammlung von Gottfried Jacob Jänisch,[5] in der sich unter der Rubrik »Musica« fast 800 Bände handgeschriebener und gedruckter Musikalien finden. Vorhanden waren diverse geistliche Lieder (z. B. Choräle Johann Sebastian Bachs und Vertonungen von Liedern Christian Fürchtegott Gellerts durch Johann Georg Wernhammer oder Carl Philipp Emanuel Bach), aber noch viel mehr weltliche Vokal- und Instrumentalmusik in großer Menge und Vielfalt. Auch wenn Notenbesitz nicht sicher belegt, dass die entsprechende Musik auch gespielt wurde, ist unwahrscheinlich, dass jemand über eine so umfangreiche musikalische Bibliothek verfügt, ohne dass in der Familie intensiv musiziert wurde. Die Erinnerung an den gemeinsam

3 [Johann Gottfried Misler]: Ueber die Trennung von meiner den 7ten Junius 1777 entschlafnen, ewig geliebten Gattin, Frau Maria Misler, geb. Schramm. Hamburg 1777, S. 26. Vgl. diverse vergleichbare Quellenzitate aus Mecklenburg-Vorpommern bei Hartmut Möller: »Ach wenn ich doch in solchem Singen könnte nach dem Himmel reisen.« Belege für musikkulturelles Handeln von Frauen in Mecklenburg-Vorpommerschen Leichenpredigten des 17. Jahrhunderts. In: Orte der Musik. Kulturelles Handeln von Frauen in der Stadt. Hg. von Susanne Rode-Breymann, Köln u. a. 2007, S. 67–88, vor allem S. 77ff.

4 Ein anderes Dokument, das den Ausdruck von Vaterliebe mit der Beschreibung gemeinschaftlichen geistlichen Singens im Alltag verbindet, ist Jacob Schubacks Gedenkschrift für seinen 1769 knapp zehnjährig an den Blattern verstorbenen Sohn: »Er ist nicht mehr unter uns, der unentbehrlich gewesene Gefährte unserer musicalischen Uebungen der Andacht, wenn wir, nach meiner dreystimmigen Vorschrift, am Instrumente, oder allein, zuweilen im Spazierengehen, die alte prächtige Harmonie der Kirchenlieder sungen« (Jacob Schuback: Letzte Beschäftigungen eines an den Blattern verstorbenen neunjährigen hoffnungsvollen Knaben. Hamburg 1770, S. 49).

5 Bibliothecæ locupletissimæ, lectissimæ, nitidissimæ, quam collegit Vir Prænobilissimus, Doctissimus, Experientissimus, Godofredus Jacobus Jaenisch Sen. M. D. Medicus quondam per L fere annos apud nos Celeberrimus, Felicissimus. 7 Bde. Hamburg 1782–1788.

gesungenen Choral belegt ja auch die Selbstverständlichkeit, mit der Singen in den Ablauf des Familienlebens integriert war. Keine Spur aber des weltlichen Musizierens findet sich in der Gedenkschrift.

Das Fallbeispiel steht am Anfang dieses Beitrags, um die Reichweite der Quellen zur Musizierpraxis zu problematisieren, also ein Bewusstsein für die Bruchstückhaftigkeit der Belege zu wecken und deutlich zu machen, dass verschiedene Quellen und Quellensorten nicht mit einer Stimme sprechen. Die Forschung zur Geschlechtergeschichte der geistlichen Hausmusik ist nicht genügend ausgebaut, um das Thema mit starken Thesen zu verfolgen.[6] Während die literatur- und theologiegeschichtliche Forschung die frühneuzeitliche Andachtskultur und vor allem die unübersehbare Menge an gedruckten Texten zum Zweck der privaten Erbauung intensiv bearbeitet hat, stand in der Musikwissenschaft die kunstvolle gottesdienstliche Musik stärker im Blick als die im Vergleich dazu schlichten Lieder zum religiösen Hausgebrauch. Zudem interessierten Fragen nach der theologischen Stoßrichtung mehr als Aspekte des Performativen, also der konkreten Andachtssituationen und religiösen Praxisformen. Daher sollen im Folgenden – um einen Eindruck davon zu geben, was weiterführende Studien gewinnbringend in den Blick nehmen und vertiefen sollten – einige Quellen für das private geistliche Singen im 17. und 18. Jahrhundert unter Gender-Perspektive gesichtet werden: zunächst ein Komplex mehrerer geistlicher Lieddrucke, die allgemein Material für die musikalische Gestaltung der Hausandacht bieten, dann ein Andachts- und Liederbuch für Studenten, das von vornherein auf eine rein männliche Benutzergruppe zielt, und schließlich ein biographisches Dokument, das wieder zur Frage nach der konkreten Aneignung solchen Materials durch die handelnden Individuen zurückführt.

2 Geschlecht als analytische Kategorie zur Erforschung von Musik

Die Genderforschung fragt nach Unterschieden zwischen Männern und Frauen im Hinblick auf Zuschreibungen und Praktiken, aber auch die Beobachtung, dass es auf einem Gebiet keine Differenzierung gibt, ist natürlich ein geschlechterhistorischer Befund. Und bezüglich der privaten musikalischen Andacht ist

6 Aus frauengeschichtlicher Perspektive wichtige Grundlagen hierfür bieten Linda Maria Koldau: Frauen, Musik, Kultur: ein Handbuch zum deutschen Sprachgebiet der Frühen Neuzeit. Köln u. a. 2005, und Susanne Rode-Breymann: Das Haus – Ort kultureller Praxis von Frauen in der Frühen Neuzeit. In: Hausmusik im 17. Und 18. Jahrhundert. Hg. von Christian Philipsen in Verbindung mit Ute Omonsky. Augsburg 2016 (Michaelsteiner Konferenzberichte 81), S. 51–65. In diesem Band finden sich weitere Beiträge zur geistlichen Hausmusik, allerdings ohne spezifisch geschlechtergeschichtlichen Fokus.

zunächst einmal festzustellen, dass die Hausandacht eine Praxis war, die dezidiert alle im gleichen musikalischen Tun zusammenzubringen trachtete, wenn auch nicht ohne Hierarchien.[7] Das zeigt sich auf der bekannten und in der Musikwissenschaft omnipräsent zitierten Titelgrafik der *Frommen und Gottseliger Christen alltäglichen Haußmusik* des in Wedel an der Elbe wirkenden Pastors Johann Rist von 1654.[8] Sie verbildlicht ein Ideal. Um den Hausvater gruppieren sich Mutter und Kinder mit Liederbüchern und ein junger Mann an den Tasten. Der Hausvater blickt auf das Liederbuch der Hausmutter, ansonsten hat jede Person ihr eigenes Buch, um einstimmig oder mehrstimmig zu singen, fundiert vom Generalbass der Laute und des Tasteninstruments. Die Geschlechterverteilung mit den Männern am Instrument ist aufführungsgeschichtlich nicht zwingend, denn in dieser Zeit spielten auch Frauen Laute oder Clavier, aber hier ist die zentrale und leitende Position des Vaters durch die Laute unterstrichen. So zeigt das Bild, was im Kern des damaligen Hausmusikbegriffs steht, ein Repertoire und eine Praxis, das heißt: Man traf sich zum Musizieren und nutzte einen spezifischen Werkbestand. Dieses doppelte Begriffsverständnis – Praxis und Repertoire – blieb bestehen, und ebenso die Assoziation mit protestantischer Bürgerlichkeit, wenngleich »Hausmusik« im 19. Jahrhundert nicht mehr exklusiv geistlich ist.[9]

Vor einem weitergehenden Blick in das Liederbuch Rists soll kurz skizziert werden, auf welchen Ebenen die Kategorie Geschlecht generell als analytische Perspektive für Musik greifen kann. In der Musikästhetik wurde jahrhundertelang heiß diskutiert, wie konkret (vor allem instrumentale) Musik als begriffslose Kunst Außermusikalisches ausdrücken kann und welchen Kunstwert das hat. In jedem Fall zeigt die musikalische Sprache in verschiedenen Epochen und Gattungen eine geringer oder stärker ausgeprägte Fähigkeit zur semantischen Aufladung. Dabei kann die grundsätzlich zu beobachtende Mehrdeutigkeit mu-

7 Vgl. zur protestantischen Hausfrömmigkeit den instruktiven Aufsatz von Patrice Veit: Die Hausandacht im deutschen Luthertum: Anweisungen und Praktiken. In: Gebetsliteratur der Frühen Neuzeit als Hausfrömmigkeit. Funktionen und Formen in Deutschland und den Niederlanden. Hg. von Ferdinand van Ingen und Cornelia Niekus Moore. Wiesbaden 2001 (Wolfenbütteler Forschungen 92), S. 193–206. Zu geistlichen Liedern im Kontext der Hausfrömmigkeit siehe auch Irmgart Scheitler: Das Geistliche Lied im deutschen Barock. Berlin 1982 (Schriften zur Literaturwissenschaft 3), u. a. Kap. Die Praxis des Geistlichen Liedes, S. 90–99.

8 Johann Rist: Frommer und Gottseliger Christen alltägliche Haußmusik/ Oder Musikalische Andachten: Bestehend In mancherlei und unterschiedlichen/ gantz neüen, Geistlichen Liedern und Gesängen/ Welche […] von dem fürtreflichem […] Musico Johan[n] Schopen/ wol= und anmuthig gesetzte Melodien füglich gesungen und gespielet werden. Lüneburg 1654. Vgl. auch das derzeit laufende DFG-geförderte Editionsprojekt zum geistlich-lyrischen Œuvre von Johann Rist unter der Leitung von Oliver Huck und Johann Anselm Steiger.

9 Vgl. zur Geschichte des Begriffs Gabriele Busch-Salmen: Hausmusik. In: Musik in Geschichte und Gegenwart. Allgemeine Enzyklopädie der Musik, zweite, neubearbeitete Ausgabe. Hg. von Friedrich Blume und Ludwig Finscher, Sachteil Bd. 4, Kassel u. a. 1996, Sp. 227–234.

sikalischer Aussagen umso mehr eingeschränkt werden, je stärker Texte oder Paratexte die Wahrnehmung lenken. In der direkten klanglichen Dimension kann Geschlechterspezifik zumindest an einer Stelle wirksam sein, wenn nämlich in Vokalmusik die komponierte Stimmlage mit einer Zuordnung zu männlichen oder weiblichen Sängern verbunden ist. Das wäre etwa in der Oper des 19. Jahrhunderts der Fall, wo eine Männerrolle in der Regel – mit der spezifischen Ausnahme der Hosenrolle – auch von einem Mann gesungen wird, während im 18. Jahrhundert auch andere Besetzungspraktiken gängig waren.[10] Man kann an dieser Stelle schon vorwegnehmen, dass beide Aspekte – musikalische Sprache und Klang – im geistlichen Lied der Frühen Neuzeit nicht genderspezifisch differenziert sind, da dessen musikalische Struktur aufgrund seiner Schlichtheit generell kaum über semantisches Verweispotenzial verfügt. Und bei mehrstimmigen Liedsätzen konnten die hohen Stimmen entweder von Frauen, Knaben oder Falsettisten gesungen werden, auch hier ist Geschlecht also nicht in die Klangvorstellung eingeschrieben. In vertonten Texten und beigefügten Paratexten sind natürlich geschlechtsspezifische Inhalte oder Adressierungen zu finden, ebenso wie in Wort- und Bildtexten aller Art, die Musik darstellen oder reflektieren. Nicht zuletzt haben wir die vielfältigsten musikalischen Praktiken, das Komponieren und Musizieren, das Drucken und Kaufen von Musik, das Fördern und Musiklernen und vieles mehr. Während sich bei Fragen an die musikalischen Strukturen oder die Musik verhandelnden Medien die Quellen, die uns überliefert sind, analysieren lassen, stellt das Feld der Praktiken größere Schwierigkeiten bereit, weil wir zu vielen konkreten Aspekten der musikalischen Sozialgeschichte, darunter gerade auch zum privaten Musizieren der Frühen Neuzeit generell wenig Quellen vorfinden.

3 Hausmusik

Der Terminus Hausmusik begegnet zuerst 1605 in der Liedsammlung *Christliche Hauß und Tisch Musica* des Kantors Bartholomäus Gesius (1562–1613)[11], der weitere Drucke herausgab, die zwar nicht den Titel Hausmusik tragen, aber dezidiert auf den Gebrauch durch die christlichen Hausväter in den Häusern hinweisen.[12] Es folgen diverse Drucke mit dem Titel Hausmusik, die ein Repertoire

10 Vgl. hierzu auch den Beitrag von Maryam Haiawi im vorliegenden Band.

11 Bartholomäus Gesius: Christliche Hauß und Tisch Musica. darin sehr schöne Gesänge des H. Paschasik Reinicken/ durch den Catechismum D. Mart. Lutheri/ auff alle Tag [...] zu singen. Wittenberg 1605.

12 Bartholomäus Gesius: Geistliche Deutsche Lieder. D. Mart. Lutheri: Und anderer frommen Christen/ Welche durchs gantze Jahr in der Christlichen Kirchen zusingen gebreuchlich/ mit vier und fünff Stimmen nach gewöhnlicher Choralmelodien richtig und lieblich gesetzet [...].

von geistlichen Gesängen anbieten, das beim häuslichen Musizieren gebraucht werden konnte, z. B. Samuel Beslers (1574–1625) *Kirchen und Hauß Musica geistlicher Lieder*,[13] Johann Stadens (1581–1634) *HaußMusic Geistlicher Gesäng*,[14] Johann Heermanns (1585–1647) *Hauß- und Hertz-Musica*,[15] die *Vollständige Kirchen= und Haus=Music*, die seit 1611 sehr viele Auflagen erfuhr,[16] und – von allen mit Abstand am bekanntesten – Johann Rists (1607–1667) *Frommer und Gottseliger Christen alltägliche Haußmusik*.

Insgesamt wurde im 17. und 18. Jahrhundert eine unübersehbare Fülle von Liedpublikationen für die (auch) häusliche Andachtspraxis bereitgestellt, ohne den Titel Hausmusik zu führen. Insofern ist die Auswahl dieser Drucke nicht allein durch die Fragestellung begründet, für die man weiteres Material heranziehen könnte, sondern verdankt sich dem gezielten Interesse an Liedsammlungen, die den Begriff der Hausmusik zum Programm machen. Leider ist gerade das erste Liederbuch mit diesem Titel, die *Christliche Hauß und Tisch Musica* von Gesius wegen des kritischen Erhaltungszustandes des einzigen, auch nur unvollständigen Exemplars nicht digitalisierbar,[17] aber in den anderen insgesamt sechs Hausmusik-Drucken, die für diesen Beitrag ausgewertet wurden, konnte nach

---

Zu Gottes Lob und Ehren […] Allen Kirchen und Schulen/ Auch Allen Christlichen Hausvätern und der Musickunst Liebhabern […] zu gebrauchen. Frankfurt a. d. O. 1601. Wegen der Möglichkeit, auf ein Digitalisat zurückzugreifen, wird der zweite Band dieses Publikationsprojekts in die Untersuchung einbezogen: Bartholomäus Gesius: Ein ander new Opus Geistlicher Deutscher Lieder/ D. Mart. Lutheri: Nicolai Hermanni, und anderer frommen Christen abgetheilt in zwo Theile In welchem Im Ersten Theil/ die auff alle Hohefest/ und alle Sontage/ Apostel und ander Feyertage/ durchs gantze Jahr: Im Andern Theil, die von den fürnembsten Heuptartickeln Christlicher Lehre. In Kirchen bey der Gemeine Gottes/ und sonsten Christlichen Haußvätern in Heusern zu singen gantz bequem/ und in allerley Noth und Creutze sehr tröstlichen und nützlichen. Mit vier und fünff Stimmen schlecht Contrapunctsweise nach bekandten gewöhnlichen KirchMelodien gesetzet. Frankfurt a. d. O. 1605; ein dritter Band erschien 1607.

13 Samuel Besler: Concentus ecclesiastico-domesticus. Kirchen und Hauß Musica geistlicher Lieder, auf den Choral musicalischer Art, vierstimmig gesetzt. Tl. 1. Breslau 1618.

14 Johann Staden: HaußMusic Geistlicher Gesäng/ Darunter etliche auff die fürnembsten Fest des Jahrs: Ein theils aber in gemeintäglich von Gottliebenden Hertzen nutzlich zu gebrauchen. Mit vier Stimmen Componirt. Nürnberg 1623.

15 Johann Heermann: Devoti Musica Cordis. Hauß- und Hertz-Musica. Das ist: Allerley geistliche Lieder/ aus den H. Kirchenlehrern und selbst eigner Andacht/ Auff bekandte/ und in unsern Kirchen ubliche Weisen verfasset. Breslau/ Leipzig 1630.

16 Vollständige Kirchen= und Haus=Music: Darinn außerlesene Gesänge/ Psalmen und Hymni, auff die gewöhnliche Sonn- und Fest-Tage/ auch sonst in allerhand Anliegen nützlich zu gebrauchen/ in guter/ richtiger Ordnung begriffen/ Durch D. Martin Luthern/ und andere Gottfürchtige Männer gestellet; So mehrenteils Anno 1611. zu Görlitz in Druck ausgegangen: Anjetzo aber […] zum Siebenden mal außgefertiget […] vermehret und gebessert. Sampt Dreyen nutzbaren Registern. Bresla [ca. 1640–1650].

17 VD 17 (Verzeichnis der im deutschen Sprachraum erschienenen Drucke des 17. Jahrhunderts, http://www.vd17.de, aufgerufen am 09. September 2019) verzeichnet ein Exemplar, das in der Herzog August Bibliothek in Wolfenbüttel aufbewahrt ist.

Genderaspekten in Bezug auf musikalische Praktiken gesucht werden. Dabei standen die Frage nach der Adressierung – an wen richtet sich das Repertoire? – und nach Vorschlägen zur Aufführungspraxis – wie sollen die Lieder musiziert werden? – im Vordergrund. Weitere Gender-Aspekte, etwa die männlichen Netzwerke, die in Widmungen oder Ehrengedichten greifbar werden, ließen sich untersuchen, doch interessieren hier primär die musikbezogenen Dimensionen.

Die Titelseiten sind hierzu sehr unterschiedlich informativ. Besler und Staden bringen weder ein Bild noch eine spezifische Adressierung, wie es bei Gesius etwa die Hausväter sind, ebenso allgemein bleiben Heermann und die *Kirchen und Haus=Music*. In dieser folgen allerdings Bilder, die anders als im Falle Rists aber auf die Kirchen-, nicht die Hausmusikfunktion fokussieren: Die linke Seite zeigt einen ausschließlich von Frauen bevölkerten Kirchenraum und die rechte reichert eine Titelgrafik mit biblischen Bildelementen an (vgl. Abb. 2).

Die Widmungen gelten alle Männern, wobei nur bei Rist im Widmungsbrief die Kategorie Geschlecht direkt aufscheint, wenn er den 148. Psalm Davids zitiert, der umfassend alle Geschöpfe und dabei auch »Jünglinge und Jungfrawen« zum Gotteslob aufruft. In seiner Zuschrift an den Leser beschreibt Johann Staden seine Zielgruppe mit interessanter Aussparung der Frauen. Er habe die Lieder

> mit newen Melodeyen componirt, unnd in öffentlichen Truck geben wollen/ in guter Zuversicht/ es werden fromme und andächtige Christen/ diß mein wolmeynend Gemüt im besten vermercken/ und ihnen solch meine geringe Arbeit nicht übel gefallen lassen/ als darinnen ich nicht auff grosse Kunst/ sondern allein dahin gesehen/ daß solche Gesänglein von einem jeden Haußvatter mit seinen Kindern/ so sie nur der Music ein wenig erfahren/ leichtlich gesungen […] werden.[18]

In der Vorrede der *Kirchen- und Haus-Music* rekurriert der Herausgeber auf vorbildliche biblische Figuren, die gesungen haben – weibliche wie Miriam, Deborah und Judith, aber auch männliche wie David sowie das Volk Israel im Ganzen. Rist aber spricht direkt die Menschen an, für die er seine *Haußmusik* herausgibt, und repetiert unaufhörlich, dass *alle* Menschen Zielgruppe sind: »Unterdessen müssen Wir ja Alle/ Alle/ Alle/ die Jahre/ Monahten/ Wochen/ Tage und Stunden im Namen unseres HErren Jesu Christi anfangen und vollenden«.[19] Das expliziert er, indem er alle erdenklichen Menschengruppen aufzählt, z. B. »Alle Seefahrende und Schiffleute/ Alle Christliche Eheleute/ Alle Ehemänner/ Alle Ehefrauen/ Alle Schwangere/ Alle Kreist= und Gebährende/ Alle Unfruchtbahre Weiber/ Alle Eltern« usw.[20] Dieses ganzes Spektrum der Adressierungen kehrt auch im Register wieder, das jedem Lied eine Nutzergruppe zuordnet, den See-

18 Staden (Anm. 14), Benevolo Lectori.
19 Rist (Anm. 8), Vorbericht.
20 Ebd.

leuten, Ehemännern, Gebärenden usw. Das ist woanders nicht in dieser Konsequenz zu finden, sodass man konstatieren kann, dass Rist in außerordentlich intensiver Weise auf allen paratextuellen Ebenen – Titelgrafik, Vorrede und Liedtitel – seine Zielgruppe adressiert, und zwar zugleich in höchstem Maße inklusiv (»alle«) wie spezialisiert, wobei wir auch eine explizite Geschlechterdifferenzierung beobachten können. Und erwartungsgemäß bildet diese die strukturellen Ungleichheiten der damaligen Gesellschaft ab, vor allem, indem viele Ämter und Berufe angesprochen werden, die nur von Männern ausgeübt wurden: Pfarrer, Ärzte, Kriegshelden oder die Landesobrigkeit. Daneben gibt es Berufe für beide Geschlechter wie Diener und Dienerin. Vor dem Hintergrund dieses inklusiven Gestus ist allerdings aufschlussreich, noch einmal auf das Titelbild der *Haußmusik* zurückzukommen. Es zeigt Männer und Frauen sowie Erwachsene und Kinder und bildet insoweit auch Diversität ab. Ein gemeinsames Musizieren über die Schichten hinweg, etwa als Hausandacht des »ganzen Hauses« ist aus dem Bild aber nicht herauszulesen; der Jüngling am Tasteninstrument mag ein Schüler sein, ansonsten ist es die bürgerliche Familie, die sich ohne die mutmaßlich im Haushalt lebenden Dienstboten zu musikalischem Tun zusammenfindet.[21]

Bei den Liedern, die familiären Identitäten zugeordnet sind, steht Symmetrie neben Asymmetrie: Gemeinsame Lieder zur Trauung und zum Schutz der Ehe und der Kinder, dann ein tägliches Lied für die Ehefrau und den Ehemann und schließlich eine Asymmetrie bei Themen des Körpers und der Elternschaft: Sie erhält Lieder zu Schwangerschaft, Geburt und Unfruchtbarkeit zugewiesen, er ein Lied zur Taufe. Angesichts der Mütter- und Kindersterblichkeit der Epoche wäre es ja nicht völlig unvorstellbar, dass auch ein werdender Vater seine Ängste und Erwartungen singend ausdrückt, doch das ist nicht vorgesehen. Auch nur der Frau zugeordnet ist das »Tägliche Lied einer gottseligen betrübten Witwen«.

Die musikalischen Notationen deuten auf verschiedene Realisierungen der Lieder. Bei den vierstimmigen Gesius-Liedern sind die Stimmen untereinander gesetzt, so dass ein mehrstimmiges Singen auch dann möglich war, wenn nur ein Buch zur Verfügung stand. Beslers vierstimmige Lieder wurden wie Stadens Gesänge in Stimmbüchern notiert, d. h. jeder sang aus seinem eigenen Exemplar. Die *Haus- und Herzmusica* bietet nach Art der meisten frühneuzeitlichen Kirchenliederbücher Liedtexte mit Tonangaben, also Hinweisen auf bekannte Melodien; nur ein einziges Lied ist musikalisch notiert, und zwar lediglich die

21 Trotz der programmatischen Adressierung seiner Lieder an alle Schichten sind der Rezeption durch Angehörige einfacherer Schichten aus verschiedenen Gründen Hürden in den Weg gelegt, u. a. wegen der »aufwändigen Publikationsformen (mit Noten und Kupfern) und der oft voraussetzungsvollen poetischen Faktur«. Achim Auernhammer/Dieter Martin: Musikalische Lyrik im Literatursystem des Barock. In: Musikalische Lyrik. Teil 1: Von der Antike bis zum 18. Jahrhundert. Hg. von Hermann Danuser. Laaber 2004 (Handbuch der musikalischen Gattungen 8/1), S. 334–348, hier S. 339.

Melodie.[22] Auch die *Vollständige Kirchen= und Haus=Music* bietet überwiegend Textdrucke mit Tonangaben, aber auch einige Noten, etwa die nur antextierte Notation einer Melodie mit Bass oder ein textiertes und sogar mit den Initialen des Komponisten versehenes Lied.[23]

Durchgängig neuvertont von Johann Schop, dem Direktor der Hamburgischen Ratsmusik, und Michael Jacobi, Kantor an St. Johannis in Lüneburg, wurden die Lieder Rists.[24] Wie in seinen anderen Liederbüchern sind Cantus und Bassus nebeneinander gedruckt und auch die Bassstimme trotz Generalbassbezifferung textiert. Um nach musikalischen Unterschieden in den Liedmusiken für Männer und Frauen zu suchen, bietet es sich an, die Lieder näher zu betrachten, die für den Ehemann und die Ehefrau vorgesehen waren.[25] In beiden Stücken wird die Melodiestimme als Cantus bezeichnet; in dieser Epoche gibt es auf dem Gebiet geistlicher Vokalmusik keine geschlechtsspezifische Stimmbezeichnung. Die Lieder sind schlicht, gemäß Rists Liedideal, und alle musikalischen Unterschiede zwischen ihnen können – wie der Abgleich mit den anderen Liedern der Sammlung erweist – nicht als geschlechtsspezifische Zuweisungen interpretiert werden, etwa der unterschiedliche Ambitus, der bei der Frau etwas größer ist (die Melodie des Mannes bewegt sich im Umfang einer Septime, die der Frau im Umfang einer Dezime) oder auch die Stimmlage.

An anderer Stelle reflektiert Rist über die Eignung neukomponierter geistlicher Liedmelodien für die breite Rezeption und macht hierbei auch eine Bemerkung, die für die geschlechtergeschichtliche Einordnung nicht uninteressant ist. In der Vorrede zur Neuauflage der *Neuen Himmlischen Lieder* von 1658 verteidigt er seine Entscheidung, dass er die Vertonungen von Schop beibehalten habe, statt sie durch bekannte Choralmelodien zu ersetzen, »dieweil diese gegenwärtige Weisen nunmehr durch ganz Teutschland dermahssen bekannt sind/ daß sie auch von denen/ welche der Musik nicht eben kündig/ Ja so gahr von Weibespersonen/ Kindern/ Knechten und Mägden gar fein gesungen werden«. Er habe verwundert gehört, »wie doch solche Leutlein/ welche des künstlichen Singens ganz unwissend/ gleichwol solche theils schwehre Melodeyen haben fas-

22 Das Trostlied »Groß ist O grosser Gott/ die Noth«. In: Heermann (Anm. 15), S. 136–137.

23 Vollständige Kirchen= und Haus=Music (Anm. 16), S. 965 eine Melodie zu »Der güldenen Sonnen Lauff und Pracht«, und S. 339 Melodie und Bass »Comp. W. C. B.« zu »Süsser Christ/ du/ du bist/ meine Wonne«.

24 Im Gegensatz zu den anderen hier besprochenen Liedpublikationen gibt es zu den Liedern Johann Rists eine umfangreiche Forschung, vgl. aktuell etwa mehrere Beiträge im Sammelband Johann Rist (1607–1667): Profil und Netzwerke eines Pastors, Dichters und Gelehrten. Hg. von Johann Anselm Steiger u. a. Berlin und Boston 2015 (Frühe Neuzeit. Studien und Dokumente zur deutschen Literatur und Kultur im europäischen Kontext 195).

25 Rist (Anm. 8), Nr. XXIX und XXX.

sen oder behalten können«.[26] Ganz global stellt er hier den männlichen Bürgern, die u. a. in den Lateinschulen auch eine musikalische Bildung erfahren konnten, verschiedene weniger qualifizierte Menschengruppen gegenüber. Man könnte daher auf die Idee kommen, dass die »Frauenlieder« in der *Haußmusik* womöglich leichter sind als die »Männerlieder«, doch auch dem ist, soweit ich sehe, nicht so.

Was geistliche Liedmusik dieser Zeit trotz aller Schlichtheit jedoch leisten kann, ist eine gewisse Affekthaftigkeit. Ein Lied kann eher schmerzvoll oder munter sein, etwa durch ein tänzerisches Dreiermetrum. So spricht zum Beispiel das *Hertzbewegliche Bittgebet einer kreistenden/ oder/ in der Geburt arbeitenden Frauen* nicht nur im Text des »armen Eva-Töchterlein« von den Schmerzen und Ängsten unter der Geburt, sondern ist auch im musikalischen Gestus durchaus expressiver als die freudigen Lieder der Eheleute.[27]

Allerdings stellt sich hier auch die Frage nach dem konkreten Musizieren. Sicher hatte sich Rist nicht vorgestellt, dass eine in den Wehen liegende Frau dieses Lied zu einer Generalbass-Begleitung singt – wie alle anderen Lieder besteht auch dieses aus einer Cantusstimme mit der Melodie und der betexteten und bezifferten Bassus-Stimme als Begleitung. Denkbar aber wäre, dass zur seelischen Unterstützung andere, etwa die Familienmitglieder für die Gebärende musizieren sollten. Ein einhundert Jahre späteres Beispiel dokumentiert anrührend, wie ein Ehemann seiner Frau durch das Vorsprechen geistlicher Lieder Trost spendete. Johann Gottlieb Klopstock berichtet in einem Brief an Johann Andreas Cramer, wie er versuchte, seiner unter der Geburt sterbenden Frau Meta beizustehen:

> Am Sonntage Morgen richtete ich vornämlich mich, und dann auch Sie damit auf, daß ich Ihr wiederholte, daß ohne unsers Vaters Willen kein Haar von Ihrem Haupte fallen könnte! – und sagte ich Ihr mehr als einmal folgende Zeilen aus meinem neuesten Liede vor: (Einmal war ich so bewegt, daß ich bey jeder Zeile einhalten muste.)
>
> Nah ist meines Helfers Rechte,
> Sieht sie gleich mein Auge nicht!
> Weiter hin im Thal der Nächte
> Ist mein Retter und sein Licht!
> Ja! dort wird mir Gott begegnen!
> Dort wird mich sein Antlitz segnen!

26 Johann Rist: Himlische Lieder/ Mit sehr lieblichen und anmuhtigen/ dem dem fürtrefflichen und weitberühmten H. Johann Schop/ wolgesetzten Melodeien/ Nunmehr auffs neue wiederum übersehen/ in Eine gantz andere und richtigere Ordnung gebracht/ an vielen Ohrten verbessert/ und mit Einem nützlichen Blattweiser beschlossen. Lüneburg 1658.

27 Rist (Anm. 8), Nr. XXXII.

In der trüben Stunde Graun
Lehre mich gen Himmel schaun![28]

Wenn es in der Frühen Neuzeit gesellschaftliche Praktiken gab, die die Geschlechter trennten, und solche, die sie zusammenführten, so gehört die gemeinschaftliche private Andachtspraxis in letztere Kategorie. In der Regel ist das gesungene Repertoire inklusiv, dergestalt, dass die gläubige Seele, egal welchen Geschlechts, sich mit den gleichen Worten und Tönen an Gott wendet. Es gibt aber für bestimmte Gruppen zugespitzte Lieder, die ein Repertoire bilden, das zumindest auf der Ebene der Texte durchaus Geschlechterdifferenzen zeigt. Dafür stellt Rist Material in einer Fülle und Differenzierung bereit wie kein anderer der Autoren des hier berücksichtigten Quellenkorpus. Seine *Haußmusik* bietet aufgrund der Neukompositionen, die gezielt Melodien auf konkrete Texte zuschneiden, Möglichkeiten, auch nach geschlechtergeschichtlich relevanten Differenzen in den Noten zu suchen. Nachdem der Befund hierzu aber negativ war, erscheint es sinnvoll, bei der Genderanalyse vorerst mehr über die sozialen Praktiken nachzudenken.

4 Liederbücher

Neben dem geschlechterheterogenen »Haus« gab es geschlechterhomogene soziale Kontexte, für die spezielle Liederbücher angeboten wurden. Ein Beispiel hierfür ist das mehrfach von 1680 bis 1718 aufgelegte Lieder- und Gebetbuch *Der andächtige Student*, das sich an die Studiosi vor allem in den mitteldeutschen Universitäten in Leipzig, Wittenberg und Jena wendete.[29] Der Verfasser, der dem Pietismus nahestehende Leipziger Professor und Universitätsbibliothekar Joa-

28 Friedrich Gottlieb Klopstock an Johann Andreas Cramer vom 05. Dez. 1758, in: Helmut Riege/Rainer Schmidt (Hg): Friedrich Gottlieb Klopstock. Briefe 1753–1758. Berlin und New York 1988 (Friedrich Gottlob Klopstock. Werke und Briefe. Historisch-Kritische Ausgabe Abteilung Briefe III), S. 106.

29 Joachim Feller: DEVOTUS STUDJOSUS oder Der Andächtige Student/ Das ist/ Andächtige Seufftzer und Gebet/ So von einem Studenten auf der Universität/ so wohl früh und Abends/ als auch beym Anfang und Fortgang seiner Studien/ ingleichen bey der Beicht und Communion/ auf der Reise/ in Melancholie und Kranckheit/ wie auch andern Fällen/ können nützlich und heilsamlich gebraucht werden: Aus geistreicher Theologen Schrifften und Gebet-Büchern/ auf Begehren zusammen getragen/ Und Mit XXX. neuen geistlichen Liedern nebenst neuen Melodien Durch und durch vergesellschafftet/ Wie auch mit schönen Kupffer-Bildern ausgezieret. Leipzig 1682, mehrere weitere Auflagen bis 1718. Vgl. zu Feller auch Wolfgang Miersemann: »Pietismus« und »Teutsche Poëterey«. Zu einem Schlüsseltext des Poesieprofessors und »Sängers der Leipziger pietistischen Bewegung« Joachim Feller (1638–1691). In: Das Echo Halles: Kulturelle Wirkungen des Pietismus. Hg. von Rainer Lächele. Tübingen 2001, S. 191–241, über das Liederbuch besonders S. 206ff.

chim Feller, begründet in der Widmungsschrift sein Projekt u. a. damit, dass Jesus quasi als erster Student gelten könne:

> Und weil die mittlere Person der Gottheit JEsus Christus in angenommener menschlicher Natur den Studenten=Stand in seinem 12. Jahre gleichsam selbst eingeweihet/ so ist auch derselbe als der beste Studenten=Patron zu erkennen / und um Eröffnung des Verständnisses/ wie auch um glücklichen Fortgang in studiies anzuruffen.[30]

Damit wendete er sich gegen das Herkommen, für die Fakultäten Heilige als Schutzpatrone anzurufen, was er als katholisch und – wegen der Analogie zur griechischen Götterwelt – als heidnisch verwirft. Feller artikuliert Erfahrungswissen über die Gefährdungen der Studenten, kondensiert im Gedicht:

> Wer von Leipzig kömt ohne Weib/
> Von Wittenberg mit gesundem Leib/
> Von Jena ohne Schlagen/
> Der weiß von grossem Glück zu sagen.[31]

Besondere Risiken der männlichen akademischen Jugend waren demnach das Duellieren, das Suchen sexueller Erfahrungen oder das übermäßige Trinken, in zeitgenössischer Ausdrucksweise das »Aussauffen«. Im Kapitel »Der beicht- und communizierende Student« umkreisen sehr viele längere Gebete diese Laster wortreich, jedoch erbitten die Lieder, die dem Komplex gewidmet sind, nur recht allgemein Keuschheit und Tugend.[32] So heißt es in dem musikalisch in munterem Ton gehaltenen Lied *Seuffzer zu GOtt Umb ein Christliches Leben und seeliges Sterben. Auf den Nahmen CHARITAS eingerichtet. Melodey: Wie nach einer Wasser=Quelle/ etc. oder nach folgendem Thon* in einer mittleren Strophe:

> 4. Rüste meine blöde Sinne/
> JEsu/ durch den Heilgen Geist/
> Daß sie ferner nichts beginnen/
> Was unkeusch und sündig heißt;
> Laß die keusche Tugend=Bluhm
> Bleiben stets mein Eigenthum/
> Laß mich nicht zu schanden werden/
> Weil ich leb auf dieser Erden.[33]

30 Feller (Anm. 29), Zuschrifft.

31 Ebd. Es gibt diverse universitätshistorische Studien, die Quellen zur teilweise als massiv erlebten Devianz der frühneuzeitlichen Studenten aufarbeiten, z. B. Marian Füssel: Akademischer Sittenverfall? Studentenkultur vor, in und nach der Zeit des Dreißigjährigen Krieges. In: Militär und Gesellschaft in der Frühen Neuzeit 15/1 (2011), S. 124–146. Füssel gibt aber zurecht zu bedenken, dass die befragten Quellen – überwiegend Kriminalakten und Poenalberichte – zwangsläufig über die Normverletzungen handeln, während angepasste Verhaltensweisen weniger oder gar nicht aktenkundig werden (S. 127).

32 Feller (Anm. 29), S. 256ff. und S. 288ff.

33 Ebd., S. 290f.

Dieses fromme Liederbuch wurde mehrfach verlegt, war also auf dem Markt erfolgreich.[34] Die Religiosität frühneuzeitlicher Studenten wurde – so Marian Füssel – wenig untersucht, weil das deviante Verhalten der Forschung interessanter erschien als die Einstellungen und das Benehmen der »konformen Studierenden«.[35] Insoweit muss offen bleiben, wieweit das Andachtsbuch auf Bedürfnisse der jungen Männer selbst rekurrierte und rege Nutzung fand oder aber als Gabe diente, die womöglich Eltern, Paten oder andere Unterstützer ihren Schützlingen, die ihre angestammte familiäre Sphäre verließen, auf den Weg gaben. Komponiert wurden die Lieder, ihrer Funktion gemäß unkompliziert und melodisch ansprechend, vom damaligen Thomaskantor Johann Schelle (1648–1701) sowie dem Stadtmusiker Johann Pezel (1639–1694).[36] Die (durchaus übliche) Notation mit der Melodie über dem Bass erleichtert – anders als die von Rist gewählte Notationsform – das selbstbegleitete Singen am Tasteninstrument oder der Laute, also das geistliche Musizieren für sich allein.

Mindestens ebenso, wenn nicht noch erfolgreicher aber waren ausweislich ihres Auftretens in privaten Liederhandschriften, aber auch Selbstzeugnissen, andere Studentenlieder, die auch ein deutlich ausgeprägteres Gendering aufweisen. Wie Werner Braun ausführt, waren in der Frühen Neuzeit »Trink- und Studentenlied […] weithin miteinander identisch«.[37] Wie das aussehen konnte, lässt sich an einem Lied aus dem *Studenten=Schmauß* von Johann Hermann Schein (1586–1630), auch einem, allerdings etwas früher aktiven Thomaskantor, veranschaulichen.[38] Die kleine Sammlung besteht aus nur fünf Stücken, von denen unter konfessionellem Aspekt die Nr. 1 *Frisch auf, ihr Klosterbrüder mein* das interessanteste ist.

34 Es gab auch andere Gebet- und Gesangbücher für Studenten, etwa Johann Gabriel Drechsler: Anchora Sacra Studiosorum e Verbo Dei fabricata, Oder Andächtige Gebet und Gesänge vor Studirende: Deren man von Kindheit auff/ biß zu ordentlichen Beruff in ein Ampt/ auff Trivial-Schulen/ Gymnasiis und Universitäten/ bey allen Begebenheiten gebrauchen kan/ Aus Gottseligen Patribus, und geistreichen Theologis, zusammen getragen/ und mit eigener Andacht vermehret: Wie auch nebenst einem sonderlichen Anhang/ Von der Studenten Glückseligkeit/ und des Gebets darbey erforderten Nothwendigkeit. St. Annaberg 1672. Diese Publikation erscheint aber weniger attraktiv als Der andächtige Student, da sie ohne Bilder auskommt und die Lieder auch nur mit Tonangaben ohne musikalische Notation anbietet.

35 Marian Füssel: Zwischen Beten und Fluchen. Zur Religiosität der Studenten in der Frühen Neuzeit. In: Universität, Religion und Kirchen. Hg. von Rainer Christoph Schwinges. Basel 2011 (Veröffentlichungen der Gesellschaft für Universitäts- und Wissenschaftsgeschichte 11), S. 455–478, hier S. 455.

36 Pezel war in Leipzig Kunstgeiger und Stadtpfeifer, er leitete auch eine Zeit lang das Collegium Musicum, ab 1681 war er Stadtmusiker in Bautzen.

37 Werner Braun: Thöne und Melodeyen, Arien und Canzonetten: Zur Musik des deutschen Barockliedes. Tübingen 2004 (Frühe Neuzeit 100), S. 133.

38 Johann Hermann Schein: Studenten=Schmauß à 5. Einer löblichen Compagni de la Vino-biera. Leipzig 1626.

1. Frischauf, ihr Klosterbrüder mein,
laßt uns einmal fein lustig sein.
Der Abt der reit, der Abt der reit,
der Abt der reit, der Abt der reit.
Er reit zu's Papstes Heiligkeit,
des wolln wir haben gute Zeit.
Sa, sa, sa, sa, frischauf ihr Brüdr,
er kömmt wedr heut noch morgen wiedr.

5. Vergeßt der zarten Nönnlein nit,
die Äbtissin, die ist auch mit.
Der Abt der reit, der Abt der reit,
der Abt der reit, der Abt der reit.
Sie ist gefahren hin voran,
drum müssen wir die Nönnlein han.
Sa, sa, sa, sa, küßt rüm, ihr Brüdr,
sie komm'n wedr heut noch morgen wiedr.

Das sechsstrophige Trinklied macht sich nicht nur textlich über den Katholizismus lustig, sondern nutzt dazu auch die responsoriale Struktur des liturgischen Singens, indem ein Vorsänger zweimal einstimmig das jeweilige Strophenthema ausführt, worauf der fünfstimmige Chor der Trinkgesellen mit einem aufmunternden Refrain sich des Genusses der Freiheiten vergewissert und immer wieder zur trinkliedtypischen Trias Singen, Trinken und Küssen auffordert.

Doch zurück zu den geistlichen Liedern. Neben einer Flut gedruckter Musik zur privaten Andacht, die auf eine lebendige Praxis deutet, finden wir bis ins späte 18. Jahrhundert kaum Quellen zur individuellen Aneignung solcher Lieder durch die Individuen, zu den Emotionen und dem persönlichen Einarbeiten des geistlichen Singens in den Lebensvollzug. Biografische Quellen wie die über Jänisch, die vom gerührten gemeinsamen Singen bei brechender Stimme schreiben und deren inszenatorischer Charakter immer auch zu reflektieren wäre, haben wir erst im letzten Jahrhundertdrittel in größerer Dichte.

5 Singende Mütter

Als weiteres Beispiel hierzu soll abschließend dem singenden Vater noch eine singende Mutter an die Seite gestellt werden. Der Kaufmannssohn Georg Friedrich Schumacher wurde 1771 in Altona geboren; in seiner 1841 erschienenen Autobiografie schildert er ausführlich die Kinderzeit um 1780.[39] Als er drei Jahre

39 Georg Friedrich Schumacher: Genrebilder aus dem Leben eines siebenzigjährigen Schulmannes – ernsten und humoristischen Inhalts. Flensburg 1983 (Nachdruck der Ausgabe Schleswig 1841). Vgl. zu dieser Quelle ausführlicher Katharina Hottmann: Zwischen empfindsamem

alt war, starb sein Vater und hinterließ Schulden. In prekärster Lage musste die Witwe ihre Familie durch eigene Erwerbsarbeit unterhalten. Weil sie als Tochter eines Pfarrers der Deutsch-reformierten Gemeinde in Altona[40] bürgerlicher Herkunft war, schämte sie sich dafür, arbeiten zu müssen: »Ein kleines Häuschen [...] ward gemiethet [...]. Zwei Stübchen, zwei Kammern, eine kleine Kellerküche und ein Boden; das war Alles. Die Diele ward halbirt und eine Bude angelegt mit Flor, Band, Seide, Zwirn u. dgl.«[41] Als das Kurzwarengeschäft scheiterte, wurde die Mutter depressiv. Die Kinder lernten sechs Tage die Woche, dann stellte der Sonntag noch höhere Anforderungen der Stille:

> Nach alter Sitte feierte meine Mutter dann in der Arbeit, und forderte Ruhe um sich her. Sie las und schrieb; ich wußte damals nicht was? Nachher lernte ich es kennen. Youngs Nachtgedanken [...] waren ihr Lieblingsbuch, alle schwermüthigen Gedichte außer dem. [...] Dann schrieb sie ab in ein kleines Octavbuch mit buntrothem Umschlag, ich fand es nach ihrem Tode und habe es noch. Alles, was sie ecerpirte, war trauriger und ernster Art. So ging der Sonntag hin, trübe und schwer, für sie und für uns.[42]

Im Folgenden schildert Schumacher die musikalische Praxis:

> [I]n der Kammer [stand] ein altes lahmes Clavier von 4 ½ Octaven. Nach langem Bedenken entschloß sie sich von Zeit zu Zeit es durch den reformirten Organisten stimmen zu lassen, und dann spielte sie in späten Abendstunden mit unendlicher Anstrengung und nach 20maliger Wiederholung einige kleine Arien, aber alle in dem trüben Genre. Zwei Stücke hörte ich am öftersten:
>
> Einst geh ich ohne Beben, zu meinem Grabe hin –; und: Dein gedenk ich.[43]

Das erste Stück war ein geistliches Lied des Hamburger Pastors Christoph Christian Sturm, das sie mit großer Wahrscheinlichkeit in der Vertonung von Carl Philipp Emanuel Bach musizierte.[44] Er komponierte es als schlichten dreistimmigen Satz, in dem der Bass zu der unterterzten Melodie nur eine ganz leichte Stützfunktion übernimmt. Die Struktur war bewusst so übersichtlich angelegt, dass weniger versierte Klavierspielerinnen und -spieler sich langsam durchar-

Selbstgespräch und ersungener Geselligkeit: Liedgesang im Alltag des Lehrers Georg Friedrich Schumacher. In: Liedersingen. Studien zur Aufführungsgeschichte des Liedes. Hg. von ders. Hildesheim 2013 (Jahrbuch Musik und Gender 6), S. 33–50.

40 Johann David Gensike (1711–1780), seit 1759 Pfarrer in Altona, vgl. Götz Mavius: Die Evangelisch-reformierten Gemeinden in Stade, Hamburg und Altona. Ihre Pastoren und Kirchen 1588–2007. Hg. und bearbeitet von Andreas Flick, Jennifer Kaminski und Dorothee Löhr. Bad Karlshafen 2007 (Geschichtsblätter der Deutschen Hugenotten-Gesellschaft e. V. 41), S. 40.

41 Schumacher (Anm. 39), S. 9.

42 Ebd., S. 25.

43 Ebd.

44 Carl Philipp Emanuel Bach: Herrn Christoph Christian Sturms geistliche Gesänge: mit Melodien zum Singen bey dem Claviere, Bd. 2. Hamburg 1781, S. 12. In der Subskribentenliste ist der Name Schumacher nicht vertreten.

beiten konnten. Das zweite, weltliche Lied – Johann Joachim Eschenburgs *Elegie an Dorinde* – wurde u. a. vom Hamburger Organisten Christian Gottfried Telonius vertont[45] und war in dieser Fassung ebenfalls langsam und relativ leicht zu spielen.

Wir lesen auch von Gefühlen, die das Musizieren bei der Mutter und mittelbar dann auch bei den Kindern auslöste:

> Dann stützte sie oft lange den Kopf, und Keiner von uns wagte sie zu stören. Kamen wir ihr doch einmal nahe, so zog sie uns mit Heftigkeit an sich, küßte uns und weinte. Wir waren das nicht gewohnt. Sie war gewöhnlich verstimmt und hart. Dies Fremdartige wirkte sonderbar auf mich ein; ich ward tief erschüttert dabei, aber ich wußte mir selbst nicht zu sagen, was mir an dem Ganzen so wunderbar, fast grauenhaft war.[46]

Natürlich müssen Erinnerungen aus dem Abstand von über sechzig Jahren quellenkritisch reflektiert werden. Dennoch ist eindrücklich beschrieben, wie eine Witwe Trost und Beschäftigung im selbstbegleiteten auch geistlichen Singen sucht. Sie war allerdings nicht in der Lage oder strebte es gar nicht erst an, ihre Kinder zu gemeinsamer Hausmusik zu versammeln und eine fromme Hausgemeinschaft auch musikalisch zu konstituieren, wie es dem Ristschen Ideal entsprochen hätte.

Im letzten Drittel des 18. Jahrhunderts häufen sich nicht nur die Selbstzeugnisse, sondern es verbreitet sich auch eine neue Quellenart, die für geschlechtergeschichtliche Fragen aufschlussreich ist: die Pränumerationslisten, die für einige vielverkaufte geistliche Lieddrucke des späten 18. Jahrhunderts vorliegen. Bei ihnen steigert sich der Frauenanteil kontinuierlich: Lag er 1774 bei Carl Philipp Emanuel Bachs Cramer-Psalmen[47] bei 10 %, so wuchs er bei seinen Sturm-Liedern auf gut 28 %, bei Johann Abraham Peter Schulz' Vertonungen geistlicher Gedichten von Johann Peter Uz[48] von 1784 auf 39 % und seinen *Religiösen Oden und Liedern*[49] von 1786 auf 44 % – ein Befund, den man durchaus mit der These einer »Feminisierung der Religion im 19. Jahrhundert« zusammenbringen

---

45 Christian Gottfried Telonius: Oden und Lieder mit Melodien. Hamburg 1777, S. 22.

46 Schumacher (Anm. 39), S. 26.

47 Carl Philipp Emanuel Bach: Herrn Doctor Cramers übersetzte Psalmen mit Melodien zum Singen bey dem Claviere. Leipzig 1774.

48 [Johann Abraham Peter Schulz]: Johann Peter Uzens lyrische Gedichte religiösen Innhalts nebst einigen andern Gedichten gleichen Gegenstandes von E. C. von Kleist, J. F. Freyherrn von Cronegk, C. A. Schmid, und J. J. Eschenburg mit Melodien zum Singen bey dem Claviere. Hamburg 1784.

49 [Johann Abraham Peter Schulz]: Religiöse Oden und Lieder aus den besten deutschen Dichtern mit Melodien zum Singen bey dem Clavier. Hamburg 1786.

könnte, wie sie Benjamin Ziemann in seiner *Sozialgeschichte der Religion* referiert hat.[50]

6 Schluss

In der Frühen Neuzeit, deren Alltag stark durch geschlechtsspezifische Arbeitsteiligkeit geprägt war, diente das private geistliche Singen als Gelegenheit, den verschiedenen Geschlechtern, Generationen und (mit Einschränkungen) Ständen einen geteilten geistlich-emotionalen Erfahrungsraum zu öffnen. Geschlechterdifferenzen werden teilweise im Repertoire und in der Praxis sichtbar, nicht aber auf der Ebene der musikalischen Sprache – musikalisch klingen »Frauenlieder« nicht anders als »Männerlieder«. Demgegenüber ist die weltliche Liedkultur auf allen Ebenen deutlich stärker geschlechtsspezifisch differenziert als die geistliche. Für eine substanzielle geschlechtergeschichtliche Analyse interkonfessioneller Aspekte der geistlichen Hausmusikpraxis fehlen derzeit noch die Voraussetzungen, auch, weil katholische Kontexte musikalischer Hausfrömmigkeit bislang weniger im Blick der musikhistorischen Genderforschung standen. Forscher und Forscherinnen, die ohne spezifischen Bezug auf die Geschlechtergeschichte einen vergleichenden Blick auf die katholische und protestantische Hausandacht werfen, betonen die geringen Differenzen.[51] So weist Werner Braun auf Abweichungen protestantischer und katholischer Liedpraxis hin, die mit unterschiedlichen Frömmigkeitspraktiken zu tun haben, etwa dem Fehlen der »Singgelegenheiten« Wallfahrt und Prozession im protestantischen und reformierten Kontext. Zum privaten geistlichen Singen bemerkt er aber nur knapp: »Die Hausandacht wiederum bedarf in allen Konfessionen dieser Zeit des Geistlichen Liedes. Diese Lebensform ist unspezifisch.«[52] Schon Irmgart Scheitler hatte 1982 in ihrer grundlegenden Studie zum geistlichen Lied der Barockzeit »bei Literatur für häusliche Erbauung die Konfessionsgrenzen weitgehend [für] unbedeutend« erklärt.[53] Ob für die soziale Praxis der Hausandacht – trotz des herausgehobenen Modellcharakters der protestantischen Ehe – ebenfalls kon-

50 Benjamin Ziemann: Sozialgeschichte der Religion. Von der Reformation bis zur Gegenwart. Frankfurt a. M.und New York 2009 (Historische Einführungen 6), S. 117ff.

51 Grundsätzlich spielte die Hausandacht in katholischen Kontexten wegen der »strikten Meßpflicht als unabdingbare[r] Voraussetzung der Sonntagsheiligung« eine geringere Rolle, vgl. Guillaume van Gemert: Zur katholischen Gebetsliteratur der Barockzeit. Stellenwert und Funktion der Verseinlagen in Nakatenus' Himmlich Palmgärtlein. In: Gebetsliteratur der Frühen Neuzeit als Hausfrömmigkeit. Funktionen und Formen in Deutschland und den Niederlanden. Hg. von Ferdinand van Ingen und Cornelia Niekus Moore. Wiesbaden 2001 (Wolfenbütteler Forschungen 92), S. 78–92, hier S. 83.

52 Braun (Anm. 37), S. 235. Vgl. auch Scheitler (Anm. 7), S. 105.

53 Ebd., S. 107.

fessionelle Unterschiede keine große Rolle spielten, was z. B. die Beteiligung der Geschlechter oder Präferenzen und Entscheidungskompetenzen über das Repertoire angeht, wäre eine weitere Frage für eine geschlechterhistorisch interessierte Musikwissenschaft. Mindestens ein Aspekt – die in katholischen Liederbüchern wichtige Marienfrömmigkeit – böte eine Differenz, der weiter nachgegangen werden könnte.[54]

Abb. 1: Rist, Johann: Frommer und Gottseliger Christen alltägliche Haußmusik. Lüneburg 1654, Titelkupfer.

54 Linda Maria Koldau arbeitet die Bedeutung der Marienfrömmigkeit für die liturgische und private Andachtspraxis von Ordensfrauen heraus, vgl. Linda Maria Koldau: Maria in den Frauenliederbüchern des 15. Jahrhunderts. In: Modell Maria. Beiträge der Vortragsreihen Gender Studies 2004–2006 an der Hochschule für Musik und Theater Hamburg. Hg. von Martina Bick u. a. Hamburg 2007, S. 133–153.

Abb. 2: Vollständige Kirchen= und Haus=Music, Breslau ca. 1640–50, Titelkupfer.

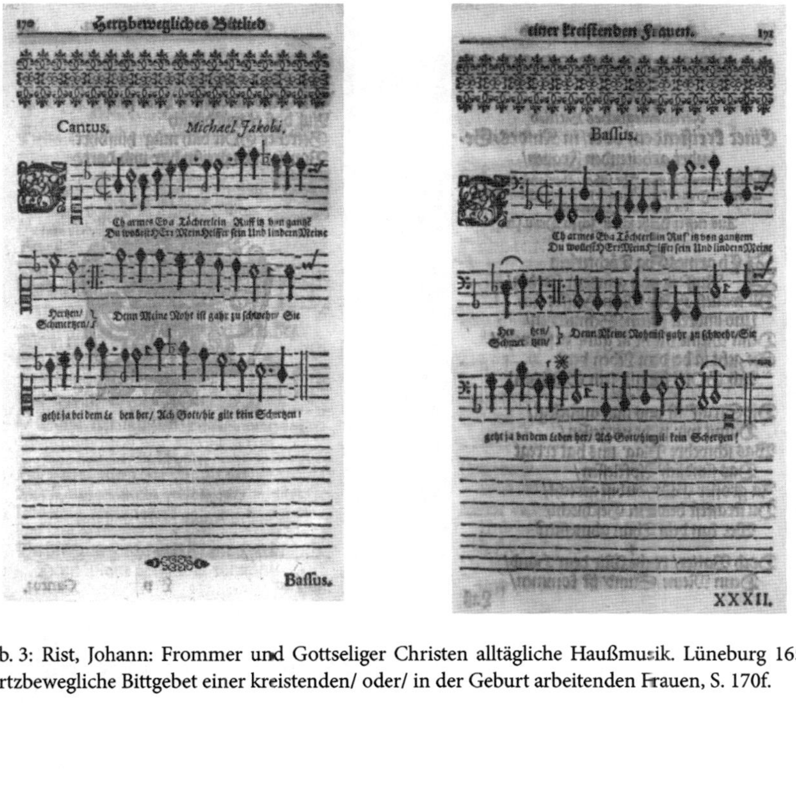

Abb. 3: Rist, Johann: Frommer und Gottseliger Christen alltägliche Haußmusik. Lüneburg 1654, Hertzbewegliche Bittgebet einer kreistenden/ oder/ in der Geburt arbeitenden Frauen, S. 170f.

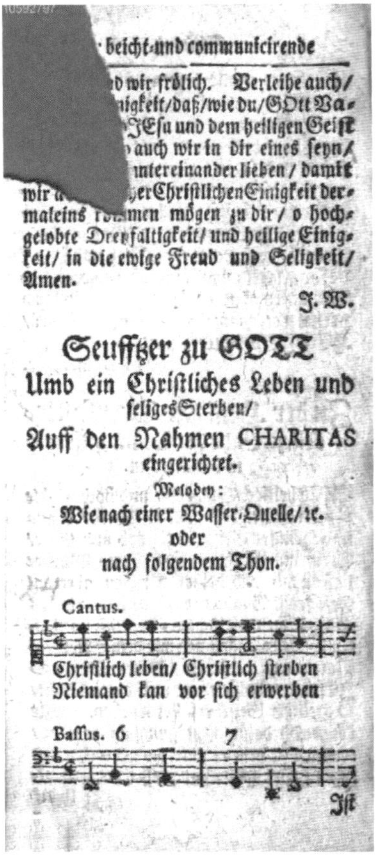

… beicht- und communicirende

… d wir frölich. Verleihe auch/ … nigkeit/daß/wie du/GOtt Va- … JEsu und dem heiligen Geist … auch wir in dir eines seyn/ … untereinander lieben / damit wir … der Christlichen Einigkeit der- maleins kommen mögen zu dir / o hoch- gelobte Dreyfaltigkeit/ und heilige Einig- keit/ in die ewige Freud und Seligkeit/ Amen.

J. W.

Seufftzer zu GOTT
Umb ein Christliches Leben und seliges Sterben/
Auff den Nahmen CHARITAS eingerichtet.
Melodey:
Wie nach einer Wasser-Quelle/ etc.
oder
nach folgendem Thon.

Cantus.

Christlich leben/ Christlich sterben
Niemand kan vor sich erwerben

Bassus.

Ist

Student. 289

ist die gröste Kunst der Welt/
Das gewünschte Freude-Zeit/ Und durch

guter Wercke Preiß Kommen in das

Paradeiß: JEsu/du allein kanst geben

Uns das ewig - süsse Leben.

N 1. Christ-

Abb. 4: Feller, Joachim: DEVOTUS STUDJOSUS oder Der Andächtige Student. Leipzig 1702, Seufftzer zu Gott Umb ein Christliches Leben und seliges Sterben, S. 288f.

Maryam Haiawi

Wer darf in Kirche, Konzert und Oper singen? Zum Einsatz von Sopranistinnen, Bassistinnen und Kastraten nach 1700 im Kontext frühneuzeitlicher konfessioneller Vorgaben und Traditionen

1 Einleitung

Eine hoch singende Männerstimme ist für unsere Ohren heute befremdlich, da wir es gewohnt sind, dass hohe Stimmen Weibliches und tiefe Stimmen Männliches repräsentieren. Bis weit in das 18. Jahrhundert hinein entsprach diese Dichotomie jedoch weder den Konventionen geistlicher noch weltlicher Musik. Seit der Frühgeschichte des Christentums hatten Männer das Monopol über die kirchliche Gesangskunst wie über die geistliche Musikpraxis grundsätzlich inne – Musizierende, vor allem singende Frauen bildeten die Ausnahme. Im Zeitalter der Reformation wurden diese Fragen weder neu ausgehandelt noch waren sie Thema konfessioneller Abgrenzung beziehungsweise Identitätsbildung. Als hundert bis hundertfünfzig Jahre später jedoch die neuen musikalischen Gattungen Oper, Kantate und Oratorium aus Italien die althergebrachten geschlechtsspezifischen Gesangskonventionen nach und nach aufbrachen und auch von den Protestanten rezipiert wurden, galt es zum Verhältnis von Gesang und ausführendem Geschlecht Stellung zu beziehen. Außerdem kam die Frage auf, wie mit dem Kastratengesang, der das Verhältnis von Geschlecht und Gesangskunst ganz neu definierte, umzugehen sei.

Der folgende Beitrag stellt den gerade skizzierten Entwicklungsprozess in der Spätphase der Frühen Neuzeit in den Mittelpunkt, indem die geschlechtsspezifische Neuorientierung kirchlicher und außerkirchlicher Gesangskunst anhand des Sängerpersonals von Opern- und Oratorienaufführungen katholischer wie protestantischer Kontexte in der ersten Hälfte des 18. Jahrhunderts rekonstruiert wird. Auf katholischer Seite war die Opern- und Oratorienpflege primär an Höfen und in Klöstern, auf protestantischer Seite vornehmlich in städtischen Räumen lokalisiert. Als konkrete Fallbeispiele werden daher der katholische

Wiener Hof, die lutherische Stadt Hamburg sowie die Wiener Frauenklöster und die Mädchenkonservatorien in Venedig untersucht.

2 Hintergründe und Status quo bis zur Frühen Neuzeit

Waren Frauen in der frühchristlichen Kirche zunächst aktiv am Gottesdienst beteiligt,[1] schloss die Bildung einer männlichen Ämterhierarchie ab dem 2. Jahrhundert n. Chr. die Frauen aus liturgischen und priesterlichen Funktionen aus[2] und hatte somit auch zur Folge, dass sie aus musikalischen Bereichen zurückgedrängt wurden.[3] Als biblische Grundlage diente das von Paulus postulierte Schweigegebot der Frauen in der christlichen Versammlung sowie das Verbot für Frauen, öffentlich zu lehren (siehe 1Kor 14,34 und 1Tim 2,11f.).[4] Eine besondere Situation ergab sich indes in den seit dem 4. Jahrhundert entstandenen Frauenklöstern. Die Frage, ob Nonnen die musikalischen Teile in Messe und Stundengebet ausführen durften, konnten oder sollten, wurde nicht einheitlich beantwortet,[5] und in Doppelklöstern fand gar alternierender Frauen- und Männergesang statt.[6]

Die genderspezifischen Normen des kirchlichen Gesanges forderten mit dem Beginn der Mehrstimmigkeit im 9. Jahrhundert in besonderer Weise die Aufführungspraxis reiner Frauen- und Männerchöre heraus: In welcher Weise war es möglich, hohe Stimmen im Männerchor und tiefe Stimmen im Frauenchor zu realisieren? Im Männergesang war bis um 1600 für hohe Partien die Falsettpraxis üblich; mit der Erweiterung des Tonraumes wurden hohe Partien zunehmend den Knabenstimmen zugewiesen.[7] Der Kastratengesang fand im 16. Jahrhundert Eingang, zunächst in der liturgischen Musik, dann aber auch insbesondere in den neuen Gattungen Oper und Oratorium für die Sopran- und

1 Kathi Meyer: Der chorische Gesang der Frauen. Leipzig 1917, S. 6f.

2 Marie-Luise Ehrenschwendtner: Frau. In: Religion in Geschichte und Gegenwart. Handwörterbuch für Theologie und Religionswissenschaft. Hg. von Hans Dieter Betz u. a. 4. Auflage. Bd. 3. Tübingen 2008, S. 258–280, hier S. 262. Ausschlaggebend waren die Bestimmungen des Konzils von Laodicaea. Vgl. Meyer (Anm. 1), S. 13.

3 Bertha Antonia Wallner: Kirchenmusik und Frauengesang. In: Kirchenmusikalisches Jahrbuch 34 (1950), S. 81–87, hier S. 81.

4 Brigitte Vedder: Sängerin. In: Lexikon Musik und Gender. Hg. von Annette Kreutziger-Herr, Melanie Unseld. Kassel 2010, S. 380f. Siehe auch Wallner (Anm. 3), S. 81 und Ehrenschwendtner (Anm. 2), S. 262.

5 Meyer (Anm. 1), S. 14.

6 Wallner (Anm. 3), S. 82.

7 Thomas Seedorf: Singen. In: Die Musik in Geschichte und Gegenwart. Allgemeine Enzyklopädie der Musik. Hg. von Ludwig Finscher. 2., neubearb. Ausgabe. Sachteil Bd. 8. Kassel u. a. 1998, Sp. 1412–1470, hier Sp. 1447.

Altpartien.[8] Da auch in den Frauenklöstern mehrstimmig gesungen wurde, war man hier auf Frauen mit besonders tiefer Stimme angewiesen, die zum Teil in Lagen singen konnten, die wir heute als Tenor oder Bass bezeichnen würden. Belegt sind Sängerinnen mit derartigen Stimmfunktionen beispielsweise für die Mädchenkonservatorien in Venedig sowie die Wiener Frauenklöster.

3 Reformation und musikgeschichtlicher Umbruch um 1600

Die in den protestantischen Konfessionen propagierte Idee des Priestertums aller Getauften, die mit einer auffallend starken Beteiligung von Frauen an der Neugestaltung von Lehre und Leben korrelierte,[9] lässt vermuten, dass damit einhergehend eine stärkere Einbindung von Frauen in den kirchlichen Gesang und möglicherweise auch eine Integration von Mädchen in das Gesangsschulwesen verbunden war. Dies war jedoch nicht der Fall; die zunächst aktive Betätigung von Frauen im kirchlichen Leben der protestantischen Gemeinden löste sich mit der »Konsolidierung der von Männern besetzten Ämter«[10] wieder auf. Auch die in einigen Städten gegründeten Mädchenschulen konnten längerfristig nicht bestehen.[11] Besonders dramatisch wirkte sich die Aufhebung von Frauenklöstern aus, da diese bis dahin den zentralen beziehungsweise einzigen Ort musikalischer Entfaltungsmöglichkeiten für Frauen im kirchenmusikalischen Bereich boten. Paradigmatisch für das Festhalten der protestantischen Konfessionen an der patriarchischen Struktur der Kirche war die Fortführung des chorischen Männergesanges in der Liturgie, der nun durch die neu entstandenen protestantischen Kantoreien weitergeführt wurde. Nach der Aufhebung der Bischofssitze und Klöster in den von der Reformation erfassten Gebieten übernahmen sie das Patronat über Kirche und Schule.[12] Die genderspezifischen kirchenmusikalischen Strukturen der altgläubigen Kirche wurden somit interkonfessionell rezipiert. Überkommene Geschlechtermodelle blieben in den protestantischen Konfessionen erhalten und bildeten ein transkonfessionelles Bindeglied zwischen Katholizismus und Protestantismus. Allenfalls mit der Stärkung des neben

8 Thomas Seedorf: Kastraten. In: Die Musik in Geschichte und Gegenwart. Allgemeine Enzyklopädie der Musik. Hg. von Ludwig Finscher. 2., neubearb. Ausgabe. Sachteil Bd. 5. Kassel u. a. 1996, Sp. 15–20, hier Sp. 15f.

9 Ruth Albrecht: Frau. In: Religion in Geschichte und Gegenwart. Handwörterbuch für Theologie und Religionswissenschaft. Hg. von Hans Dieter Betz u. a. 4. Auflage. Bd. 3. Tübingen 2000, S. 258–280, hier S. 263.

10 Ebd.

11 Ebd.

12 Eberhard Möller: Kantorei. In: Die Musik in Geschichte und Gegenwart. Allgemeine Enzyklopädie der Musik. Hg. von Ludwig Finscher. 2., neubearb. Ausgabe. Sachteil Bd. 4. Kassel u. a. 1996, Sp. 1779–1787, hier Sp. 1781.

dem häuslichen auch kirchlichen beziehungsweise gottesdienstlichen Gemeindegesanges in Luthertum und Calvinismus öffnete sich ein aktives musikalisches Betätigungsfeld für Frauen.[13]

Auch in der katholischen Kirche hatte die Reformation Folgen für den Frauengesang: Das Tridentinum verschärfte die klösterliche Klausur und unterband eine öffentliche Musikpraxis der Nonnen sowie musikalischen Unterricht durch externe Lehrer.[14] Diese als Beschränkung angelegte Maßregelung führte allerdings gerade zum gegenteiligen Effekt: So wurden die Ordensfrauen zunehmend selbst als Sängerinnen, Instrumentalistinnen, Kapellmeisterinnen und Komponistinnen tätig.[15]

Derweil blieb der um 1600 aufkommende monodische Stil, der sich zunächst in den neuen italienischen Gattungen Oper und Kantate niederschlug, nicht ohne Folgen für die Kirchenmusik und auch für die außerliturgische geistliche Musik. Etwa rezipierte das in der Mitte des 17. Jahrhunderts in Italien entstandene Oratorium musikalische, textliche sowie aufführungspraktische Formen der Oper.

Mit den neuen musikalischen Gattungen wurden zum Teil auch tradierte geschlechtsspezifische Musikpraktiken aufgebrochen, wodurch Frauen die Möglichkeit der professionellen Musikausübung als Sängerinnen eröffnet wurde. In den katholischen Ländern ist ihre Beteiligung bei Opernaufführungen seit deren Anfängen und später auch bei Oratorienaufführungen belegt.[16] Eine Ausnahme bildete Rom, wo Frauen »aus sittlichen Gründen nicht auf der Opernbühne erscheinen«[17] durften und damit von geistlichen Oratorien erst recht ausgeschlossen waren. Zwischen 1689 und 1709 herrschte in der Stadt, welche die Etablierung der Oper ursprünglich wesentlich mitgetragen hatte,[18] sogar Opernverbot.[19] Unterdessen wurden sowohl Oper als auch Oratorium in den protestantischen

13 Nicole Schwindt: Das 16. Jahrhundert. In: Lexikon Musik und Gender. Hg. von Annette Kreutziger-Herr, Melanie Unseld. Kassel 2010, S. 57–66, hier S. 61.

14 Susanne Rode-Breymann: Musik in italienischen Frauenklöstern des 17. Jahrhunderts. In: Musikort Kloster. Kulturelles Handeln von Frauen in der Frühen Neuzeit. Hg. von ders. Köln u. a. 2009, S. 117–137, hier S. 128.

15 Linda Maria Koldau: Frauen – Musik – Kultur. Ein Handbuch zum deutschen Sprachgebiet der Frühen Neuzeit. Köln u. a. 2005, S. 968.

16 Zu Italien allgemein vgl. Vedder (Anm. 4), S. 380; zu Venedig und Neapel vgl. Silke Leopold: Die Oper im 17. Jahrhundert, Laaber 2004 (Handbuch der musikalischen Gattungen 11), S. 303; zu Wien vgl. Herbert Seifert: Die Oper am Wiener Kaiserhof im 17. Jahrhundert. Tutzing 1985, S. 363.

17 Seedorf (Anm. 8), S. 16.

18 Leopold (Anm. 16), S. 67.

19 Benedikt Poengsen, Paul Kast: Rom (Stadt). In: Die Musik in Geschichte und Gegenwart. Allgemeine Enzyklopädie der Musik. Hg. von Ludwig Finscher. 2., neubearb. Ausgabe. Sachteil Bd. 8. Kassel u. a. 1998, Sp. 390–443, hier Sp. 416. Ursula Kirkendale: Antonio Caldara. Sein Leben und seine venezianisch-römischen Oratorien. Graz, Köln 1966, S. 48.

Ländern rezipiert. Während auch hier Sängerinnen für Opernaufführungen üblich waren, gestaltete sich die Situation bei Oratorienaufführungen komplexer.

Für die Frage nach den Ausführenden von Oper und Oratorium spielte aber auch der Kastratengesang eine entscheidende Rolle, da er eine zwingende Notwendigkeit darstellte, wenn Frauenstimmen für Sopranpartien aus ›sittlichen Gründen‹ zu unterbinden waren und falsettierende Männersopranstimmen der Partie in ästhetisch-klanglicher Hinsicht nicht entsprachen. Denn der Kastratengesang zeichnete sich durch einen ungewöhnlich vollen, strahlenden Klang aus und verfügte über eine extreme Geläufigkeit und Virtuosität. Gleichzeitig bildete er einen kontinuierlichen Irritationspunkt in Bezug auf seine stimmlich-geschlechtliche Disposition.[20]

Mit den Gattungen Oper und Oratorium trat aber noch eine weitere Dimension in Bezug auf das Verhältnis von Geschlecht und Stimmlage hinzu: Wie im Schauspiel traten die Sänger in bestimmten Rollen beziehungsweise als bestimmte Figuren auf. Dabei waren sie mit ihren spezifischen Stimmlagen an Charaktere, nicht aber an das Geschlecht, das sie repräsentierten, gebunden. Männer sangen also durchaus Frauenrollen und umgekehrt, wobei Letzteres seltener der Fall war und auch nur für die Oper zutraf. Die künstlerische Praxis der ›Geschlechtsmanipulation‹ war aus dem Theater landläufig bekannt und wurde nun auch im Musiktheater und im Oratorium überkonfessionell adaptiert.

Bei den folgenden Fallbeispielen soll eine besondere Aufmerksamkeit auf allegorische Figuren gelegt werden, die sich einer geschlechtlichen Zuweisung entziehen. Die Wahl der Stimmlage und des ausführenden Geschlechts ist vor allem von Bedeutung, wenn es um die Gegenüberstellung göttlicher, menschlicher und dämonischer Allegorien geht. Lassen sich hier konfessionsspezifische oder überkonfessionelle Konventionen beobachten?

4 Der Wiener Hof

Wien gehört zu den ersten deutschsprachigen Orten, an denen Oper und Oratorium rezipiert wurden.[21] Frauenstimmen in der Oper sind bereits in den 1620er

20 Corinna Herr: Gesang/ Stimme: 4. Kastrat. In: Lexikon Musik und Gender. Hg. von Annette Kreutziger-Herr, Melanie Unseld. Kassel 2010, S. 245–250, hier S. 250.

21 Opern sind seit den 1620er Jahren dokumentiert. Siehe Seifert: Die Oper am Wiener Kaiserhof (Anm. 16), S. 25f. Die Oratorientradition beginnt in den 1640er Jahren. Howard Elbert Smither: A history of the oratorio. Volume I: The oratorio in the Baroque area: Italy, Vienna and Paris. Chapel Hill 1977, S. 373.

Jahren[22] und in Oratorien nach 1700 dokumentiert.[23] Meine empirische Auswertung des Opern- und Oratorienpersonals zwischen 1705 und 1730 hat Folgendes ergeben[24]:

- Das Personal von Opern und Oratorien war identisch. Die musikalisch-formale Nähe der beiden Gattungen spiegelte sich somit auch in der Wahl der Ausführenden wider. Opernsänger*innen durften geistliche Werke singen; Oratoriensänger*innen wurden auch für weltliche Aufführungen eingesetzt.
- Die meisten Sänger*innen traten über mehrere Jahre oder Jahrzehnte auf und gehörten zum fest angestellten Sänger*innenpersonal der Hofkapelle.
- Männer traten in allen Stimmlagen auf. Bei Sopran- und Altstimmen handelte es sich durchgängig um Kastraten.
- Frauen sangen Sopran-, jedoch keine Altpartien. Bei mehreren zu besetzenden hohen Stimmen traten Frauensopran und Soprankastrat nebeneinander auf.
- Die zu spielenden Frauenrollen wurden immer mit einer hohen Stimmlage – meist Sopran – versehen, während Männerrollen je nach Charakter oder Jugendlichkeit der dargestellten Person mit hohen oder tiefen Stimmen komponiert sein konnten.

Aufgrund der erhaltenen Opern- und Oratorienpartituren lassen sich Schlüsse über das Verhältnis von Rolle, Stimmlage und ausführendem Geschlecht ziehen:[25] Tendenziell wurden hohe Stimmen mit ›positiven‹ Figuren und tiefe Stimmen mit ›negativen‹ Figuren gleichgesetzt. Besonders offensichtlich zeigt sich dieser Befund bei der Komposition der Partien von allegorischen Figuren. Beispielsweise wurden die hohen Stimmen, die sich auf göttliche Allegorien oder die gläubige Seele beziehen, nahezu ausschließlich von Frauen gesungen und auch die Verbindung einer hohen Stimme mit Engeln war allgemein geläufig. Ihre Verbindung mit der *Anima* stellt einen Rückgriff auf Traditionen der frühneuzeitlichen, theologischen Vokalstimmensymbolik, wie sie in geistlichen Emblembüchern des 17. Jahrhunderts, insbesondere der *Suavissima Musica*

22 Seifert (Anm. 16), S. 363.

23 Dies hat die eigene Auswertung des Wiener Oratorienpersonals seit dem ausgehenden 17. Jahrhundert ergeben.

24 Die Auswertungen erfolgen auf der Basis von eingesehenen Oratorienpartituren der Musiksammlung der Österreichischen Nationalbibliothek für den genannten Zeitraum, in denen die Ausführenden mit ihrer jeweiligen Rolle namentlich vermerkt sind, sowie einem von Dagmar Glüxam erstellten Verzeichnis des Wiener Sängerpersonals zwischen 1705 und 1711, das auf erhaltenen Opern- und Oratorienpartituren der Österreichischen Nationalbibliothek und der Musiksammlung der Gesellschaft der Musikfreunde beruht. Dagmar Glüxam: Verzeichnis der Sänger in den Wiener Opern- und Oratorienpartituren 1705–1711. In: Studien zur Musikwissenschaft 48 (2002), S. 269–297.

25 Siehe dazu Abbildung 1 (Tabelle) im Anhang.

Christo des lutherischen Theologen Johann Saubert dem Älteren (1592–1646) aus dem dritten Teil seiner *Emblemata sacra*, überliefert sind, dar.[26] Die Allegorien menschlich-sündhafter und teuflischer Sphären wurden nach Vokalstimmensymbolik dagegen tendenziell von tiefen Stimmen und damit einhergehend von Männern gesungen. Hier sind Anlehnungen an die Oper zu erkennen: Die biblischen Figuren der Passionsgeschichte knüpften zum Teil an die Stimmdisposition der gesungenen liturgischen Passion an, auch wenn keine festen Regeln bestanden.

Die Auswertung zeigt ferner, dass es keine Einschränkungen in Bezug auf das Auftreten von Frauenstimmen gab; wesentlich scheinen vielmehr ästhetisch-künstlerische Maxime der Aufführung gewesen zu sein. Auffällig ist, dass Frauenstimmen grundsätzlich nach christlichen Maßstäben ›positivere‹ Rollen übernahmen als Männerstimmen. Von einem Negativbild des weiblichen Geschlechts als Sünderin und Verführerin kann in keinem Fall die Rede sein.

Die Opern- und Oratorientradition in Wien ist vor dem Hintergrund zu betrachten, dass die Musikpflege am Wiener Hof Teil des religiös-kulturellen Selbstverständnisses der kaiserlichen Familie war. Darüber hinaus spielten Frauen am Wiener Kaiserhof grundsätzlich eine hervorgehobene Rolle und waren am kulturellen Leben als Mäzeninnen konstitutiv beteiligt. Als besonderes Beispiel dafür gelten Kaiserin Eleonora I. Gonzaga (1598–1655), zweite Ehefrau von Kaiser Ferdinand II. (1578–1637) sowie Kaiserin Eleonora II. Gonzaga (1630–1686), dritte Ehefrau von Kaiser Ferdinand III. (1608–1657).[27] In Bezug auf die Passionsoratorien respektive *Sepolcri* ist hervorzuheben, dass diese im engsten Kreis der Kaiserfamilie, d. h. in einem weniger repräsentativen Rahmen, stattfanden. Außerdem erklangen sie nur in Kirchenräumen: in der kaiserlichen Hofburgkapelle sowie bis 1705 in den Privatkapellen der Kaiserinnen.[28] Aufgrund der Tatsache, dass Frauen an liturgischer Musik nicht beteiligt sein durften,[29] ist ihr

26 Johann Saubert: SUAVISSIMA MUSICA CHRISTO. In: Dyodekas Emblematum Sacrorum quorum consideratio accurata ad Fidei exercitium et excitandam Pietatem plurimum facere potest. Theil 3. Von Johann Saubert. Nürnberg 1629, unpaginiert. Online-Ausgabe: Wolfenbüttel: Herzog August Bibliothek 2002, S. 64, http://diglib.hab.de/drucke/ub-4f-23/start.htm (zuletzt aufgerufen am 28. Mai 2020). Siehe dazu Abbildung 2 im Anhang. In Sauberts Emblem entspricht die Diskantstimme dem Gebet, was mit der betend-gläubigen Seele gleichgesetzt werden kann.

27 Susanne Rode-Breymann: Die beiden Kaiserinnen Eleonora. In: Aspetti musicali. Musikhistorische Dimensionen Italiens 1600 bis 2000. Festschrift für Dietrich Kämper zum 65. Geburtstag. Hg. von Norbert Bolin, Christoph von Blumröder, Imke Misch. Köln 2001, S. 197–204.

28 Juliane Riepe: Oratorium. In: Die Musik in Geschichte und Gegenwart. Allgemeine Enzyklopädie der Musik. Hg. von Ludwig Finscher. 2., neubearb. Ausgabe. Sachteil Bd. 7. Kassel u. a. 1997, Sp. 741–811, hier Sp. 757.

29 Herbert Seifert: Die Oratorien. In: Johann Joseph Fux. Leben – musikalische Wirkung – Dokumente. Hg. von Rudolf Flotzinger. Graz 2015, S. 260.

Auftreten im Oratorium in seiner paraliturgischen Funktion und Gebundenheit an einen sakralen Aufführungsort bemerkenswert.

Zur binnenkonfessionellen Kontextualisierung sei ein kurzer Blick auf den seit 1697 deutsch-katholischen Hof in Dresden sowie auf Rom geworfen. Am Dresdner Hof, der sich an der Musikpraxis Wiens orientierte, etablierte sich nach 1700 der Opernbetrieb. Dort sind durchaus sowohl Sängerinnen als auch Kastraten belegt.[30] Zu den Dresdner Oratorien, die seit den 1720er Jahren dokumentiert sind, liegen hingegen keine Angaben zum Sänger*innenpersonal vor. Zu vermuten ist aber, dass ähnlich wie in Wien Opern- und Oratorienpersonal austauschbar waren. In der Hofkirchenmusik wurden die Kapellknaben durch Kastraten unterstützt. Im liturgischen Rahmen blieb Frauen die Mitwirkung bis 1864 verwehrt.[31]

Im Gegensatz dazu steht die bereits erwähnte Aufführungspraxis von Opern und Oratorien in Rom. Dem Ausschluss von Frauen stand der intensive Einsatz von Kastraten gegenüber. Allerdings gab es auch hier Ausnahmen: So ließ der Neffe Urbans VIII., Kardinal Antonio Barberini (1607–1671), in seinem Palast Sängerinnen auftreten.[32] Ein anderes Beispiel stellt die zum Katholizismus konvertierte und nach ihrer Abdankung als schwedische Königin (1632–1654) seit 1656 in Rom lebende Christina von Schweden (1626–1689) dar, die mittels von ihr selbst organisierten Opern- und Oratorienaufführungen das Singen von Sopranistinnen durchsetzen konnte.[33]

Vorläufig lässt sich festhalten, dass neben der Oper auch das Oratorium Frauen in der katholischen Kirche ein professionelles musikalisches Betätigungsfeld geistlicher Musik bot, welches es vorher beziehungsweise seit frühchristlicher Zeit nicht gegeben hatte. Es zeigt sich allerdings, dass dieser Handlungsspielraum für Frauen von Personen und Kontexten abhängig war, die das musikalische Leben dominierten. So standen den musikliebenden und -fördernden deutschen Kaisern, die gleichzeitig die religiöse Autorität vor Ort darstellten, die zeitweise restriktiven, Oper, Oratorium und Theater feindlich gesinnten Päpste gegenüber.[34]

Als protestantisches Gegenbeispiel einer höfischen Opern- und Oratorienpflege kommen nur wenige Höfe, u. a. der Hof des Herzogs von Sachsen-Gotha,

30 Ortrun Landmann: Dresden. In: Die Musik in Geschichte und Gegenwart. Allgemeine Enzyklopädie der Musik. Hg. von Ludwig Finscher. 2., neubearb. Ausgabe. Sachteil Bd. 2. Kassel u. a. 1995, Sp. 1522–1561, hier Sp. 1535f.

31 Ebd., Sp. 1536.

32 Leopold (Anm. 16), S. 68.

33 Katrin Losleben: Christina von Schweden. In: Lexikon Musik und Gender. Hg. von Annette Kreutziger-Herr, Melanie Unseld. Kassel 2010, S. 171f.

34 Leopold (Anm. 16), S. 303; Kirkendale (Anm. 19), S. 48f.

in Betracht. Für die Hofmusik sind sowohl musikdramatische Aufführungen[35] als auch Oratorien belegt.[36] Kastraten traten überhaupt nicht, Sängerinnen nur vereinzelt auf.[37] Gepflegt wurden Opern und Oratorien in protestantischen Gebieten primär im städtischen Kontext, allem voran in Hamburg.

5 Die Stadt Hamburg

Hamburg war eine der ersten protestantischen Städte, in denen das Oratorium rezipiert und fest in das öffentliche musikalische Leben integriert wurde. Die Hamburger Oper gehörte zu den ersten Formen eines städtisch-kommerziellen, nicht an einen Hof gebundenen Betriebes im deutschsprachigen Raum und folgte damit dem Beispiel Venedigs.[38] Ähnlich wie in Wien waren Opern- und Oratorienpflege hinsichtlich des sie tragenden Personals sehr eng miteinander verbunden. Eine wichtige Rolle spielte dabei der Hamburger Dom. Da er sich auf exterritorialem Gebiet befand und vom städtischen Kantorat getrennt war,[39] verfügte er über keinen eigenen Aufführungsapparat. Sänger*innen und Instrumentalist*innen rekrutierte man vornehmlich aus dem Personal der Hamburger Oper;[40] die Domkantoren wiederum waren in der Regel als Komponisten, Kapellmeister oder Sänger in die Hamburger Oper involviert.[41]

Ähnlich wie in Rom gab es auch im lutherischen Hamburg einen theologischen Streit um die moralische Vertretbarkeit der Institution Oper, wenngleich die konkreten Kontexte sehr unterschiedlich waren.[42] In Hamburg standen sich

35 Armin Fett: Musikgeschichte der Stadt Gotha. Von den Anfängen bis zum Tode Gottfried Heinrich Stölzels (1749). Ein Beitrag zur Musikgeschichte Sachsen-Thüringens. Dissertation. Freiburg i. Br. 1951, S. 168–180.

36 Ulrich Leisinger: Oratorium. In: Die Musik in Geschichte und Gegenwart. Allgemeine Enzyklopädie der Musik. Hg. von Ludwig Finscher. 2., neubearb. Ausgabe. Sachteil Bd. 7. Kassel u. a. 1997, Sp. 741–811, hier Sp. 771.

37 Vgl. Fett (Anm. 34), S. 254–286.

38 Leopold (Anm. 16), S. 277.

39 Jürgen Neubacher: Georg Philipp Telemanns Hamburger Kirchenmusik und ihre Aufführungsbedingungen (1721–1767). Organisationsstrukturen, Musiker, Besetzungspraktiken. Hildesheim 2009, S. 19f. Der Dom als älteste Kirche Hamburgs unterstand seit der Verlegung des Bischofssitzes nach Bremen 1072 den Bremer Bischöfen. Nach 1648 gehörte das Gebiet zu Schweden, 1719 wurde es dem Kurfürsten von Hannover, der gleichzeitig englischer König war, zugesprochen (ebd.).

40 Joachim Kremer: Das norddeutsche Kantorat im 18. Jahrhundert. Untersuchungen am Beispiel Hamburgs. Kassel u. a. 1995, S. 102f.

41 Peter Wollny: Über die Beziehungen zwischen Oper und Oratorium in Hamburg im späten 17. und frühen 18. Jahrhundert. In: Il teatro musicale italiano nel sacro Romano Impero nei secoli XVII e XVIII. Hg. von Alberto Colzani u. a. Como 1999, S. 167–177, S. 171f.

42 In Hamburg ging es »zum einen um den uralten Vorwurf an das Theater als Sündenpfuhl, zum anderen aber um die Frage, ob die Oper als eine in der Bibel nicht erwähnte und deshalb weder

die orthodoxen Lutheraner auf der einen und die Pietisten auf der anderen Seite als Streitparteien gegenüber.[43] Die grundsätzliche Skepsis gegenüber der Oper hatte auch Auswirkungen auf das in musikalischer Hinsicht mit der Oper eng verwandte Oratorium. Der Einsatz von Frauenstimmen verschärfte dabei die Problematik zusätzlich. Den Städten Hamburg und Rom war in Bezug auf die zeitgenössische Opern- und Oratorienpraxis gemeinsam, dass geistliche Institutionen in das kulturelle Leben der Stadt entscheidend eingriffen. Inhaltlich waren die Standpunkte dabei nicht konsistent, da sie von den gerade amtierenden geistlichen Autoritäten – dem Papst in Rom auf der einen Seite[44] und dem Geistlichen Ministerium in Hamburg auf der anderen – abhängig waren.

Ab 1686 lassen sich in der Hamburger Oper kontinuierlich Sängerinnen – durchweg Sopranistinnen – im Personal ausmachen.[45] Kastraten hingegen kamen nur vereinzelt zum Einsatz.[46] In den 1690er Jahren traten Sängerinnen der Hamburger Oper in den Hauptkirchen in Liturgie und Konzert auf.[47] Dies war allerdings nur unter der Protektion des opernfreundlichen Pastors der Kirche St. Jacobi, Johann Friedrich Mayer (1686–1701), möglich.[48] Frauengesang in Hauptkirchen, dazu noch im liturgischen Kontext, blieb danach grundsätzlich verboten. Einen weiteren Ausnahmefall bildeten dennoch die gottesdienstlichen Oratorienaufführungen im Hamburger Dom unter der Leitung Johann Matthesons (1681–1764) zwischen 1715 und 1722, von denen ich das in den Partituren

erlaubte noch verbotene Kunstform tolerierbar oder doch abzulehnen sei.« Leopold (Anm. 16), S. 280.

43 Sieghart Döring: Theologische Kontroversen um die Hamburger Oper. In: Festschrift Klaus Hortschansky zum 60. Geburtstag. Hg. von Axel Beer, Laurenz Lütteken. Tutzing 1995, S. 111–123, S. 113.

44 Giulio Rospigliosi als Papst Clemens IX. (1667–1669) und Pietro Ottoboni als Alexander VIII. (1689–1691) beispielsweise waren entschiedene Opern- und Oratorienförderer. Leopold (Anm. 16), S. 302f.

45 Hans Joachim Marx, Dorothea Schröder: Die Hamburger Gänsemarkt-Oper. Katalog der Textbücher (1678–1748). Laaber 1995, S. 439–457 (Anhang 2: Die Sängerinnen und Sänger der Gänsemarkt-Oper). Siehe auch Klaus Zelm: Die Sänger der Hamburger Gänsemarkt-Oper. In: Hamburger Jahrbuch für Musikwissenschaft 3 (1978), S. 35–73 (Auflistung des Opernpersonals für den Zeitraum von 1722 bis 1738).

46 In den genannten Verzeichnissen werden lediglich drei Kastraten erwähnt: Pietro Guazzini (Alt oder Sopran, 1718; siehe Marx, Schröder (Anm. 44), S. 446), Antonio Campioli (Alt, 1719 und 1722–1728; siehe Zelm (Anm. 44), S. 48f.) und Valentini (Alt, 1722; siehe ebd., S. 70f.). Unklar ist, ob es sich bei dem Altisten Hebert um einen Kastraten oder Falsettisten handelte. Vgl. ebd., S. 53.

47 Joachim Kremer: Joachim Gerstenbüttel (1647–1721) im Spannungsfeld von Oper und Kirche. Ein Beitrag zur Musikgeschichte Hamburgs. Hamburg 1997, S. 188.

48 Neubacher (Anm. 39), S. 219.

dokumentierte Sänger*innenpersonal ausgewertet habe[49] und zu folgendem Resultat gekommen bin:

- In allen Werken traten Sopranstimmen auf, die von Frauen besetzt wurden.
- Die Altstimme wurde wie in Wien jedoch nie von einer Frau gesungen.
- Bei mehreren Sopranstimmen innerhalb eines Werks wurde gegebenfalls ein Sopranfalsettist hinzugezogen.
- Kastraten traten im Gegensatz zu Wien aber nicht auf; hohe männliche Stimmen wurden ausschließlich von Falsettisten ausgeführt.
- Es handelte sich meist um allegorische Werke. Dabei sind die allegorischen Figuren im Gegensatz zu jenen in den Wiener Werken nur zum Teil polar (gut – böse, göttlich – weltlich bzw. teuflisch etc.) angelegt.[50] Die Allegorie *Der Glaube* bzw. *Fides* tritt häufiger auf und wurde, mit einer Ausnahme, vom Bass besetzt. Die Verbindung von Glaube als Fundament mit einer tiefen Stimme war sehr geläufig[51] und bildet einen Bestandteil des erwähnten Emblems von Johann Saubert.[52] Denkwürdig ist die Besetzung im Oratorium *Die göttliche Vorsorge über alle Creaturen*: Die beiden Sopranstimmen sind konträr angelegt, wobei die positiv konnotierte Rolle (*Vertrauen*) mit einer Frau besetzt wurde und die negativ konnotierte Rolle (*Geringgläubigkeit*) mit einem Mann. Ähnliches ist im Oratorium *Die glücklich streitende Kirche* zu beobachten, in dem die erste Sopranstimme mit der Rolle *Seele* einer Frau und die zweite Sopranstimme mit der Rolle *Scheinheiliger* einem Mann zugewiesen sind.[53] Auffällig ist weiterhin das mehrmalige Auftreten Jesu (Tenor und Bass) und der Rolle *Gott Vater* (Bass) im Oratorium *Das Große in dem Kleinen*. Trinitarische Figuren zu verwenden, scheint im Gegensatz zu zeitgenössischen katholischen, unter der Reform Apostolo Zenos (1669–1750) stehenden Oratorien, unproblematisch gewesen zu sein.[54] Allegorien, die vorbildhafte Tugenden verkörpern, waren somit häufig, aber nicht zwangsläufig, an hohe Stimmen gebunden. In den Wiener Werken war diese Kopplung tendenziell noch stärker gegeben, aber dennoch keine feste Norm. An der

49 Die Leidtragende und wiedergetröstete Wittwe zu Nain, D-Hs ND VL 123; Der reformierende Johannes, D-Hs ND VI 129; Die glücklich-streitende Kirche, D-Hs ND VI 132; Die göttliche Vorsorge über alle Creaturen, D-Hs ND VI 133; Die Frucht des Geistes, D-Hs ND VI 135; Christi Wunder-Wercke bey den Schwachgläubigen, D-Hs ND VI 136; Das größte Kind, D-Hs ND VI 140; Das Große in dem Kleinen, D-Hs ND VI 142.

50 Siehe Abbildung 3 (Tabelle) im Anhang.

51 Renate Steiger: SUAVISSIMA MUSICA CHRISTO. Zur Symbolik der Stimmlagen bei J. S. Bach.« In: Musik und Kirche 61 (1991), S. 318–324, hier S. 319.

52 Siehe Abbildung 2 im Anhang.

53 Gemeinsam mit dem Werkheiligen und Wahlheiligen gehört er zu den ›falschen Propheten‹, gegen welche die gläubige Seele kämpft.

54 Zeno forderte, das Auftreten göttlicher Personen zu vermeiden. Apostolo Zeno: Poesie sacre drammatiche. Venedig 1744, S. VII.f.

Rollenbesetzung lässt sich daher meines Erachtens keine eindeutige genderspezifische Pointe festmachen.

Das Auftreten von Frauenstimmen in Matthesons Oratorien geschah im Gegensatz zu Wiener Aufführungen nicht problemlos. In verschiedenen Schriften beklagte er die mangelnde Akzeptanz, Frauen in Oratorien singen zu lassen. So schrieb er in seinem Werk *Der Vollkommene Capellmeister*:

> Ich weiß, was mirs für Mühe und Verdruß gekostet hat, die Sängerinnen in der hiesigen Dom=Kirche einzuführen. Anfangs wurde verlangt, ich sollte sie bey Leibe so stellen, daß sie kein Mensch zu sehen kriegte; zuletzt aber konte man sie nie genug hören und sehen. [...] Doch auf unsern andern Stadt=Chören will es sich hier noch nicht mit dem weiblichen Geschlechte thun lassen.[55]

In einer anderen theoretischen Schrift Matthesons heißt es:

> Wegen dieser Oratorien stünde noch [...] zu erinnern, daß man solche bis diese Stunde in keiner hiesigen Hauptkirche, vielweniger daselbst eine singende Frauensperson dulden will; nur im Waisenhause, im Zuchthause, und daß sie ganz und gar, aus den Kirchen so wohl, als aus den Opern, abgeschaffet werden.[56]

Frauen gehörten laut Matthesons Schilderung also weder in die Oper noch in die Kirche. Mattheson bezog sich darüber hinaus auch auf die Aufführungssituation von Oratorien im Allgemeinen, die in den Hamburger Hauptkirchen grundsätzlich verboten waren. Sie erklangen in Nebenkirchen und ferner in Kirchen karitativer Einrichtungen (Waisenhaus, Zuchthaus) und Konzertsälen weltlicher Institutionen (Drillhaus etc.), wobei diese Räume dann auch das Auftreten von Sängerinnen erlaubten.

Für die Besetzung von Oratorien des städtischen Musikdirektors Georg Philipp Telemann (1681–1767) dienen Kostenaufstellungen und Abrechnungen für das Musikerpersonal als Quelle.[57] Die Beteiligung von Frauen war – anders als bei den Aufführungen von Mattheson – keineswegs die Regel. Im Zeitraum von über 40 Jahren traten lediglich zwei Sängerinnen auf.[58] Bei den männlichen Sopranstimmen handelte es sich um Falsett- und Knabenstimmen, nicht aber um Kastraten.[59] Für diese Situation könnten mehrere Gründe eine Rolle gespielt haben: Zunächst ist davon auszugehen, dass die Reserve gegenüber Opernsän-

55 Johann Mattheson: Der Vollkommene Capellmeister. Hamburg 1739, S. 482.

56 Johann Mattheson: Die neueste Untersuchung der Singspiele nebst beygefügter musikalischen Geschmacksprobe. Hamburg 1744, S. 157f.

57 Neubacher (Anm. 39), S. 312–406. Es handelt sich um das Passionsoratorium *Seliges Erwägen*, Einführungsmusiken von Pastoren in den Hauptkirchen, Einweihungsmusiken von Kirchen und Schulen, Bürgerkapitänsmusiken sowie Fest- und Trauermusiken zwischen 1725 und 1767.

58 Siehe Neubacher (Anm. 39), S. 256.

59 Siehe ebd., S. 248.

gern in der Kirche aus den oben genannten Gründen theologisch motiviert war. Überdies führte die Schließung der Hamburger Oper 1738 dazu, dass auch keine Opernsänger*innen mehr für Kirchenaufführungen zur Verfügung standen. Schließlich blieb eine grundsätzliche Ablehnung gegenüber Frauengesang in der Kirche bestehen, was an zwei Zwischenfällen exemplarisch deutlich wird: dem Streit um die Mitwirkung der Hamburger Sängerin Margaretha Susanna Kayser (1690–1774) bei Telemanns *Seligen Erwägen* in der Hauptkirche St. Michaelis im Jahre 1748[60] sowie der Mitwirkung der Münchner Sängerin Maria Josepha Cröner (1724/25–1800) beim gleichnamigen Werk im Waisenhaus 1764.[61] Bei Cröner scheint die katholische Konfession ein zusätzlicher Dorn im Auge gewesen zu sein, wie aus den Worten des Pastors und Seniors des Geistlichen Ministeriums, Johann Melchior Goeze (1717–1786), hervorgeht:

> daß R[everendo] M[inisterio] niemals zugeben würde, daß Frauenspersonen bey dem öffentlichen Gottesdienst, in den Kirchen u. Paßions Musiken, auf den Chor zu singen verstattet würde, am aller wenigsten aber solchen, welche cathol[ischer] Religion sind, u. als Operistinnen bekannt sind, weil solches nicht allein ganz ungewöhnlich, sondern auch ärgerlich ist, u. nur die Ohren zu jucken, nicht aber die Erbauung zu befördern dienen würde.[62]

Konkret ist an dieser Stelle nur von gottesdienstlicher Musik die Rede. Konzertante Aufführungen mit Einbindung von Sängerinnen scheinen geduldet gewesen zu sein, wenngleich sie wohl nicht gutgeheißen wurden. An Goezes Ausführungen fällt auf, dass eine Begründung oder Erklärung des »Ärgerlichen« des Frauengesanges ausbleibt. Vielmehr werden Argumente vorgebracht – Ohrenschmaus ohne Erbauung, dazu im Gottesdienst –, die auch gegen das Oratorium als Gattung immer wieder im Zentrum standen. Die Genderproblematik ist folglich Teil eines größeren Konfliktfeldes: der scheinbaren Unvereinbarkeit theatralischer Musik und Kirche. Die Vehemenz, mit der gegen das weibliche Geschlecht im gottesdienstlichen Rahmen protestiert wurde, erscheint dabei allzu katholisch. Denn in der katholischen Kirche stand eine Erlaubnis des liturgischen Frauengesangs – mit Ausnahme der Frauenklöster – gar nicht zur Diskussion.

Parallel zum Diskurs um den Einsatz von Frauenstimmen gab es keine einschlägigen Debatten zum Kastratengesang. Zumindest gibt es keine Quellen, die dies belegen würden. Möglicherweise kam der Einsatz von Kastraten erst gar nicht in Frage, was verschiedene Motive haben könnte: In der Aufklärung,

60 Ute Poetzsch: Vorwort. In: Georg Philipp Telemann. Seliges Erwägen. Passionsoratorium in neun Betrachtungen. TWV 5:2. Hg. von Ute Poetzsch. Kassel u. a. 2001, S. XV.f.

61 Neubacher (Anm. 39), S. 255f.

62 Staatsarchiv Hamburg (StAH), 511-1 (Ministerium), II 8 (Protokolle: 1759–1794), S. 156. Zitiert nach: Neubacher (Anm. 39), S. 256.

von deren geistigen Impulsen auch das Hamburg des frühen 18. Jahrhunderts bereits geprägt war, wurde die Kastration in moralischer Hinsicht zunehmend als ein »Verbrechen an der Natur«[63] gesehen. Darüber hinaus wurde der Kastratengesang auch mit der Oper und mit dem katholischen Italien, wo er ganz besonders gepflegt wurde, in Verbindung gebracht. Des Weiteren war das Engagement der teuren Kastraten ein finanzielles Problem. Schließlich wurde der Knabengesang, dem in der lutherischen Kirche ein besonders hoher Stellenwert zukam, bevorzugt.

Ein binnenkonfessioneller Vergleich mit der Stadt Leipzig zeigt, dass die Aufführungssituation dort noch deutlich konservativer war als in Hamburg. Ab 1693 besaß die Stadt mit der Eröffnung des Opernhauses am Brühl eine stehende Oper. Die Primadonnen- und Kastratenkunst ist aber erst seit dem Auftreten italienischer Operngesellschaften seit 1744 dokumentiert.[64] Das Oratorium wurde in Leipzig viel zögerlicher als in Hamburg rezipiert und erste Quellen für den Auftritt von Sängerinnen in Oratorien liefern erst Aufführungen im *Großen Konzert* in den 1760er Jahren durch Johann Adam Hiller (1728–1804).[65] Der Einsatz von Kastraten in Oratorien ist nicht belegt. Die Leipziger Geistlichkeit wehrte sich entschieden gegen opernhafte Elemente in der Kirchenmusik.[66]

Die Beispiele zeigen, dass sich der Einbezug von Sängerinnen in Oratorien im (deutsch)-protestantischen Raum weitaus schwieriger gestaltete als im katholischen Raum. Die regelmäßigen Auftritte von Sängerinnen in St. Jakobi und später im Hamburger Dom waren Ausnahmeerscheinungen und vermochten es nicht, eine feste Tradition zu etablieren, wie an den Oratorienaufführungen unter Telemann deutlich wird. Problematisch ist, dass der Auftritt von Sängerinnen unmittelbar mit musikalischen Gattungen verbunden war, die nicht widerspruchslos rezipiert wurden. Der Diskurs, der nach genderspezifischen Musikpraktiken des 17. und 18. Jahrhunderts fragt, ist daher kein von anderen Kontexten losgelöster Diskurs. Hervorzuheben ist die Frontenbildung zwischen Befürwortern der Primadonnen- und zum Teil auch Kastratenkunst, die gleichzeitig für eine moderne Kirchenmusik eintraten, und konservativen Gegnern, welche die kirchenmusikalische Tradition vor Neuerungen bewahren wollten. Diese Gegensätzlichkeit lässt sich im katholischen Bereich nur zum Teil wiederfinden. Die Situation in Rom zeigt im Hinblick auf musikliebende Kardinäle und Päpste, die sich – vor allem auch aus politischen Gründen – als Kunstmä-

63 Seedorf (Anm. 8), S. 19.

64 Peter Krause, Rudolf Eller: Leipzig. In: Die Musik in Geschichte und Gegenwart. Allgemeine Enzyklopädie der Musik. Hg. von Ludwig Finscher. 2., neubearb. Ausgabe. Sachteil Bd. 7. Kassel u. a. 1997, Sp. 1050–1075, hier Sp. 1061f.

65 Ebd., Sp. 1060.

66 Ulrike Kollmar: Gottlob Harrer (1703–1755), Kapellmeister des Grafen Brühl am sächsisch-polnischen Hof und Thomaskantor in Leipzig. Beeskow 2006, S. 45.

zene präsentierten, selbst Libretti für Oratorien und Opern dichteten und sie in ihren Palästen aufführen ließen,[67] ein sehr widersprüchliches Bild. Derartige Veranstaltungen im liturgischen Kontext wären jedoch undenkbar gewesen. Das heißt, dass der vorliegende Genderdiskurs elementar mit Fragen sowohl des Stils als auch der Funktion und den Aufführungsmodalitäten des Oratoriums verbunden ist. Im privaten Rahmen, welcher der direkten kirchlichen Kontrolle entzogen war, kann daher das vermehrte Auftreten von Sängerinnen in beiden Konfessionen angenommen werden. Dieser Aufführungskontext bedarf noch der Erforschung.

6 Klöster und Konservatorien: Die *Ospedali* in Venedig und die Wiener Frauenklöster

Die Mädchenkonservatorien von Venedig gehören zu den bemerkenswertesten Phänomenen europäischer Musikgeschichte.[68] Die vier *Ospedali* – *San Lazzaro e Mendicanti, Santa Maria dei Derelitti* (*Ospedaletto*), *Ospedale degli Incurabili* und *Santa Maria della Visitazione* (*la Pietà*) – waren ursprünglich karitative Einrichtungen für kranke Waisenkinder[69] und standen unter der geistlicher Obhut des Somaschi-Ordens.[70] Im 17. Jahrhundert entwickelte sich ein reges Musikleben, das der Ausschmückung der Liturgie sowie der religiösen Erbauung diente. Dabei entstand ein professioneller musikalischer Apparat von Instrumentalistinnen, Sängerinnen, Konzertmeisterinnen, Dirigentinnen, Lehrerinnen, Kopistinnen und zum Teil auch Komponistinnen. Als einzige männliche und auswärtige Person trat der *Maestro di coro* hinzu, der für die größeren Aufführungen komponierte und diese häufig auch leitete.[71] Zu den musikalischen Hauptaufgaben gehörten die Darbietung von Motetten und Psalmengesängen in den sonntäglichen Messen und Vespergottesdiensten sowie von lateinischen Oratorien in öffentlichen Konzerten zu Feiertagen und in der Fastenzeit.[72] Diese

67 Allen voran sind Giulio Rospigliosi als Papst Clemens IX. (1667–1669) und Pietro Ottoboni als Alexander VIII. (1689–1691) zu nennen. Vgl. Leopold (Anm. 16), S. 302f.

68 Helen Geyer: Das venezianische Oratorium 1750–1820. Einzigartiges Phänomen und musikdramatisches Experiment. Laaber 2005, S. 1.

69 Ebd.

70 Helen Geyer: Frauenchor. In: Die Musik in Geschichte und Gegenwart. Allgemeine Enzyklopädie der Musik. Hg. von Ludwig Finscher. 2., neubearb. Ausgabe. Sachteil Bd. 3. Kassel u. a. 1995, Sp. 843–849, hier Sp. 844.

71 Geyer (Anm. 68), S. 1. Hier wurden durchgehend namhafte Komponisten wie Giovanni Legrenzi, Antonio Vivaldi, Johann Adolph Hasse, Nicolo Antonio Porpora, Baldassare Galuppi, Niccolò Jommelli und Domenico Cimarosa engagiert. Geyer (Anm. 70), Sp. 845.

72 Geyer (Anm. 70), Sp. 845.

Veranstaltungen waren wegen der exzellenten musikalischen Darbietungen international bekannt.[73]

Der Vokalchor war in der Regel vierstimmig, wobei vor allem im *Ospedale Pietà* die eingangs erwähnten Bassistinnen zur Verfügung standen.[74] Im *Ospedaletto* sowie bei den *Incurabili* wurden die Stimmen nur mit Sopran und Alt besetzt,[75] während das Notenmaterial der *Mendicanti* sowie der *Pietà* auf eine Besetzung in vier verschiedenen Stimmlagen (SATB) schließen lässt. Für die Tenor- und Basslagen wurden dennoch keine männlichen Stimmen herangezogen.[76] Vielmehr wurden die Werke für eine Ausführung durch Frauen allein konzipiert: So ist die Tenorlage meist sehr hoch gelegen und konnte in der originalen Notation gesungen werden,[77] während die Bassstimme vermutlich eine Oktave höher ausgeführt und von einem Bassinstrument in der original notierten Lage mitgespielt wurde.[78]

Die Mädchenkonservatorien verkörpern damit ein absolutes Gegenmodell zu den zeitgenössisch bestehenden genderspezifischen Konventionen und Regeln, die für die Aufführungspraxis geistlicher Musik des 17. und 18. Jahrhunderts konstatiert wurden.

Sie boten eine professionelle musikalische Ausbildung, die in den Ausbildungsstrukturen sonstiger Institutionen unmöglich war.

Sie gingen über die kirchenmusikalische Praxis in Nonnenklöstern hinaus, indem sie öffentlich und im konzertanten Ra\hmen auftraten. Dabei wurde die moralische Vertretbarkeit scheinbar nicht in Frage gestellt. Der karitative Überbau sowie die Finanzierung des Krankenhauses durch u. a. die Konzerteinnahmen[79] rechtfertigten die Aufführungen. Darüber hinaus wurden gewisse Grenzen und Regeln eingehalten: Die Mädchen traten für die Zuhörer un-sichtbar auf, was die Aufführungen jedoch umso reizvoller und attraktiver machte.[80]

Sie dokumentieren, wie das Diktum einer geschlechtlich getrennten Vokalmusik unmittelbar in das musikalische Material einfloss und jenes formte (etwa die oben beschriebene Konzeption der tiefen Stimmen).

Sie setzten jegliche bestehenden Regeln, Normen und Konventionen des weiblichen Instrumentalspiels außer Kraft: Während sich im 18. Jahrhundert

73 Geyer (Anm. 68), S. 2.

74 Geyer (Anm. 70), Sp. 845.

75 Michael Talbot: Tenors and Basses at the Venetian Ospedali. In: Acta musicologica LXVI (1994), S. 128f.

76 Ebd., S. 138.

77 Ebd., S. 131 und 134.

78 Ebd., S. 131–135.

79 Meyer (Anm. 1), S. 53.

80 Ebd., S. 51.

nur bestimmte Instrumente für eine Frau geziemten,[81] wurden in den *Ospedali* jegliche Instrumente von den Mädchen gespielt. Dies war wahrscheinlich nur deshalb möglich, weil sie beim Spiel nicht zu sehen waren.
Unter gewissen Bedingungen waren der liturgische und konzertant-geistliche Frauengesang – und in diesem Falle auch das Instrumentalspiel – im katholischen Italien des 18. Jahrhunderts also problemlos möglich. Allerdings handelt es sich hier um einen Einzelfall, der keine direkte Nachahmung gefunden hat.

In der Frühen Neuzeit entfaltete sich ein reges musikalisches Leben in den Frauenklöstern: im 16. Jahrhundert zunächst in Italien,[82] ab dem 17. Jahrhundert auch in Wien unter der bewussten Förderung durch die kaiserliche Familie, die die Musik-, Theater- und Tanzaufführungen der Frauenklöster besuchte, insbesondere die Oratoriendarbietungen in der Karwoche.[83] Auch diese Werke waren wie in Venedig zumeist für eine Ausführung durch Frauenstimmen allein komponiert.[84] Das Auftreten weiblicher Tenorsängerinnen und Bassistinnen ist ebenfalls dokumentiert.[85] Anders als in den venezianischen *Ospedali* rekrutierten die Nonnen für ihre Aufführungen allerdings zuweilen auch männliche Sänger und Instrumentalisten, die unter besonderen Bedingungen – das heißt räumlich getrenntes Musizieren – bei den musikalischen Darbietungen mitwirkten.[86] Theologisch-sittliche Vorbehalte für diese Aufführungspraxis gab es offenbar nicht. Das oberste Prinzip war hier, wie auch bei den Aufführungen am Hof, das musikalisch-künstlerische Niveau.[87] Protestantische Gegenbeispiele zur Musikpflege in den Wiener Frauenklöstern und venezianischen *Ospedali* lassen sich nicht finden. In protestantischen Frauengemeinschaften und Damenstiften stand insbesondere die geistliche Liedpflege im Vordergrund. Größere musikalische Formen und eigene, öffentliche Aufführungen sind hingegen nicht dokumentiert.[88]

---

81 Das Spiel des jeweiligen Instruments musste mit geringer körperlicher Bewegung, einem ruhigen Sitz und ohne extreme Gesten möglich sein. Siehe Birgit Saak: Musik als Beruf: 6. Instrumentalistin. In: Lexikon Musik und Gender. Hg. von Annette Kreutziger-Herr, Melanie Unseld. Kassel 2010, S. 379f.

82 Rode-Breymann (Anm. 14), S. 117.

83 Janet K. Page: Convent music and politics in eighteenth-century Vienna. Cambridge u. a. 2014, S. 155.

84 Ebd., S. 67 und 80–82.

85 Ebd., S. 252. Page zitiert als Beleg zeitgenössische Quellen, die hier nicht wiedergegeben werden.

86 Ebd., S. 83–88. Die männlichen Musiker wurden z. B. auf einer anderen Empore oder einem anderen Gang positioniert oder sangen bzw. spielten durch geöffnete Fenster. Ebd., S. 84f.

87 Ebd., S. 85: »Having a full musical ensemble and well-performed music were more important to the nuns, to the court and even to the ecclesiastical authorities than the strictest enforcement of monastic enclosure.«

88 Koldau (Anm. 15), S. 969.

7 Schluss

Abschließend möchte ich folgende Ergebnisse festhalten:

Mit der Reformation und der Konfessionsbildung vollzog sich kein Bruch geschlechtsspezifischer Gesangspraktiken in der Kirchenmusik.

Die Gattungen Oper und Oratorium hatten in beiden Konfessionen unter bestimmten Bedingungen ein Aufbrechen genderspezifischer Gesangskonventionen zur Folge. Dabei spielten die konkreten Aufführungskontexte und -modalitäten eine zentrale Rolle. Die vorgestellten Fallbeispiele erwecken den Eindruck, dass die Akzeptanz des Frauengesanges in der katholischen Kirche weitaus größer als in der protestantischen war. Im Bereich des klösterlichen Musizierens konnten Frauen sogar liturgische Musik zur Aufführung bringen, was in anderen kirchlichen Kontexten unterbunden wurde. Einer umfassenden Frauenklosterkultur, wie sie in Wien und Italien anzutreffen war, hatte die protestantische Konfession kein Äquivalent entgegenzusetzen. Die protestantischen Klosteraufhebungen bedeuteten eine erhebliche Einschränkung der Freiräume und Entfaltungsmöglichkeiten der musischen Betätigung von Frauen.

Für weitergehende Studien wäre zu untersuchen, ob der Einsatz von Frauenstimmen in katholischen Kontexten auch im Zusammenhang mit der Katholischen Reform steht: Das Konzept, den Menschen gerade über das Sinnliche zum »rechten Glauben« zu führen, vermochte sich nämlich im Frauengesang ganz besonders zu verwirklichen.

Die Blüte des Kastratengesanges ist ohne die genderspezifischen (Kirchen-)Musiktraditionen nicht zu verstehen. Vor diesem Hintergrund erscheinen die aus der frühchristlichen Zeit stammenden Restriktionen moralisch besonders verwerflich, pflegten und förderten sie doch einen Sängertypus, der für seine besonderen, Weibliches und Männliches verbindenden stimmlichen Qualitäten einen sehr hohen Preis zu zahlen hatte. Die interkonfessionelle Rezeption des Kastratengesanges in Bezug auf das Oratorium ist ein noch zu erforschender Bereich, der weiterer Quellenrecherchen bedarf.

Im Hinblick auf das Zusammenspiel von Rolle, Stimme und Geschlecht lassen sich anhand der Fallbeispiele keine grundsätzlichen konfessionellen Differenzen erkennen. Aus den Dispositionen der jeweiligen Werke sind keine Geschlechterbilder und erst recht keine negativen Frauenbilder ablesbar. Modelle der vokalen Stimmensymbolik wie das des lutherischen Theologen Saubert wurden interkonfessionell rezipiert, sind in der Vielfalt der musikalischen Darstellungen von Rollen aber nicht als Leitlinie der Stimmensymbolik zu werten. Vielmehr weisen die gewählten Stimmdispositionen auf bestimmte psycho-akustische Gesetzmäßigkeiten hinsichtlich der Wirkung von Stimmhöhe und -klang. Rollenbesetzungen erwuchsen überdies auch aus pragmatischen Überlegungen, denn

Komponisten dieser Zeit konzipierten ihre Werke zumeist auf das gegebene Sänger*innenpersonal hin und musikalisch-ästhetische Gesichtspunkte spielten die primäre Rolle.

Insgesamt zeichnet die Aufführungspraxis von Opern und Oratorien hinsichtlich genderspezifischer Fragen ein ambivalentes Bild. Zum einen eröffnete sie Frauen beider Konfessionen, wenn auch zum Teil mit massiven Einschränkungen, die Möglichkeit der professionellen Musikausübung und kann somit als Fortschritt gewertet werden. Zum anderen förderten diese Gattungen in besonderer Weise den Kastratengesang, der trotz seines enormen ästhetisch-klanglichen Wertes aus humaner Perspektive doch eher eine Abart der frühneuzeitlichen Gesangspraxis darstellt.

Wiener Oratorien von Johann Joseph Fux (1660–1741) u. Antonio Caldara (1670–1736)

W: weibliche Stimme

K: Kastrat

Werk/Stimmlage	Sopran	Alt	Tenor	Bass
Il Trionfo della Fede (1716), J. J. Fux	L'Amor Divino (W), L'Innocenza (K)	La Fede (K)	L'Amor Profano	Il Secolo
Il Fonte della salute (1716), J. J. Fux	La Grazia (W), La Misericordia (W)	Il Peccatore Contrito (K)	Il Peccatore Ostinato	Il Demonio
Cristo condannato (1717), A. Caldara	La Moglie di Pilato (K), L'Anima compunta (W)	Il Sacrot Testo (K)	Un Capo del Popolo	Pilato
Il Disfacimento di Sisara (1717), J. J. Fux	Debora (K), Jahel (W)	Barac (K)	Sisara	Jabin
Santa Ferma (1717), J. J. Fux	Ferma (W), Angelo (K)	Madre (K)	Tiranno	Ministro
La Donna forte (1718), J. J. Fux	Maccabea (W), Giacobbe (K)	Nicanore (K)	Antioco	Eliodoro
Cristo nell'orto (1718), J. J. Fux	La Giustizia Divina (W), Anima Contemplativa (W)	Un Angelo Confortante di Cristo (K)	L'Amor Divino	Cristo
Gesù Cristo negato da Pietro (1719), J. J. Fux	Ballila, Ancilla di Caifa (K), L'Umanità Peccatrice (W)	L'Amor Divino verso l'Uomo (K)	Pietro Apostolo	L'Odio di Giude
La Cena del Signore (1720), J. J. Fux	Giovanni Apostolo (K), Anima Contemplativa (W)	Lo Spirito Profetico (K)	Gesù Cristo Pietro Apostolo	Giuda il Traditore
Il Re del dolore (1722), A. Caldara	L'Anima penitente (W), L'Angelo Gabriele (K)	La Giustizia Divina (K)	L'Amor Divino	Il Sacro Testo
Morte e Sepoltura di Cristo (1724), A. Caldara	Maria Maddalena (K), Maria di Giacobbe (K)	Giuseppe d'Arimatea (K)	Nicodemo	Centurione
Il Testamento di nostro Signor (1726), J. J. Fux	La Santissima Vergine (W)	Giovanni l'evangelista (K), Angelo Gabriele (K)	Il Peccatore	Lucifero
La Deposizione della croce (1728), J. J. Fux	M. Vergine (W), M. Maddalena (W)	Giovanni Apostolo (K)	Gioseppe d'Arimatea	Nicodemo

Abb. 1: Wiener Oratorien von Johann Joseph Fux und Antonio Caldara.

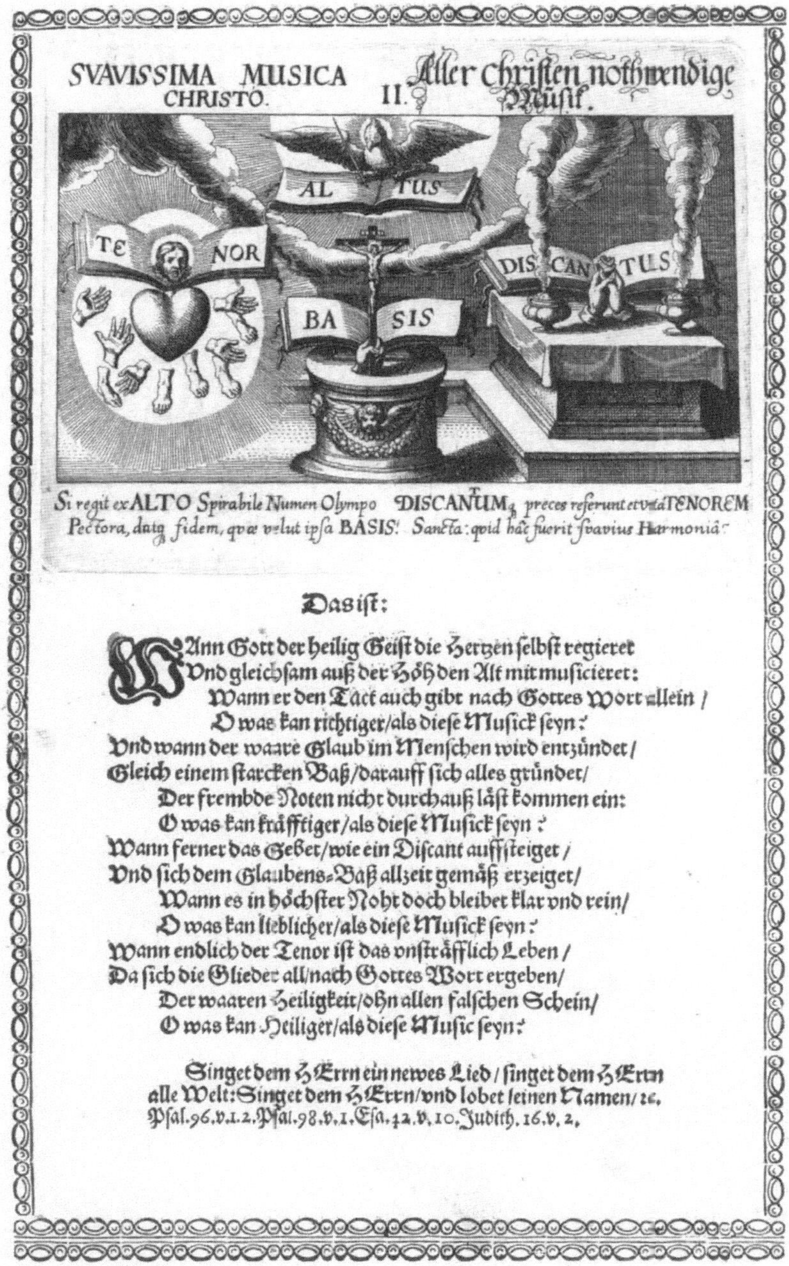
SVAVISSIMA MUSICA CHRISTO. II. Aller Christen nothwendige Music.

Si regit ex ALTO Spirabile Numen Olympo DISCANTUM, preces referunt et vita TENOREM
Pectora, dat fidem, quæ velut ipsa BASIS! Sancta: quid hac fuerit suavius Harmoniâ?

Das ist:

WAnn Gott der heilig Geist die Hertzen selbst regieret
Vnd gleichsam auß der Höh den Alt mit musicieret:
Wann er den Tact auch gibt nach Gottes Wort allein /
O was kan richtiger/als diese Musick seyn?
Vnd wann der waare Glaub im Menschen wird entzündet/
Gleich einem starcken Baß/darauff sich alles gründet/
Der frembde Noten nicht durchauß läst kommen ein:
O was kan kräfftiger/als diese Musick seyn?
Wann ferner das Gebet/wie ein Discant auffsteiget/
Vnd sich dem Glaubens=Baß allzeit gemäß erzeiget/
Wann es in höchster Noht doch bleibet klar vnd rein/
O was kan lieblicher/als diese Musick seyn?
Wann endlich der Tenor ist das vnsträfflich Leben/
Da sich die Glieder all/nach Gottes Wort ergeben/
Der waaren Heiligkeit/ohn allen falschen Schein/
O was kan Heiliger/als diese Music seyn?

Singet dem HErrn ein newes Lied / singet dem HErrn alle Welt: Singet dem HErrn/vnd lobet seinen Namen/ rc.
Psal. 96. v. 1. 2. Psal. 98. v. 1. Esa. 42. v. 10. Judith. 16. v. 2.

Abb. 2: Johann Saubert: Suavissima Musica Christo. In: ders., Emblematum sacrorum. Der dritte Theil. Nürnberg 1625.

Oratorien von Johann Mattheson (1681–1764) Hamburger Dom

W: weibliche Stimme

F: Falsetist

Werk/Stimmlage	Sopran	Alt	Tenor	Bariton	Bass
Die leidtragende und getröstete Witwe zu Nain (16. So nach Trin. 1716)	Nain (W)		Neaniscus		Glaube
Der reformierende Johannes (Ref.fest 1717)	Liebe (W), Hoffnung (W)		Messias, Lutheraner		Johannes, Glaube
Die glücklich-streitende Kirche (1718)	Seele, Scheinheiliger (F)	Andacht (F)	Wahlheiliger	Werkheiliger	Jesus
Die göttliche Vorsorge über allen Creaturen (1718)	Vertrauen (W), Geringgläubigkeit (F)	Nahrungssorge (F)	Mammon	Glaube	Heiland
Die Frucht des Geistes (1719)	Charitas (W), Pax (W), Bonitas (W), Benignitas (W), Castitas (W)		Mansuetudo, Pentecoste		Gaudium, Patientia, Fides
Christi Wunder-Wercke bey den Schwachgläubigen (1719)	Vertrauen (W), Erlösung (W)	Glaube (F)	Petrus	Göttliche Vorsehung	Jesus
Das größte Kind (Weihnachten 1720)	Maria (W), Braut Christi (W)		Andacht	Nachdenken	Josef
Das Große in dem Kleinen (Pfingsten 1722)	Herz (W)		Christus		Gott Vater, Hoffnung

Abb. 3: Oratorien Johann Matthesons im Hamburger Dom (1716–1722).

Bildnachweise

Lenhart/Fliege

© Abb. 1: Brüssel, Musée Royaux des Beaux-Arts.
© Abb. 2: Brüssel, Sint-Jan-Baptist ten Begijnhofkerk.
© Abb. 3: Rom, Galleria Borghese.
© Abb. 4: Brüssel, Museum Momuse Molenbeek.
© Abb. 5: Wallfahrtskirche Scherpenheuvel.
© Abb. 6: Amsterdam, Rijksmuseum.
© Abb. 7: Wien, Kunsthistorisches Museum.
© Abb. 8: London, National Gallery.

Pawlak

© Abb. 1–7, 10–12: Amsterdam, Rijksmuseum.
© Abb. 8: Wien, Österreichische Nationalbibliothek.
© Abb. 9: Providence, Brown University Library.
© Abb. 13: Haarlem, Frans Hals Museum.
Abb. 14: https://www.imdb.com/title/tt2512170/mediaviewer/rm546754560 (letzter Zugriff: 10.08.2019).

Coscarelli-Larkin

© Abb. 1, 4, 9: Herzog Anton Ulrich-Museum Braunschweig, Kunstmuseum des Landes Niedersachen.
© Abb. 2: Herzog August Bibliothek Wolfenbüttel.
© Abb. 3: Amsterdam, Rijksmuseum.
© Abb. 5: Kulturstiftung Sachsen-Anhalt – Kunstmuseum Moritzburg Halle (Saale).
© Abb. 6, 7, 8, 10: Bayerische Staatsbibliothek München.
© Abb. 11–12: Harald Hartmann.
© Abb. 13: Rheinisches Bildarchiv Köln.
© Abb. 14: Heimatmuseum Lindengut, Winterthur, Schweiz.
© Abb. 15: The Metropolitan Museum of Art, New York.

Schaller

Abb. 1: Francesco Andreu: Pellegrino alle sorgenti. San Giuseppe Maria Tomasi. La vita, il pensiero, le opera. Rom 1987, zweite Farbtafel nach S. 16.

Abb. 2: Calogero Gallerano: Giulio Tomasi di Lampedusa. Un testimone di santità nello stato coniugale. Palma di Montechiaro 1991, Farbtafel nach S. 96.

Abb. 3 und 4: Ausst. Kat. Arte e Spiritualità nella Terra dei Tomasi di Lampedusa. Il Monastero Benedettino del Rosario di Palma di Montechiaro. Hg. von Maria Concetta Di Natale, Fabrizio Messina Cicchetti. Palma di Montechiaro 1999, S. 158 und S. 159.

Abb. 5: Gia Toussaint: Das Passional der Kunigunde von Böhmen. Bildrhetorik und Spiritualität. Paderborn u.a. 2003, fol. 10r.

Abb. 6: Metropolitan Museum of Art, The Cloisters Collection, 1969, OA, The Prayer Book of Bonne of Luxembourg, Duchess of Normandy, https://www.metmuseum.org/art/collection/search/471883 (21.6.2020).

Abb. 7: Metropolitan Museum of Art, The Cloisters Collection, 1953, OA, The Intercession of Christ and the Virgin, https://www.metmuseum.org/art/collection/search/470328 (21.6.2020).

Abb. 8: Klaus Schreiner: Maria. Jungfrau, Mutter, Herrscherin. Neuausgabe Köln 2006, S. 208.

Abb. 9: Hildegard Elisabeth Keller: Fleischmäntel. Textile Analogien in der mittelalterlichen Theologie und der frühneuzeitlichen Medizin. In: Beziehungsreiche Gewebe. Textilien im Mittelalter. Hg. von Silke Tammen und Kristin Böse. Frankfurt am Main u. a. 2010, S. 138–153, S. 138.

Abb. 10: Metropolitan Museum of Art, Wrightsman Fund, 2004, OA, The Annunciation, https://www.metmuseum.org/art/collection/search/438724 (21.6.2020).

Abb. 11 und 12: Städtisches Museum, Braunschweig, Textiliensammlung, Inv.-Nr. 11/1/173.

Abb. 13 und 14: Robert L. Wyss: Die Handarbeiten der Maria. Eine ikonographische Studie unter Berücksichtigung der textilen Techniken. In: Artes Minores. Dank an Werner Abegg. Hg. von Michael Stettler, Mechthild Lemberg. Bern 1973, S. 113–188, S. 121, Abb. 8 sowie S. 123, Abb. 9.

Abb. 15: Metropolitan Museum of Art, Fletcher Fund, 1927, OA, The Young Virgin, https://www.metmuseum.org/art/collection/search/437971 (21.6.2020).

Abb. 16 und 17: Ausst. Kat. Die Kunst des Mittelalters in Hamburg. Goldgrund und Himmelslicht. Hg. Von Uwe M. Schneede. Band 2. Hamburg 1999, S. 127.

Abb. 18: Ausst. Kat. Krone und Schleier. Kunst aus mittelalterlichen Frauenklöstern. Hg. von der Kunst- und Ausstellungshalle der Bundesrepublik Deutschland und dem Ruhrlandmuseum Essen. München 2005, S. 477.

Abb. 19: Bayerische Staatsbibliothek München, V.ss. 230, S. 40, urn:nbn:de: bvb:12-bsb10787915-2.
Abb. 20: Ruusbroec Institute, University of Antwerp, RG 3119 A 11.
Abb. 21: Piero Pacini: G. C. Sagrestani. In: Ausst. Kat. Maria Maddalena de' Pazzi. Santa dell'amore non amato. Hg. von dems. Florenz 2007, S. 121.
Abb. 22: Best. Kat. Francisco de Zurbarán. Catálogo razonado y crítico. Hg. von Odile Delenda. Band 1. Madrid 2009, S. 467.
Abb. 23: Württembergische Landesbibliothek Stuttgart, Signatur: HBF 2184.
Abb. 24–26: Daniel-Pöppelmann-Haus, Herford, Inv.-Nr. 92/93 (Abb. 24: zur Verfügung gestellt von Sonja Langkafel, Daniel-Pöppelmann-Haus, Herford; Abb. 25 und 26: eigene Aufnahmen).
Abb. 27: Konrad Krimm, Heinz Maag: Adler und Dornenkranz. 275 Jahre Kraichgauer Adeliges Damenstift. Bretten 1993, S. 4, Abb. 1.
Abb. 28: eigene Aufnahme.

Segler-Meßner
Abb. 1: Wikimedia Commons, Gemeinfrei:
https://commons.wikimedia.org/wiki/File:Poussin,_Nicolas_-_The_Jews_Gathering_the_Manna_in_the_Desert_-1637_-_1639.jpg#filelinks (20.2.2019)

Hotmann
Abb. 1: Digitalisat der Universität Erfurt https://www.uni-erfurt.de/studien staette-protestantismus/archiv/ausstellungen/mit-lust-und-liebe-singen/gesangbuecher-im-gebrauch/ (20.2.2020)
Abb. 2: Digitalisat der Niedersächsischen Staats- und Universitätsbibliothek Göttingen http://resolver.sub.uni-goettingen.de/purl?PPN786178787 (20.2.2020)
Abb. 3: Digitalisat der Bayerischen Staatsbibliothek https://stimmbuecher.digitale-sammlungen.de//view?id=bsb00093662 (20.2.2020)
Abb. 4: Digitalisat der Bayerischen Staatsbibliothek https://reader.digitale-sammlungen.de//resolve/display/bsb10592797.html (20.2.2020)

Haiawi
Abb. 2: Johann Saubert: Suavissima Musica Christo. In: ders., Emblematum sacrorum. Der dritte Theil. Nürnberg 1625; Exemplar der Bibliothèque jésuite des Fontaines, digitalisiert durch Google.Books:
https://books.google.de/books?id=7CnZViGmoAEC&printsec=frontcover&hl=de#v=onepage&q&f=false (7.4.2020).

Personenregister